U0610001

证据协力义务之比较法研究

● 占善刚 著

ZHENGJU XIELI YIWU ZHI
BIJIAOFA YANJIU

中国社会科学出版社

图书在版编目（CIP）数据

证据协力义务之比较法研究／占善刚著 . —北京：
中国社会科学出版社，2009.10
ISBN 978 7 – 5004 – 8320 – 5

Ⅰ. 证…　Ⅱ. 占…　Ⅲ. 证据 – 比较法 – 研究
Ⅳ. D915. 130. 1

中国版本图书馆 CIP 数据核字（2009）第 193233 号

出版策划　任　明
责任编辑　孔继萍
责任校对　张　青
封面设计　弓禾碧
技术编辑　李　建

出版发行　中国社会科学出版社
社　　址　北京鼓楼西大街甲 158 号　　邮　编　100720
电　　话　010 – 84029450（邮购）
网　　址　http：//www. csspw. cn
经　　销　新华书店
印　　刷　北京奥隆印刷厂　　　　装　订　广增装订厂
版　　次　2009 年 10 月第 1 版　　印　次　2009 年 10 月第 1 次印刷
开　　本　880×1230　1/32
印　　张　9.875　　　　　　　　插　页　2
字　　数　246 千字
定　　价　30.00 元

目　　录

引　言

在我国的民事审判实务中，自 20 世纪 80 年代末开始即一直在为厉行推进以落实当事人举证责任为核心的当事人主义争讼处理方式而作不懈的努力，最高人民法院于不同时期先后出台的用以指导民事审判方式运作的各种司法解释以及各级地方法院自行其是地尝试进行的"五花八门"式的审判方式改革无疑为此种努力作了最好的注脚。然而一个不争的事实是，二三十年过去了，人们所期待的当事人主义的民事诉讼运作方式在我国并未真正构建起来，从某种意义上讲，离当初预设之目标甚至可以说是渐行渐远。值得我们深刻检视的个中原因固然很多，但依笔者之见其中根本的症结在于，我国现行民诉立法并未为双方当事人拥有平等的攻击防御手段提供制度性保障，这突出地表现为现行法关于证据协力义务之规范存在结构性缺失进而导致举证人缺乏充足的证据收集手段或举证能力。在此背景下，强调当事人举证责任之落实，强调证明责任规范在事实真伪不明状态下所具有之事实认定机能，只能进一步加剧当事人之间的攻防失衡，遑论裁判之实质真实与公平、适正。

毋庸讳言，作为不负举证责任之当事人及当事人以外之第三人协助法院进行证据调查（客观效果上讲，其亦乃协助举证人收集证据）所尽之义务，也即证据调查协力义务，在我国现行法上并非完全没有建立。根据民诉法第 64 条"当事人对自己提出的主张，有责任提供证据。当事人及其诉讼代理人因客观原因不能自行收集的证据，或者人民法院认为审理案件需要的证据，人民法院应当调查收集"及第 65 条"人民法院有权向有关单位和个人调查取证，有关单位和个人不得拒绝"之规定可以推认，我国现行民诉法已经一般性地昭示了当事人及第三人负有书证及物证提交之证据调查协力义务。与此同时，民诉法第 70 条"凡是知道案件情况的单位和个人，都有义务出庭作证"及第 72 条第 3 款"鉴定部门和鉴定人应当提出书面鉴定结论，在鉴定书上签名或者盖章。鉴定人鉴定的，应当由鉴定人所在单位加盖印章，证明鉴定人身份"之规定亦应被认为是证人义务与鉴定义务之宣示性规范。此外，现行法虽然并未直接明定当事人负有陈述义务，但由于民诉法第 63 条将当事人的陈述列入法定证据之一种，更由于民诉法第 100 条规定人民法院可以拘传必须到庭的被告到庭，故在解释上应差可认为当事人负有陈述义务。据此我们不妨认为，证据调查协力义务规范已基本在行为层面上为我国现行民诉法所肯认。

现行民诉法虽已直接或间接地宣示了不负举证责任之当事人或第三人应负证据调查协力义务，但其并未完全就每种证据协力义务之违反应受之制裁作出相应的规定，从而使得证据调查协力义务在我国基本上沦为不具有约束力的道德性义务，现行民诉法关于证据调查协力义务之规范亦因构造性地缺乏效果规范而徒具训示意义。在现行法中，可被解释成违反证据协力义务者应受制裁之规范仅民诉法第 100 条、第 102 条、第 103 条等三项规范。其中，民诉法第 100 条"人民法院对必须到庭的被告，经两次传票传唤，无正当理由拒不到庭的，可以拘传"之规定基本上可以理解为被告违背出庭义务时所受之制裁规范。但分析该项条文可知，拘传这一强制措施仅适用于"必须到庭的被告"，其不仅不适用于此类被告以外的其他被告无正当理由不到庭的情形，于原告违反出庭义务时亦无适用之余地，在范围上显然失之偏狭。依据民诉法第 71 条第 2 款"当事人拒绝陈述的，不影响人民法院根据证据认定案件事实"之规定，可以推认，当事人虽负陈述义务，但其也仅为道德性义务。当事人即便不作陈述，亦不遭受任何制裁。依据民诉法第 102 条"诉讼参与人或者其他人有下列行为之一的，人民法院可以根据情节轻重予以罚款、拘留……（一）伪造、毁灭重要证据，妨碍人民法院审理案件的；……人民法院对有前款规定的行为之一的单位，可以对其主要负责人或者直接责任人员予以罚款、拘留"及民诉法第 103 条"有义务协助调查、执行的单位有下列行为之一的，人民法院除责令其履行协助义务外，并可以予以罚款：（一）有关单位拒绝或者妨碍人民法院调查取证的；……人民法院对有前款规定的行为之一的单位，可以对其主要负责人或者直接责任人员予以罚款；对仍不履行协助义务的，可以予以拘留；并可以向监察机关或者有关机关提出予以纪律处分的司法建议"这两项规范之内容可知，现行法乃将不协助法院调查取证之违反证据协力义务的行为与毁灭证据之证明妨害行为当作妨害民事诉讼的行为予以处理，由此虽不能否认其具有证据协力义务效果规范之性质，但我们也应承认，第 103 条所规定的制裁措施似仅为部分呼应民诉法第 65 条第 1 款而设，其仅适用于单位作为第三人拒绝提出物证、书证之情形，而不适用于个人作为第三人拒绝提出物证、书证这一违反证据调查协力义务的行为。

最高人民法院虽然在相关司法解释中，如 2001 年发布的《关于民事诉讼证据的若干规定》（以下简称《证据规定》）第 75 条、《关于民事经济审判方式改革的若干规定》第 30 条等皆规定持有证据之当事人无正当理由拒不提供证据将遭受对方当事人关于该证据之主张被推定成立之不利益，从而在一定程度上弥补了民诉立法关于当事人证据调查协力义务之缺失，但由于其在适用范围及适用条件上皆不确定，故该两项司法解释尚不足以弥补现行立法关于证据调查协力义务之构造性缺失。现行法上的证据调查协力义务规范之道德化特质使得在我国民事诉讼中，证据调查协力义务之履行基本上乃由义务人依道德自律去实现。但显而易见的是，让不负举证责任之当事人及第三人甘愿承担精神及经济上的不利益去自觉履行证据调查协力义务，似乎无异于痴人说梦。如此一来，我们便不难理解，在民事审判实践中，证人不出庭作证，不负举证责任的当事人或第三人隐匿、拒绝提出证据等证据调查协力义务之违反行为为何会经常发生。可以预见的是，证据调查协力义务制裁性规范之缺失若于立法上不能得到补正，上述现象即难以得到根本性的改观。因为任何一项实定法义务之履行，若欠缺制裁手段作为保障，均难期待其有良好之效果。此外，从现行民诉法已有的关于证据调查协力义务之规范来看，无论是证人义务、鉴定义务还是文书提出义务、勘验协力义务，其均为绝对性的一般义务。《证据规定》第 17 条第 2 款甚至规定涉及国家秘密、商业秘密、个人隐私的材料，人民法院亦可基于当事人的申请而予以调查收集。不言而喻，此种制度安排更是加剧了证据调查协力义务不履行现象之发生。因为让证据调查协力义务人以牺牲自己的秘匿利益及其他正当利益为代价去履行证据调查协力义务显然有悖人之常情。① 一言以蔽之，证据调查协力义务规范在现行立法上的结构性缺失不仅直接影响到民事审判实践中法院对裁判资料的有效利用且进而损及裁判之实质真实，同时也阻却了当事人武器平等原则之真正贯彻，从而障碍着当事人主义之民事诉讼运作方式之建立。在此背景下，如何借鉴

---

① 我国现行法所定之证据协力义务从范围上讲几无限制，证据所载内容即便涉及持有人之营业秘密、职业秘密、个人隐私等秘匿利益，证据持有人亦负提出义务。此显乃片面追求真实发现所作之设计，殊失允当。从德国、日本等大陆法系国家证据立法的动向来看，真实发现之促进与对秘匿利益、意思形成自由利益等与真实发现相对抗的利益之保护乃是力求均衡。参见〔日〕山本和彦：《证据法の新たな动向》，载《ジュリスト》第 1317 期（2006 年 8 月）。

域外较为成熟之立法例以改造我国现行立法关于证据调查协力义务之规范,理应成为学者重点关注之课题。①本书之写作即是基于此一考量。②

---

①　就目前国内学界而言,尚无学者对证据协力义务进行系统研究。即使作为证据法之基本术语,证据调查协力义务亦未见诸证据法教科书甚至学者论文。目前学界关于各种具体证据方法之协力义务的研究也很滞后,仅在关于证据法的教科书以及关于当事人陈述的若干论文中简单提及证人义务、鉴定义务、当事人陈述义务。就目前所掌握的资料来看,关于当事人陈述的论文主要有:陈文曲:《民事诉讼当事人陈述独立证据价值之否定》,载《学海》2000年第5期;齐树洁、王晖晖:《当事人陈述制度若干问题新探》,载《河南省政法管理干部学院学报》2002年第2期;王福华:《当事人陈述的制度化处理》,载《当代法学》2004年第2期;毕玉谦:《试论当事人的陈述作为证据方式及对现行法的修改》,载《法律适用》2006年第1—2期;王亚新、陈杭平:《论作为证据的当事人陈述》,载《政法论坛》2006年第6期;陈文曲:《当事人陈述证据价值之思考——以〈最高人民法院关于民事诉讼证据的若干规定〉为视角》,载《中南大学学报(社会科学版)》2007年第4期。关于文书提出义务(包含勘验协力义务)之研究更是少有关注。以文书提出义务及与其相关的证明妨害为题的主要论文有:熊跃敏:《日本民事诉讼的文书提出命令制度及其对我国的启示》,载《诉讼法论丛》第7卷,法律出版社2002年版;张卫平:《证明妨害及对策探讨》,载《证据学论坛》第7卷,中国检察出版社2004年版;汤唯建、许尚豪:《建立举证妨碍制度,完善证据立法》,载《证据学论坛》第8卷,中国检察出版社2004年版;黎蜀宁:《文书提出义务比较研究》,载田平安主编:《比较民事诉讼法论丛》2005年第1卷;李芳:《论我国民事诉讼中的证明妨碍》,载《甘肃政法成人教育学院学报》2006年第1期;奚玮、余茂玉:《论民事诉讼中的证明妨碍》,载《河北法学》2007年第5期。就已有的研究成果来看,文献上多半引用我国台湾地区学者关于相关问题所作之分析以及德国、日本最近修法之前的民事诉讼法条文,立论基础实属可疑。
②　我国民诉立法素承大陆法系传统,证据法之基本构造更多地接近于德国、日本及我国台湾地区之立法例,而与英美法系之立法例迥异。鉴于本书之写作目的,本书主要以前者为分析对象。

第一章 证据协力义务之基础理论

第一节 证据协力义务之内涵及意义

一、证据协力义务之内涵

民事诉讼乃以解决当事人之间的私权争执为其目的，为达此目的，受诉法院必须正确地判断当事人之间私法上的权利义务关系是否存在。不过，从某种意义上讲，私法上的权利义务仅仅在观念上存在，并不能由法官直接感知。因此，受诉法院欲正确裁判当事人之间私法上的权利义务，必须准确认定引起该权利义务发生、障碍、消灭的法律要件事实。①

---

① 参见［日］小岛武司：《要论民事诉讼法》，中央大学出版部1977年版，第188页。在民事实体法中，权利体系通常是以若一定的事实关系存在，则一定的法律上意义的效果即会发生的形式构成的。前者称为法律要件或者构成要件，后者称为法律效果。法律效果有权利的发生、障碍以及消灭等形态。法律效果能否被肯认，取决于符合其发生要件的具体事实是否存在。所谓要件事实，即符合促使特定法律效果发生的必要的实体法上要件之具体事实。要件事实与主要事实具有同一内涵。（在与间接事实相区别的场合使用主要事实，德国、日本关于主要事实与间接事实区别的学说、判例详见［日］小林秀之：《民事诉讼における诉讼资料·证据资料の收集——主要事实·间接事实の区别と文书提出命令·证据保全を中心として》（一）、（二），载《法学协会杂志》（第97卷）1980年第5、7期；［日］松本博之：《民事自白法》，弘文堂1994年版，第72—79页）在民事诉讼中，法院必须判断作为诉讼标的的实体法上的权利在事实审的言词辩论终结时是否存在并在此基础上作出判决。根据法院判断之次序，要件事实更可细分为请求原因、抗辩与再抗辩。所谓请求原因，乃指符合作为诉讼标的的即实体法权利的发生要件之具体事实。抗辩乃指与请求原因不同并且与请求原因两立的能够排斥基于请求原因所发生的法律效果的具体事实。同样，再抗辩乃指与抗辩不同且与抗辩两立的

在采行辩论主义之运作方式的民事诉讼领域,①除当事人之间

能够排斥抗辩所发生的法律效果的具体事实。当然,在有些案件中,可能存在再再抗辩、再再再抗辩等要件事实,彼此之间的关系可以比照抗辩与再抗辩之间的关系来认定。参见骆永家:《民事法研究》(Ⅱ),台湾商务印书馆1990年版,第13页;[日]兼子一、竹下守夫:《民事诉讼法》,白绿铉译,法律出版社1995年版,第77页;[日]住吉博、樱井孝一:《民事诉讼法》,日本评论社1985年版,第178页;[日]伊藤滋夫、难波孝一:《要件事实の基础理论》,青林书院2005年版,第565页。

　① 在民事诉讼中,当事人之间通常以能够任意处分的私法上的权利或法律关系(财产关系)为争讼对象,此等事件中,当事人间的系争利益具有私益性,裁判上的争讼处理结果仅在双方当事人之间产生拘束力,故以采辩论主义之争讼处理方式为妥当。辩论主义强调当事人自主形成争讼内容(裁判资料),因而作为裁判基础的事实与证据的收集、提出均属于当事人双方的责任。辩论主义之基本内涵包括三个方面:其一,当事人之间有争执的主要事实必须经过当事人的主张,法院才能将其作为裁判的基础;其二,法院对于当事人之间未生争执的事实必须直接将其采为裁判的基础,不允许为确信其是否真实而行证据调查并作出与其相反的事实认定;其三,对于当事人之间有争执的事实(即要证事实,至于其是主要事实还是间接事实则在所不问)之认定,原则上须以当事人提出的证据为基础。不过,在民事诉讼中,仍有一些事件(身份关系事件)属于私人不能自由处分的与公益有关之事项,法院所作之本案判决不仅对当事人双方有拘束力,亦扩张至对第三人有效(对世效)。在这些事件中,若仍仅允许当事人双方为事实、证据的适格收集者,则无论是基于事件公益性之考虑还是基于对虽未参加到诉讼程序中来却受判决拘束的案外人之程序保障之考虑,均不妥适。故此种场合,除仍承认当事人双方有提供事实、证据的权限外,尚认法院自身亦具有收集事实、证据的权限及责任,后者即为职权探知主义。职权探知主义之基本内涵与辩论主义截然相左,表现为:法院裁判之基础不以当事人主张的主要事实为限;法院对于当事人间未争执的事实须在进行证据调查且确信其为真实后才能作为裁判之基础,法院能依职权调查收集必要的证据。参见骆永家:《辩论主义与处分权主义》,载《台大法学论丛》1972年第2期;[日]中村英郎:《新民事诉讼法讲义》,陈刚、林剑锋、郭美松译,法律出版社2001年版,第174—180页;[日]小山昇:《民事诉讼法》,青林书院1979年版,第256—264页。不难看出,相比于辩论主义之争讼处理方式,职权探知主义更加强调发现真实之机能,当事人自主形成争讼内容这一机能则退居第二位。正是由于两者之间的这种差异,在证据调查协力义务领域,以辩论主义为基石并为各国或地区民诉法所肯认的证明妨害法理在职权探知主义诉讼中即无适用之余地(法院基于证明妨害拟制要证事实为真实并非基于证据调查之结果所作之事实认定,由于当事人实施证明妨害行为具有不同的原因,因而,有些情形下基于证明妨碍而由法院拟制为真实的要证事实也许并非真实)。本书除特别场合所作之注明外,关于证据调查协力义务之研究乃以采辩论主义之诉讼为分析框架。

不争执的事实、公知的事实、法院职务上应当知晓的事实外，受诉法院认定案件事实通常须以当事人所提供的证据为基础。当事人欲使其主张的于己有利的事实能得到法院的认定，便应积极地向法院提供证据并要求法院进行证据调查。作为证据调查对象的证据方法若为负举证责任的当事人本人及其所支配的文书或物证时，因该当事人可以主动申请受诉法院对其本人进行当事人讯问或将其所持有的文书或物证提交给受诉法院进行调查，这一证据调查途径相对而言简单且不存在障碍。相反，作为证据调查对象的证据方法若为不负举证责任之当事人、当事人以外之第三人或者其所支配的文书或物证时，则必须经由对方当事人或第三人之协力，受诉法院才能进行有效的证据调查。民诉理论上即将不负举证责任之当事人以及当事人以外的第三人协助受诉法院进行证据调查之义务总称为证据调查协力义务，简称证据协力义务。①

笔者认为，欲正确理解证据协力义务之内涵，应把握以下三个方面的内容。

其一，证据协力义务主体乃不负举证责任之当事人以及当事人以外之第三人，举证人则一概不是证据协力义务主体。举证人为使法院能确信其所主张的要证事实为真实，固然应向法院提供其持有的证据，但是否为此行为则取决于自己之意愿，并不能由法院强制为之。法院在举证人不提供其所支配的证据之情形下，仅可依证明责任规范作出对举证人不利之事实认定，并不能命举证人提供该证据以为证据调查之用。因此，举证人向法院提供证据仅为履行自己责任之行为，并非其应负之义务。

其二，证据协力义务以协助法院进行证据调查为其内容，证据调查之程序不同，证据协力义务之履行方式亦有所差异。对持

---

① 参见〔日〕新堂幸司:《新民事诉讼法》（第3版补正版），弘文堂2005年版，第565页。

有证据之不负举证责任的当事人或第三人而言，其履行证据协力义务的方式为向法院提供该项证据。若其本身即为证据方法，如当事人讯问中的不负举证责任之当事人，作为证人、鉴定人的第三人，则以向法院陈述所体验之事实结果或关于专门事项的判断意见为证据协力义务的履行方式。

其三，证据协力义务之相对人为代表国家行使裁判权之法院而非举证人。证据协力义务以不负举证责任之当事人或当事人以外之第三人向法院提供证据调查之对象为其本旨，故其相对人或证据协力义务请求权人为法院而非举证人本人，举证人仅享有申请法院命令不负举证责任之当事人或当事人以外之第三人履行证据协力义务之权利。① 也即举证人有权向法院为证据声明以启动证据调查程序，申请法院命令证据持有人提供证据，如申请法院命令证据持有人提供相关文书，申请法院命令证人出庭陈述证言等。基于证据调查之直接原则的要求，证据调查通常乃由受诉法院实施，仅在必要情形下才由受诉法院以外之法院为之，故证据协力义务原则上乃以受诉法院为相对人，仅例外情形下才以受诉法院以外之法院为相对人。

二、证据协力义务确立之意义

证据协力义务之确立，具有以下两个方面的意义：

其一，保障法院裁判之实质真实。② 在民事诉讼中，当事人

---

① 有学者认为，在大陆法系民事诉讼中，当事人仅享有证据调查申请权而不享有证据收集权之制度安排易使得举证人处于不利的劣势地位并限制了当事人在民事诉讼中接近、利用证据，甚至会产生"抑制诉讼"的效果，值得深刻反思。参见黄国昌：《比较民事诉讼法下的当事人图像——审理基本原则、证据收集权及证明度切入》，载《政大法学评论》2003 年第 12 期；黄国昌：《民事诉讼理论新开展》，台湾元照出版有限公司 2005 年版，第 59—62 页。

② 裁判之实质真实要求法院在事实认定上依据客观、合理的资料基础（证据）得出让包括法官在内的社会上具有通常理解能力的民众能够信服的结论即为已足，并

间的私权争执得以解决的标识乃是法院作出了终局性的裁判。为求民事诉讼目的之合理实现，且为了使双方当事人及一般国民信赖法院的裁判结果进而尊重司法权威，法院所作之裁判必须公正并且适正。这就要求法院在事实认定上不能恣意而为，而须有客观的、合理的资料以为基础。此一资料基础即为证据。若无证据协力义务之设置，法院仅能依凭举证人可支配的证据来进行事实认定，事实认定之真实性便难有保障，更难言裁判之公正及适正。证据协力义务之确立则使得法院能够大大拓展证据利用之范围，并能基于全部证据调查结果而为裁判，从而能保障裁判之实质真实。

其二，确保当事人主义适用之实效性。在辩论主义之诉讼构造中，证据之提供固然属于当事人的权限，但是从法院原则上不能调查当事人未提供的证据并将其采纳作为事实认定的基础这层意义上讲，证据之提供又属于当事人的责任。在诉讼中，由于双方当事人处于对立状态，因此，就某一证据方法而言，其仅对于一方当事人有利或者相比于一方当事人，其对另外一方当事人更为有利乃属当然。双方当事人若皆不能公平地、充分地取得、利用各项证据方法，并以此为基础展开攻击防御，则据辩论主义适用之结果（基于当事人责任，在要证事实处于真伪不明状态之场合，法院即依证明责任规范作出裁判），自难谓裁判公平或适正。

不要求法院所认定的事实达到绝对真实。日本最高法院于昭和 50 年（1975 年）10 月 24 日就民事诉讼中因果关系的证明所作之判示即清楚地说明了这一点。日本最高法院认为，诉讼上因果关系的立证，并非一点疑义都不允许的自然科学上的证明，而是依照经验法则，综合检讨全部证据，认定特定的事实能导致特定的结果发生具有高度盖然性之证明。法院于认定事实时，以要求达到通常人不感到怀疑程度的真实性之确信为必要也为已足。参见［日］伊藤真：《证明，证明度および证明责任》，载《法学教室》2001 年第 11 期；［日］加藤新太郎：《民事诉讼における证明度》，载《判例タイムズ》，No. 1086（2002 年 6 月）；［日］松本博之、上野泰男：《民事诉讼法》（第 4 版），弘文堂 2005 年版，第 363 页。

在民事诉讼中，能证明于己有利的主张的证据为举证人自身持有或虽非自身持有却容易取得（如在亲朋好友手中），因此能够不困难地向法院提供证据的场合固属常见，但于举证人有利之证据不为举证人支配因而不能主动向法院提出的场合也所在多有。此种情形下，若欠缺保障当事人能够充分地获得于己有利之证据方法的手段，而仅一味强调证据的提出属于当事人自己的责任，则势必使得当事人在诉讼中不能充分地展开攻击防御。而当事人的诉讼权利的实效性不能被充分地确保之结果，使得裁判之公平与适正自然不能获得。证据协力义务之设立即是为了使当事人双方能够充分地获取于己有利之证据方法，从而确保当事人主义适用的实效性。[①]

第二节　证据协力义务之法定形态与性质

一、证据协力义务之法定形态

如前所述，证据协力义务乃不负举证责任的当事人及当事人以外之第三人向法院提供证据方法或以本人作为证据方法以协助法院进行证据调查的义务。在实定法上，证据协力义务因证据方

[①]　参见［日］门口正人编集代表：《民事证据法大系》（第 1 卷），青林书院 2007 年版，第 22—23 页。证据协力义务实际上仅乃确保当事人主义实效性的重要手段之一，除此之外，在制度上，法官阐明权（义务）、同为证据收集手段的证据保全（事实上具有为准备诉讼促使对方当事人开示手中持有的证据之机能）、发生证明责任转换效果的法律上的推定等，皆具有保障当事人的诉讼权利，使当事人在诉讼中容易主张事实与提出证据之功能，从而在使当事人主义实效化之制度上也占有重要位置。此外，不负举证责任的当事人的事案解明义务、具体地事实陈述、证据提出义务在解释论上亦被认为具有补充当事人主义之不足，确保其实效性之意义。参见［日］畑瑞穗：《摸索的证明·事案解明义务论》，载［日］铃木正裕先生古稀祝贺纪念文集《民事诉讼法の史的展开》，有斐阁 2002 年版，第 626 页以下。

法之不同而异其形态，或者说每种证据方法均有其相应的证据协力义务。从德国、日本及我国台湾地区等大陆法系国家或地区民诉立法关于证据的规范来看，其一般规定了证人、鉴定、文书、勘验、当事人讯问等五种证据方法，相应地，证据协力义务即具体包括证人义务、鉴定义务、文书提出义务、勘验协力义务以及当事人受讯问义务等五种形态。① 就当事人而言，证据协力义务尚包括不为证明妨害行为之义务。② 证人义务乃指知晓事件经过的当事人、法定代理人以外之第三人所负的于证据调查期日向法院报告其所体验之事实结果的义务。鉴定义务乃指鉴定人基于自己所拥有的专门知识向法院陈述关于专门事项的判断意见的义务。文书提出义务乃指不负举证责任之当事人或当事人以外之第三人所负的将其所持有的文书提示给法院进行证据调查的义务。勘验协力义务乃指不负举证责任之当事人或当事人以外之第三人所负的将其所持有的勘验标的物提示给法院进行证据调查或忍受

---

　　① 与我国现行民诉法第 63 条专门规定证据的种类（证据方法之类型）这种立法技术不同，大陆法系民诉立法一般乃就每种证据方法以节或目的形式分别予以规范。譬如，德国关于证据方法之规范规定在其民诉法第二编"第一审程序"中的第一章"州法院诉讼程序"中，其中第六节规定了"勘验"，第七节规定了"人证"，第八节规定了"鉴定"，第九节规定了"书证"，第十节规定了"当事人讯问"。日本民诉法第二编"第一审诉讼程序"第三章乃关于证据之规范，其中第二节规定了"证人询问"，第三节规定了"当事人讯问"，第四节规定了"鉴定"，第五节规定了"书证"，第六节规定了"勘验"。我国台湾地区"民诉法"第二编"第一审程序"第一章"通常诉讼程序"第三节乃关于证据之规范，其中第二目规定了"人证"，第三目规定了"鉴定"，第四目规定了"书证"，第五目规定了"勘验"，第五目之一规定了"当事人讯问"（乃 2000 年"民诉法"修订时新增，故以第五目之一标之）。从德国、日本及我国台湾地区民诉法关于证据的规范形式可以看出，每种证据方法规范之次序虽各不相同，但均规定了证人、鉴定人、文书、勘验、当事人讯问等五种证据方法。

　　② 证明妨害行为有狭义、广义两种。狭义上的证明妨害行为乃指不负举证责任之当事人故意或过失毁损证据致其不堪使用而使得该证据方法所能证明之事实处于真伪不明的状态；广义上的证明妨害行为尚包括文书提出义务及勘验协力义务之不遵守等。参见［日］石川明：《民事诉讼法》，青林书院 2002 年版，第 132 页。

法院进行勘验的义务。当事人受讯问义务乃指当事人本人或其法定代理人所负的基于证据方法之地位经由法院讯问陈述事案经过的义务。

依我国现行民诉法第63条"证据有下列几种：（一）书证；（二）物证；（三）视听资料；（四）证人证言；（五）当事人的陈述；（六）鉴定结论；（七）勘验笔录"之规定可知，我国现行法上所规定的证据形式除德国、日本等大陆法系民诉立法通例中的证人、鉴定人、书证、勘验、当事人讯问等五种证据方法外，[①] 尚包括物证与视听资料两种证据形式，在形式及证据种类上似均较后者宽泛。但德国、日本等民诉立法中的物证与勘验在本质上实乃指称同一证据，仅语义不同而已。勘验之文义乃在证据调查方式这一层面上使用，其强调的是法官基于五官之作用直接感知调查对象。而物证则是在证据调查对象这一层面上使用，其乃指勘验之标的物本身，二者实乃同一证据之一体两面。依我国现行民诉法第73条第1款之规定，勘验乃专指法官调查不能移转占有之物或现场，而物证则仅指可移转占有之物的调查或该物本身。就证据调查所应践行之方式而言，勘验与物证殊无不同。因此，即便认为我国现行民诉法将物证与勘验（结论）作为两种独立之法定证据方法予以区分规范而具有立法技术上的意义，物证提交协力义务与勘验容忍义务之区分亦并无实益。此外，我国现行民诉法虽将视听资料作为与物证、书证、勘验（结论）并列之独立证据予以规范，但由于法官关于视听资料之调查在本质上并不能独立于书证、物证之调查，故将其作为独立之证据方法予以规定不仅没有必要，亦缺乏正当性。这是因为，证据

---

① 当事人基于证据方法之地位向法院陈述案件事实在大陆法系称为当事人讯问，我国现行法则称为当事人的陈述，前者强调证据调查之对象，后者则强调证据调查之资料，用语虽然不同，但二者实际上均指同一证据。

方法法定之意义在于，每种证据方法在证据调查方式上皆有区别于其他的证据方法之特质，譬如，法官调查书证采取阅览之方式，勘验采取依五官作用直接感知之方式，法官调查证人采取讯问之方式。而关于视听资料之调查并不能独立于书证或物证之调查。① 因此在德国、日本及我国台湾地区等大陆法系国家或地区民诉法中，视听资料并非法定之独立证据方法。譬如，在德国，视听资料仅为勘验标的物之一种，关于其之证据调查适用于勘验规范。在日本及我国台湾地区，视听资料作为新种证据，准用于书证之规范。② 循此以言，我国现行法上虽规定有七种证据方法从而在立法论上讲也相应地有七种证据协力义务形态，但是物证提交义务和视听资料提交义务从解释论上讲并不能独立于勘验协力义务与书证协力义务，故而可以认为真正有实益并有必要作为

----

① 有学者认为，相比于德国、日本及我国台湾地区民诉法就电子记忆媒体未设特别规范之立法，我国现行民诉法第 63 条明定视听资料为证据方法之一，应属较先进之立法。不过其同时亦认为，现行民诉法第 69 条虽规定："人民法院对视听资料，应当辨别真伪，并结合本案的其他证据审查确定能否作为认定事实的根据"，但对如何辨别真伪及如何作为认定事实的根据则全付阙如，故亦难免在适用上存在困难。参见杨建华主编：《海峡两岸民事程序法》，月旦出版股份有限公司 1997 年版，第 309、316 页。

② 随着科学技术的进步，人类逐步迈向高度资讯化的社会。其结果是，磁带、光碟、电子记忆媒体等资讯媒介亦常以证据方法的形式在诉讼上出现。此新种证据（讲学上称之）就其具有传达一定的思想之机能而言，具备文书之要素，然就其欠缺可阅览性而言，又与文书不相符合（因法官不能依视觉认识其所载之内容，须借助科技设备才能认识其之内容）。在德国、日本及我国台湾地区，新种证据究应依何种程序（书证程序抑或勘验程序）进行调查，有不同之学说。德国学者一般认为，新种证据具有容易改变之特质，而不能一般性地适用于关于书证证明力之规范，故应依勘验程序进行调查。修正后的德国民诉法第 372 条第 1 款更是明定电子证据乃为勘验之标的物。在日本及我国台湾地区，关于新种证据之调查有书证说、勘验说、新书证说、新勘验说等四种学说。书证说认为，新种证据可经由列印其所载之资料而使其处于阅读可能之状态，故其属于保存、传达思想之文书，可依书证程序进行调查。勘验说重视新种证据之媒介性质，认为其记载内容若不借助科技设备列印则不能阅读，故非为文书，而应依勘验程序进行调查。新书证说认为，新种证据可依一定的科技设备之操作而呈现其内容而成为可操作之文书，故可将其称为可能文书；列印出来之文书可

比较考察对象的证据协力义务形态也只有大陆法系民诉法中所规定的证人义务、鉴定义务、文书提出义务、勘验协力义务、当事人受讯问义务等五种证据协力义务形态。

二、证据协力义务之性质

证据协力义务，作为实定法上之义务，其乃各国民诉法为配合法院践行证据调查程序以便法院能顺利地实施证据调查这一诉讼行为而设立，目的在于确保法院能基于证据调查的结果作出公正且适正的裁判。由于在大陆法系民事诉讼中，证据调查行为之实施主体为法院，或者说证据调查程序由法院主导，故证据调查协力义务即乃当事人及当事人以外之第三人对代表国家行使裁判权之法院所尽的义务，因而其在性质上为公法义务而非私法义务。[①] 笔者认为，当事人或第三人履行证据协力义务虽然在客观上有利于对举证人私权之维护，但这毕竟属于法院基于证据调查结果作出正确之事实认定而衍生的附随效果，故并不能由此认定证据协力义务乃当事人或第三人对举证人所负的私法上义务。即便举证人对当事人或第三人所持有的文书或勘验标的物享有私法上的给付请求权，其亦仅为当事人或第三人向法院所负之证据协力义务的基础或履行证据协力义务之原因，文书提出义务或勘验协力义务所具有的诉讼法上之公法义务性质并未由此改变。

称为生成文书，对生成文书，应依书证程序进行调查。新勘验说认为，新种证据因不能阅读，应否定其文书性，其本身之证据调查应依勘验程序为之，但列印出来之文书，其本身为独立文书，应依书证程序进行调查。日本民诉法第231条、我国台湾地区"民诉法"第363条明定新种证据准用书证之规范。对其之适用，在解释上乃以"新书证说"为多数说。Musielak，Grundkurs ZPO，s. 254，5. Aufl，2000. 参见〔日〕高桥宏志：《证据调べについて》（十二），载《法学教室》2002年第1期；〔日〕小林秀之：《新证据法》（第2版），弘文堂2003年版，第26—31页；参见骆永家：《新种证据之证据调查》，载《月旦法学杂志》2000年第11期。

　② 参见〔日〕梅本吉彦：《民事诉讼法》，信山社2002年版，第781页。

　　由于证据协力义务乃公法上的义务，故而无论是不负举证责任之当事人还是当事人以外之第三人，于不履行证据协力义务时，均仅能遭受公法上的制裁，法院不能将关于证据协力义务之裁判作为执行名义依强制执行程序进行强制执行。如法院命令持有文书或勘验标的物之当事人或第三人将文书或勘验标的物提示给法院作为证据方法，当事人或第三人不履行时，法院即不能将文书或勘验标的物提出命令（裁定）作为强制执行之名义对持有证据之当事人或第三人予以强制执行。此乃文书提出义务、勘验协力义务为当事人或第三人对代表国家之法院所负之公法义务而非对举证人所负之私法上的义务使然。① 为确保证据协力义务能被切实履行，德国、日本及我国台湾地区等大陆法系国家或地区的民诉立法不仅正面宣示了当事人或第三人就每种证据方法之调查所应负之协力义务的范围，并且明定了当事人或第三人违背相应义务所须遭受之公法上的制裁。此种公法上的制裁乃因应证据协力义务之公法义务性质而设并因义务主体之不同而迥异。就当事人而言，由于其违反证据协力义务基本上乃是为了谋求裁判上的不正当利益，故为发挥制裁之实效并借以调整当事人之间的证据利益之归属，其民诉立法概将当事人对证据协力义务之违反视为证明妨害之一种，规定法院可直接课该当事人以裁判上的不利益。而就第三人而言，由于其并非民事纠纷主体，与法院的裁判结果亦无直接的利害关系，故通常仅能对其课以诸如罚款、拘留等间接强制措施，以迫使其履行证据协力义务（对拒不到庭的证人采拘传措施乃为例外）。观诸我国现行民诉法，其虽未对每种证据协力义务之违反分别规定相应的制裁措施，但从已有的关于违反证据协力义务之制裁规范来看，无论是当事人还是第三人违

---

　　① 参见［日］伊藤真：《民事诉讼法》（第 3 版），有斐阁 2004 年版，第 382 页。

反证据协力义务时，均是被处以公法上的制裁，如第 100 条规定对必须到庭的被告采取拘传措施，第 102 条规定对毁灭重要证据之行为采取罚款、拘留措施，第 103 条规定对不协助法院调查之单位及负责人采取罚款、拘留措施。此外，法院根据民诉法第 64 条第 2 款及第 65 条之规定，当调取举证人因客观原因不能自行收集而为对方当事人或第三人持有的书证、物证而遭受证据持有人拒绝时，法院亦不能依执行程序对其进行强制执行。由此观之，在我国现行民诉法上，证据协力义务规范虽然存在结构上的缺失，但其所确立的证据协力义务之公法义务的性质并不能予以否认。

第三节　证据协力义务之分类

依标准之不同，对证据协力义务可作如下类型之划分：

一、当事人之证据协力义务与第三人之证据协力义务

依义务主体之不同，证据协力义务大体上可分为当事人之证据协力义务与第三人之证据协力义务两种基本类型。在证据协力义务的法定形态中，当事人受讯问义务专属于前者，证人义务、鉴定义务恒属于后者。而文书提出义务与勘验协力义务在当事人及第三人皆可能存在，也即凡持有与诉讼有关的文书或勘验标的物之人，无论其为当事人还是第三人皆负有将其所持有的证据提交给法院进行证据调查的义务。此种证据协力义务分类之意义有二：其一，证据协力义务之范围不同。证据协力义务之设定固然是为了确保法院能基于证据调查之结果进行裁判，从而具有保障裁判客观、公正以及人民对司法信赖之机能。但亦不能因证据协力义务之履行而牺牲相比于裁判实质真实这一诉讼上利益更应予以维护的利益，如人伦价值之尊重、

义务人秘匿利益之保护等。为此，德国、日本及我国台湾地区等大陆法系国家或地区民诉立法所定之证据协力义务并非绝对性的一般义务，而是对其多设有范围上之限制，如规定证人享有证言拒绝权、鉴定人在具有与证人拒绝证言之同一事由时可以拒绝鉴定，文书持有人在具有正当事由时可拒绝提出文书等。由于第三人并非民事纠纷主体，也不享有裁判上的利益，其所负之事实解明责任理应较作为纷争主体之当事人轻。故第三人证据协力义务之范围即应较当事人之证据协力义务范围要小。文书提出义务之设定即体现了此一要义。依德国民诉法第429条、第142条第1款之规定，第三人虽然在与当事人具有相同的文书提出义务原因时负有文书提出义务，但第142条第2款同时又规定，提交文书若对第三人属于不可期待的（unzumutbar）或者文书所记载之内容属于第383条至第385条所规定的证人拒绝证言事项时，第三人可以拒绝提交文书。又我国台湾地区"民诉法"第348条规定，除引用文书外，当事人所负有的文书提出义务之范围于第三人准用之。但文书记载事项若涉及第307条所定之证言拒绝事项时，第三人则有权拒绝提出文书。从德国及我国台湾地区民诉法之相关规定中可以看出，第三人的文书提出义务之范围显然要较当事人的文书提出义务之范围小。其二，违反证据协力义务所受之制裁不同。如前所述，证据协力义务乃不负举证责任之当事人或第三人对法院所尽之公法上义务，故于不履行证据协力义务时，义务人即会遭受公法上之制裁。从德国、日本等大陆法系民诉立法的相关规定来看，此种公法上之制裁在具体方式上乃区别证据协力义务人为当事人还是第三人有所不同。对于当事人而言，乃是适用证明妨害之法理，由法院拟制举证人关于证据之主张甚至证据所证明的事实之主张为真实，对于第三人而言，乃是由法院对其课以罚款、拘留等。

二、人证之证据协力义务与物证之证据协力义务

依证据方法或证据协力义务对象之不同，证据协力义务可以分为人证之证据协力义务与物证之证据协力义务两种基本类型。在法定的证据协力义务形态中，证人义务、鉴定义务、当事人受讯问义务由于均以人为证据方法故皆属于人证之证据协力义务，文书提出义务、勘验协力义务由于乃以文书、勘验标的物为证据协力义务之对象，故二者属于物证之证据协力义务。区分人证之证据协力义务与物证之证据协力义务亦有其实益，具体表现为：就人证之证据协力义务而言，由于以义务人本人为证据方法并以其陈述案情为证据协力义务之内容，故基于证据调查之直接原则、言词原则之规制，证据协力义务人皆须以证据调查期日为其义务履行之期日，也即在通常情形下，证据协力义务人应于证据调查期日于公开法庭向法院进行陈述。而就物证之证据协力义务而言，证据协力义务人只须在法院所定期间内将文书或勘验标的物提示给法院即可完成其证据协力义务，并不存在证据调查上直接原则、言词原则之规制问题。

第四节　证据协力义务履行费用请求权

一、证据协力义务履行费用请求权之内涵及性质

证人出庭作证、鉴定人到庭陈述鉴定意见、第三人向法院提交所持有之文书或勘验标的物，固系其应尽之公法义务，唯证人、鉴定人、第三人有时并不住居于法院所在地，故其到场作证或提交证据均需支付旅费。且义务人因赴法院履行证据协力义务需耗费时间，对于其职业上之收入，不无影响。从某种意义上讲，证据协力义务履行之过程即为义务人各项费用直接或间接支

出之过程。这些费用若不能得到赔偿或补偿，而由义务人自己承担，其将因此蒙受经济上的不利益，这不仅与权利义务相一致原则不合，更难期事理之平。因此，证据协力义务人应享有就其所支出的各项合理费用请求予以补偿的权利。① 该项权利即称为证据协力义务履行费用请求权。征诸德国、日本及我国台湾地区等大陆法系国家或地区之立法例，其殆皆经由民诉法或其他相关专门法律确立此项请求权。譬如，德国《司法赔偿与补偿法》（*Justizvergütungs und entschädigungsgesetz*）第 1 条即明确宣示了鉴定人、证人及提交文书或勘验标的物之第三人享有向法院请求支付费用的权利。可赔偿的费用包括：旅费（Fahrtkosten）、日费（Zeitversäumnis）、② 误工损失（Verdienstausfall）等。（第 5、20、22 条）。日本《民事诉讼费用法》第 18 条规定，证人、鉴定人可以向法院请求支付旅费、日当及宿泊料。③ 我国台湾地区"民诉法"第 323 条规定，证人可以向法院请求法定之日费及旅费。其第 338、351、363 条分别就鉴定人、提交文书之第三人、提交勘验标的物之第三人的费用支付请求权作了规定。我国现行民诉法虽未正面直接确定证据协力义务履行费用请求权，但同法第101 条第 1 款"当事人进行民事诉讼，应当按照规定交纳案件受理费。财产案件除交纳案件受理费外，并按照规定交纳其他诉讼费用"之规定，似乎能够为证据协力义务履行费用请求权之存在提供法源上的依据。因为：其他诉讼费用应当指称案件受理费以外的进行民事诉讼程序所实际支出的必要的费用，证人、鉴定人

---

① 不负举证责任之当事人履行证据协力义务虽亦需要支付费用，但该项费用乃直接作为诉讼费用的一部分由法院按诉讼费用负担之原则予以裁判，故不生当事人向法院请求给付证据协力义务履行费用的问题。

② 所谓日费，即指滞留费或日津贴，其内涵大体与日本《民事诉讼费用法》所定之日当相同。

③ 所谓宿泊料，即指住宿费用。

因出庭作证而支出的食宿交通费等费用显然在此范畴之列。事实上，最高人民法院分别于 1984 年及 1989 年出台的《民事诉讼收费办法（试行）》与《人民法院诉讼收费办法》第 2 条即均将"其他诉讼费用"解释为包括证人、鉴定人在人民法院决定日期出庭的交通费和误工补贴在内的直接支出费用。[①] 国务院于 2006 年 12 月 29 日通过并于 2007 年 4 月 1 日起施行的《诉讼费用交纳办法》第 6 条第三项亦将证人、鉴定人在人民法院指定日期出庭所发生的交通费、住宿费、生活费和误工补贴列为当事人应当向人民法院交纳的诉讼费用。[②] 从上述司法解释及行政法规的相关规定中可以得知，证人、鉴定人因出庭作证而支付的合理费用在性质上属于诉讼费用之一部分，且由当事人承担。由此从反面当可合乎逻辑地推断，在我国，证人、鉴定人就其出庭作证所支出的合理费用亦享有请求给付的权利。

证据协力义务之履行费用既然是第三人在履行对法院之证据调查协力义务的过程中而支出的，故基于权利义务相一致之原则，该项费用自应由第三人向法院请求给付。[③] 尽管该项费用作

---

① 最高人民法院关于诉讼费用的上述两项司法解释拘泥于立法文义，仅规定财产案件中当事人须交纳证人、鉴定人作证所支出的合理费用，故于证人、鉴定人费用补偿未免失之周全。国务院颁布的《诉讼费用交纳办法》，对民诉法第 107 条进行了目的性扩张解释，规定无论是非财产案件还是财产案件，当事人均应交纳证人、鉴定人出庭作证而支出的合理费用。

② 在大陆法系民事诉讼中，持有文书、勘验标的物之第三人履行证据协力义务之方式为遵法院之提出命令向法院提示作为证据方法之义务文书及勘验标的物，因而第三人履行提出义务必将支出旅费等各项费用。而在我国民事诉讼中，第三人乃经由交付文书、勘验标的物于前往"调取"之法官这一方式履行证据协力义务，故于第三人一般不生文书、勘验标的物之提出费用问题。不过，法官从第三人手中调取证据时，于该法官必生差旅费等各种费用，这些费用在解释上应属于民诉法第 107 条第 1款"其他诉讼费用"之范围。

③ 参见［日］小室直人等：《新民事诉讼法》（Ⅱ），日本评论社 2003 年版，第 168 页。

为诉讼费用的一部分最终须由当事人承担，① 但由于证据协力费用请求权并非证据协力义务人对于当事人之权利，而是对于国家之权利。故证人、鉴定人只需遵传到场，第三人只需将其所持有之文书或勘验标的物向法院提出，其即能享有此项权利，纵令举证人舍弃该证据方法或证人、鉴定人因享有证言拒绝权或鉴定拒绝权而未受法院讯问，此项费用请求权，也不因此而受到影响。此外，因其并非对于当事人之权利，故无论何种情形，证据协力义务人均不能直接向当事人请求给付。国务院于 2006 年 12 月颁布的《诉讼费用交纳办法》第 6 条将证人、鉴定人在人民法院指定日期出庭所发生的交通费、住宿费、生活费和误工补贴纳入当事人应交纳的诉讼费用范围虽明示出证据协力义务履行费用乃诉讼费用的一部分这一要义而有其合理性。不过，同办法第 11 条第 1 款却规定前述费用由人民法院按照国家规定标准代为收取而不承认证人、鉴定人能直接向法院请求给付显然误认了该项费用请求权之性质而缺乏正当性。以此为基点所作之制度设计，自乃失所附丽，于本无据了。

二、证据协力义务履行费用请求权之行使

证据协力义务履行费用请求权乃证人、鉴定人、持有证据之第三人对法院之公法上请求权，依域外立法通例，其之行使乃以

---

① 民事诉讼乃当事人为自己的利益请求国家司法机关确定私权之程序，系国家对于纷争当事人之特别服务，与国家之利益无涉，就此所支出之费用，自不能由全国纳税人负担。故各国立法例对于民事诉讼皆采有偿主义，规定诉讼费用由当事人负担，借以防止无益之诉讼及不当之抗辩，同时减少国库之支付。参见曹伟修：《最新民事诉讼法释论》，台湾金山图书公司 1978 年版，第 293 页；陈计男：《民事诉讼法论》（下），台湾三民书局 2002 年版，第 137 页。证据协力义务之履行既乃服务于法院之证据调查，显然属于法院作出正当裁判以解决当事人之间的私权争执必不可少之一环节，证据协力义务履行过程中所生之费用，自然应作为诉讼费用的一部分由当事人负担。

证人、鉴定人、持有证据之第三人向法院申请作出证据协力义务履行费用裁判之形式为之。

1. 请求之期间

由于证据协力义务履行费用乃因履行证据协力义务而生，故原则上证人、鉴定人、持有证据之第三人应于其履行义务后始得请求法院给付费用。[①] 又为方便法院计算诉讼费用及避免因证据之湮灭而发生计算上之困难，证人、鉴定人、持有证据之第三人应于一定期限内行使该项请求权。从域外立法例的规定来看，其所定证人、鉴定人、持有证据之第三人行使此项请求权之期间普遍较短，依德国司法赔偿与补偿法第 2 条之规定，证人、鉴定人、持有证据之第三人若不于三个月内向法院请求证据协力义务履行费用，其请求权即归于消灭（Erlöschen），该期间自证人、鉴定人被讯问完毕之日，第三人提交证据于法院之日起开始计算。若证人、鉴定人、持有证据之第三人非因可归责于自己之事由未能遵守此期间，其有权向法院申请回复原状（Wiedereinsetzung in den vorigenstand）[②] 以资救济。证人、鉴定人、持有证据之第三人向法院申请回复原状须于期间不能遵守之障碍事由消除之日起两周内为之，并且释明（Glaubhaftmachung）可以回复原状之事由。若期间耽误已经过一年，证人、鉴定人、持有证据之第三人即不能再向法院申请回复原状。对于法院驳回回复原状申请之裁定，证人、鉴定人、持有证据之第三人可自裁定送达之日起两周内向上一级法院提起抗告。依日本民事诉讼费用法第 27 条之规定，证人、鉴定人、持有证据之第三人请求给付费用，若

---

① 为保证经济困难，无力筹措旅费之证人能按期到庭，域外立法例殆皆允许证人于出庭前请求给付预先到庭之旅费。不过，预先受旅费给付之证人若未按期出庭，应向法院返还该项费用（德国司法赔偿与补偿法第 3 条，日本民事诉讼费用法第 18 条第 3 款，我国台湾地区“民诉法”第 323 条第 4 款）。

② 所谓回复原状，乃指在法律效果上回复期间未遵守之前的状态。

不自判决作出之日起两个月内（未经判决完结之事件，自其完结之日起）为之即不能再为此项请求。但是，因不可抗拒之事由不能在前述期限内为此项请求时，证人、鉴定人、持有证据之第三人应自该事由之消灭之日起两周内向法院请求支付。依我国台湾地区"民诉法"第 323 条第 2 款、第 324、351、367 条之规定，证人、鉴定人请求法院给付作证费用，应于证人、鉴定人被法院讯问完毕之日起十日内为之。持有证据之第三人请求法院给付证据协力义务履行费用应自提交证据于法院之日起十日内为之。依学者之解释，证人、鉴定人、持有证据之第三人不于此期间内为此请求者，即丧失请求权。① 依其"民诉法"第 164 条之规定，证人、鉴定人、持有证据之第三人因天灾或其他不应归责于己之事由，迟误该期间者，可于其原因消灭后十日内，向法院申请回复原状。

2. 请求之范围

证人、鉴定人、持有证据之第三人请求法院给付费用，固在赔偿或补偿其因履行证据协力义务而遭受之经济损失，唯证人、鉴定人、持有证据之第三人履行证据协力义务乃系其对国家所尽之义务，证据协力义务履行费用之补偿自不能如私法领域之损害赔偿依证人之身份、职业等个人的关系个案定之，而应采取统一之标准计算证据协力义务履行费用。征诸德国、日本及我国台湾地区等大陆法系国家或地区的立法例，证人、鉴定人、持有证据之第三人的证据协力义务履行费用基本上包括两大类：一为证人、鉴定人、持有证据之第三人因履行证据协力义务所花之直接费用如交通费用、食宿费用等。另一为证人、鉴定人、持有证据之第三人因履行证据协力义务所受之间接损失。德国司法赔偿与补偿法所定证人、鉴定人、持有证据之第三人可请求的费用包括：交通费（Fahrtkosten）、

---

① 参见陈计男：《民事诉讼法论》（上），台湾三民书局 2002 年版，第 472 页。

食宿费（Aufwand）、日费（Zeitversäumnis）、误工损失（Verdien-stausfall）。依日本民事诉讼费用法第 18 条的规定，证人、鉴定人、持有证据之第三人能请求法院给付的费用包括：旅费、日费（日当）及食宿费（宿泊料）。我国台湾地区"民诉法"第 18 条第 1 款将证人、鉴定人得请求之作证费用分为日费及旅费两种。依我国台湾地区"司法院"2007 年最新修订的"法院办理事件证人鉴定人日费旅费及鉴定费支给标准"（以下简称"支给标准"）第 5 条之规定，旅费包括证人、鉴定人在途及滞留日期内的交通费、住宿费及膳杂费。在各项费用之计算标准上，前述德国、日本及我国台湾地区法律亦有相对明确之确定，以便法院之核实。德国司法赔偿与补偿法第 5 条规定，除特别之必要情形外，证人、鉴定人、持有证据之第三人之交通费用依照其乘坐通常的、公共的交通工具所产生的费用据实支付。第 6 条规定，食宿费依所得税法所确定的标准定其数额。第 20 条规定，滞留费依每小时 3 欧元之标准计算（依该法第 19 条第 2 款之规定，每日按 10 小时计算，包含必要的旅行及等待时间）。依第 22 条之规定，误工损失依最高每小时 17 欧元标准计算。

日本民事诉讼费用法第 25 条规定，旅费依最经济的通常的路径及方法进行旅行为标准据实计算。但是，因天灾或其他不可抗拒之事由依前者难以旅行的场合，根据实际选择的路径方法计算。第 22 条规定，日费（日当）依据证人、鉴定人出庭及法院证据调查以及为此旅行所必要的日数支给，日费之数额，由法院在最高法院所定的数额范围内确定。第 23 条规定，食宿费（宿泊料）根据出庭必要的夜数支给。食宿费数额，由法院按最高法院区分宿泊地而确定的数额范围内确定。日本最高法院根据其民事诉讼费用法制定的民事诉讼费用规则第 7 条规定，鉴定人日费额以每日 8000 日元内为标准计算。第 8 条规定，食宿费（宿泊料）以每夜 8700 日元（甲等地方）或 7800 日元（乙等地方）

以内为标准计算。我国台湾地区"支给标准"第4条规定，证人、鉴定人到场往返所需之交通费，以所乘坐交通工具之费用支给。其所乘坐交通工具，市内以搭乘公共汽车、大众捷运系统，长途以搭乘火车、公共汽车、轮船为原则。如有等位者，以中等等位标准支给。第3条规定，证人、鉴定人到场之日费，每次依新台币500元支给。从上述域外立法例的相关规定中，我们不难看出，证人、鉴定人、第三人作证所需日费及旅费等作证费用虽因各国或地区经济发展水平之差异而异其数额，殆皆相对明晰，且不区分证人之职业、身份，统一以中等标准计算费用额。①

3. 请求之裁判及其救济

证人、鉴定人、第三人向法院请求给付证据协力义务履行费用及预付旅费可以书状或口头形式提出。若采用口头形式，可向法院之书记官为此请求，并由书记官作成笔录（德国司法赔偿与补偿法第4条第6款，我国台湾地区"支给标准"第8条）。法院对申请人所提之请求，以裁定的形式确定证据协力义务履行费用之数额。法院对不合要件之请求，如迟误法定请求期间等，则裁定驳回。无论何种裁定，申请人若有不服，均可向上一级法院提出抗告以资救济②（德国司法赔偿与补偿法第4条第3款，我国台湾地区"民诉法"第323条第3款）。

从前述德国、日本及我国台湾地区的立法例之规定可知，为

---

① 无论是最高人民法院发布的《人民法院诉讼收费办法》第2条还是国务院颁行的《诉讼费用交纳办法》第6条，虽均将证人、鉴定人作证费用定为证人、鉴定人在人民法院指定日期出庭所发生的交通费、住宿费、生活费和误工补贴，从而其范围基本上与前述域外立法例所定证据协力义务履行费用相当。但国务院《诉讼费用交纳办法》第11条仅概括地规定人民法院按照国家规定标准代为收取证人、鉴定人作证费用，具体标准则未臻明确，故易使法院在核定证人、鉴定人作证费用时发生计算上之困难。

② 依德国司法赔偿与补偿法第4条第3款之规定，仅抗告标的额超过200欧元或裁判事项具有重大意义（grundsatzlichen Bedeutung）时，始允许申请人提出抗告。

保障证据协力义务履行费用请求权之行使，其不仅就证据协力义务履行费用之范围及其计算作出了明晰之规定，且就证据协力义务履行费用请求权之行使方式及其救济作出了较为完备之规范。反观我国，虽然现行民诉法第 107 条为证人、鉴定人作证费用请求权之确定提供了法律上的依据，但无论是最高人民法院发布的司法解释还是国务院颁布的《诉讼费用交纳办法》，均将证人、鉴定人的作证费用请求权误认为对当事人的私法上之请求权，并以此为基石就证人、鉴定人出庭作证费用之受偿作了错误且粗糙之设计。其不仅有悖诉讼法理与立法本旨，客观上亦不利于对证据协力义务人权益之保护。证人、鉴定人应在何种范围内依何种形式行使作证费用请求权，前述域外较为成熟之立法例，可堪借鉴。

第二章 证据协力义务之适用畛域——证据调查

在民事诉讼中，为确保事实认定结果之客观、公正及人民对司法之信赖，受诉法院认定案件事实除公知的事实、法院职务上应当知晓的事实、当事人之间不争执的事实外，皆须以证据作为基础。① 法院从证据中获知事实认定之判断资料的过程或程序即称为证据调查。② 证据协力义务既乃不负举证责任之当事人以及

---

① 参见［日］斋藤秀夫：《注解民事诉讼法》（4），第一法规出版株式会社1983年版，第331页。公知的事实，乃指包括法官在内的社会上一般成员均能知晓的事实，如重大历史事实、重大自然灾害等。职务上应当知晓的事实乃指法官于审判职务执行中所获知的于本案审理时仍有记忆的事实。譬如，法官于本案审理之前曾作出宣告本案原告为无民事行为能力之判决，原告无民事行为能力这一事实即为法官职务上应当知晓的事实。公知的事实与法官职务上应当知晓的事实虽在内涵上迥不相同，但均具有客观实在性，故两者皆为不要证事实。当事人之间不争执的事实包括当事人自认的事实与拟制自认的事实。与公知事实、法官职务上应当知晓的事实不同的是，当事人之间不争执的事实成为不要证事实乃基于辩论主义这一实质依据，而非基于其之客观实在性。因此，在采行辩论主义不妥当之民事诉讼领域，如身份关系诉讼，当事人间不争执的事实即不能作为不要证事实，也即某一主要事实，当事人即便对其不作争执，法院亦要对其进行证据调查，并不能当然地将其作为裁判之基础。参见骆永家：《民事举证责任论》，台湾商务印书馆1984年版，第10—32页；周叔厚：《证据法论》，台湾三民书局2000年版，第209—217页；［日］兼子一：《民事诉讼法》，弘文堂1972年版，第101—106页。关于不要证事实之规范，可参见德国民诉法第138条、第288条，日本民诉法第159条、第179条，我国台湾地区"民诉法"第278条、第279条、第280条，我国最高人民法院出台的《证据规定》第8条、第9条。

② 参见［日］斋藤秀夫：《注解民事诉讼法》（4），第一法规出版株式会社1983年版，第416页；［日］新堂幸司、铃木正裕、竹下守夫：《注释民事诉讼法》（6），有斐阁1995年版，第12页。

当事人以外之第三人协助法院进行证据调查所尽之公法上的义务，其之履行即以证据调查程序之开始为前提条件。又证据调查实施的具体机关、期日若有不同，证据协力义务在履行方式上亦有所差异。

第一节　证据声明

在采行辩论主义运作方式之民事诉讼领域，法院原则上不能依职权进行证据调查，而须依当事人之申请始能为之。当事人为证明其所主张的事实而申请法院就特定的证据方法进行调查的行为在学理上即称之为证据声明（Beweisantritt）。①

---

　　① Schilken, Zicilprozeβrecht, s. 266, 3 Aufl, 2000. 参见［日］中野贞一郎、松浦馨、铃木正裕：《新民事诉讼法讲义》（第 2 版），有斐阁 2004 年版，第 293 页。在采辩论主义的一般民事诉讼中，为求证据收集之简易、迅速并使案件审理有效率地进行，德国、日本等大陆法系国家或地区民事诉讼立法殆皆承认法院在例外的情形下可依职权调查证据。如法院于行勘验时，可依职权命行鉴定（德国民诉法第 372 条，日本民诉法第 233 条），又如法院可依职权讯问当事人（德国民诉法第 448 条，日本民诉法第 207 条）。根据我国现行民诉法第 64 条第 2 款"当事人及其诉讼代理人因客观原因不能自行收集的证据，或者人民法院认为审理案件需要的证据，人民法院应当依职权调查收集"之规定，并结合《证据规定》第 15 条所作的解释，可以推知，在我国民事诉讼中，法院依职权调查证据仅限与国家利益、社会公共利益有关之事项。这些事项在域外民事诉讼中基本上属于采职权探知主义的婚姻事件、亲子关系事件等身份关系诉讼所调整的范围，其固然亦须由法院依职权调查证据，但其乃作为职权探知主义之一环，基于保护公益与第三人之合法利益之要求而设（因为作为诉讼标的之身份关系之存否具有公益性，故真实发现具有高度必要性，又法院裁判效力扩张及于第三人，故于第三人利益之保护具有必要性），与辩论主义下的依职权调查证据乃是为了求得民事证据收集的简易、迅速之间存在根本性差异。若将我国现行民诉法中的证据保全在性质上理解为法院预先进行证据调查，则第 74 条"在证据可能灭失或者以后难以取得的情况下，诉讼参加人可以向人民法院申请保全证据，人民法院也可以主动采取保全措施"之规定差可理解为法院依职权调查证据之规范。德国民诉法不允许法院依职权进行证据保全（第 485 条），日本民诉法（第 237 条）及我国台湾地区"民诉法"（第 372 条），则均承认法院于必要时可依职权进行证据保全。另我国台湾地区学者认为，法院依职权调查证据，究属例外，非有不得已之情形，法院不必依职

一、证据声明之成立要件

当事人所为之证据声明若欲合法成立，从内容上看必须符合下列要求。

1. 证明声明须使应证明的事实特定化

当事人申请法院调查证据，若不明示特定立证事项或证明主题而仅仅抽象地提示证明主题，将使法院无从判断立证事实是否需要进行调查。在是否应行证据调查仍存疑问的情形下即行证据调查，将使不负举证责任之当事人或证人遭受花费不必要的劳力与时间之不利益，故一般不应允许。从法理上讲，未特定证明主题的证据声明称为探知证明或摸索证明（Ausforchungsbeweis）或证据调查申请（Beweisermittlungsantrag）。其有两种表现形式：其一，举证人仅抽象地提示证明主题，没有具体地陈述对裁判具有

权调查证据。此外，是否应依职权调查证据，由法院斟酌情形定之。当事人不得以法院未行使此项职权作为上诉之理由。参见王甲乙、杨建华、郑健才：《民事诉讼法新论》，台湾三民书局 2002 年版，第 364 页；杨建华：《问题研析民事诉讼法》（四），台湾三民书局有限公司 1997 年版，第 285—290 页。又在日本及我国台湾地区民事诉讼中，法院可依职权嘱托机关、学校、商会、交易所或其他团体进行必要的调查（日本民诉法第 186 条，我国台湾地区"民诉法"第 298 条）。嘱托调查作为简易、迅速的证据调查方式，其仅适用于基于现有的资料能容易调查的客观事项（当事人双方于其公正一般不存在疑问），如就一定地域特定时、日的气候委托气象台进行调查，就一定时期的商品交易价格委托商品交易所进行调查，就某特定病的病症经过委托传染病研究所进行调查等。受嘱托人的调查报告通常乃作为书证提出。嘱托调查强调调查程序的简易性，故若从现有的资料中不易得出结果，则不能进行嘱托调查，而须采取鉴定等证据调查方式。此外，受嘱托人以非自然人为限，若于自然人，则须采取鉴定或证人讯问之方式进行证据调查。根据日本最高法院的判例（1970 年 3 月 26 日）与日本通说之见解，对于嘱托调查的结果法院须于言词辩论中予以提示。当然，法院就嘱托调查之结果给予当事人陈述意见的机会即为已足，无须当事人援引即可作为证据资料使用。于嘱托调查，受嘱托人虽负有接受嘱托之义务，但违背此项义务者，并不遭受公法上之制裁。参见［日］小室直人等：《新民事诉讼法》（Ⅱ），日本评论社 2003 年版，第 155 页。

重要性的事实；其二，举证人虽具体地陈述了证明主题，但仅为射幸式地陈述。当事人无论采取哪一种形式的摸索证明，其目的均在于试图借助于法院的证据调查而尝试进一步具体化之主张或立证。例如，原告以其因使用木材防腐剂导致健康受损为由将制造商作为被告向法院提起损害赔偿诉讼。在诉讼中，原告主张其免疫系统与中枢外围神经系统因木材防腐剂之涂刷而受到不能恢复之损害，并申请法院对此进行鉴定。此处原告之申请鉴定即为不合法的摸索证明，因为原告之健康损害是否于事实上真实存在及该损害是否应归咎于木材防腐剂的使用仅为原告的一项推测。① 对于摸索证明，一般认为其乃是对证据申出权的滥用，故而是不合法的，但亦有学者认为，当事人若不能充分知晓事实的具体经过，不得已将推测的事实作为主张提出，或将仅仅抽象地提示立证主题的主张引入诉讼，应为允许。② 从而，在举证人对事实的解明与证据的收集不能期待之情形下，只要举证人的权利主张前后一致并且存有合理根据，即便为摸索的证据声明，法院亦能进行证据调查。③ 另有学者认为，在现实中，形式上适式地记载有具体事实主张的证据声明，实际上仅为草率的事实主张。对于法院而言，在证据调查前即能进行识别并以其乃虚构的事实主张为理由驳回当事人的证据声请，在理论与实际操作上均有困难，并且难免授人以证据调查前预先进行事实判断之口实。不过，该学者亦承认，于对方当事人支配领域内发生的事实，举证人根据法院证据调查的实际结果，检讨从前的主张与立证亦乃不得已之事。此种场合，若严格要求立证事实特定化与具体性的程度，对

---

① Gehrlein, Zivilprozessrecht nach der ZPO-Reform 2002, s. 134, 2001.

② 参见［日］新堂幸司、铃木正裕、竹下守夫：《注释民事诉讼法》（6），有斐阁1995年版，第5页。

③ 参见［日］中野贞一郎、松浦馨、铃木正裕：《新民事诉讼法讲义》（第2版），有斐阁2004年版，第318页。

于举证人而言实乃不能之事。因此，对于立证事项的特定程度，应综合考虑：对方当事人的防御、关于待证事项将受到法院讯问的证人与当事人本人的保护、事实的特殊性、诉讼进行状况、立证趣旨等因素而判断摸索证明是否合法。①

摸索证明的理论乃是从德国审判实务中多数关系人的抗辩（不贞之抗辩）是否允许发展而来的。在非婚生子女要求生父认领及请求扶养的诉讼中，被告为反驳原告的诉讼请求，在没有具体线索的情形下，以原告的母亲曾经与多数人保持不正当关系这一事实进行抗辩（所谓多数关系人的抗辩）。为证明这一抗辩事实，被告申请法院将原告的母亲作为证人进行讯问。被告人打算基于证据调查之结果来判断作为原告的母亲与第三者是否有不正当关系，如果是的话，则试图引出谁为相对人。当初，举证人自身并不知道其所主张的具体的事实经过，而是希冀借助证据调查以获得新的具体、特定的主张资料，这种证据声明即称为摸索证明。②

在日本的审判实务中，对当事人的证据声明是否构成摸索证明亦未建立明晰统一的标准，就同一事件，上下级法院的判断亦不相同。日本浦和地方法院于昭和47年（1972年）1月27日与东京高等法院于同年5月22日针对同一事件就原告的证据声明是否构成摸索证明作出了不同裁判。作为原告的当地住民为证明原子炉的设置存在安全隐患，向法院申请文书提出命令，要求作为被告的企业提出原子炉设置许可申请书副本，在文书提出命令申请书中，其立证事项是这样表明的：原子炉在构造上存在本质

---

① 参见［日］门口正人编集代表：《民事证据法大系》（第2卷），青林书院2004年版，第125页。

② 参见［日］门口正人编集代表：《民事证据法大系》（第2卷），青林书院2004年版，第124页；［日］新堂幸司、铃木正裕、竹下守夫：《注释民事诉讼法》（6），有斐阁1995年版，第150页。

的危险性，即便平时正常运转原告亦存在被放射能照射的危险；另外，在操作上，由于技术上的失误可能导致事故的发生。特别是事故发生时，因欠缺紧急停止装置及其他安全装置，而有可能带来更大损害，并且对于重大事故，原子炉上基于假想的事故所设置的应对的具体条件极不完备，伴随核分裂的爆发及发热的连锁反应，周边居住的住民将不可避免地遭受放射能的照射。对于原告此一立证事项之表明，作为原审的浦和地方法院认为其是适法的从而裁定命令被告提出原子炉设置许可申请书副本这一文书，被告不服该裁定提起抗告，作为抗告法院的东京高等法院认为被抗告人的证据声明欠缺明示的应证事实而不适法。[①]

2. 证据声明须具体表明要求法院进行调查的证据方法

为使法院容易判断当事人的证据声明是否应予采纳以及所要调查的证据之范围，避免侵害对方当事人的防御权以实现适切、迅速地进行证据调查之目的，当事人向法院声明证据时应具体表明需要调查的证据方法，如举证人申请法院传唤证人时，应表明证人的姓名、住所等能识别被法院传唤作为证人身份之事项（德国民诉法第 373 条、日本民事诉讼规则第 106 条、我国台湾地区"民诉法"第 298 条）；举证人申请法院命令文书持有人提出文书，应具体表示文书的名称、作成人、作成的日期等识别文书的事项（德国民诉法第 424 条、日本民诉法第 221 条、我国台湾地区"民诉法"第 324 条）；举证人申请法院命令勘验标的物持有人提出勘验标的物，应表明勘验标的物之名称及品种、所在地等能与其他标的物相区别的事项（德国民诉法第 371 条、日本民事诉讼规则第 150 条、我国台湾地区"民诉法"第 367 条关于第 324 条准用之规定）。因鉴定人乃由法院指定，故举证人申请鉴

---

① 参见［日］门口正人编集代表：《民事证据法大系》（第 2 卷），青林书院 2004 年版，第 126 页。

定，只须表明应行鉴定事项，而无须表明鉴定人。另外，依据日本民事诉讼规则第 99 条之规定，举证人声明证据除应具体表明立证事实与需要法院调查的证据方法外，还应表明立证趣旨，也即立证事项与证据的关系。例如，证据方法为"证人 A"，应证明之事实为"买卖契约成立"，则举证人之申请必须具体记载证人 A 乃买卖契约之居间人，于订立契约时在场等内容。根据我国现行民诉法第 64 条第 1 款"当事人对自己的主张有责任提供证据"之规定并结合《证据规定》第 15、16、17 条关于民诉法第 64 条第 2 款"当事人及其诉讼代理人因客观原因不能自行收集的证据，人民法院应当调查收集"这一内容之解释，可以推知，在我国民事诉讼中，除涉及公益的事项法院须依职权调查证据外，当事人为证明其所主张的事实亦须积极立证。此立证途径有二：其一，向法院提供证据；其二，申请法院调查自己不能提供的证据。从法理上讲，提出证据即乃将证据方法置于法院能够直接调查的状态，本身即内含有请求法院对其进行证据调查的意思，即证据的提出这一事实行为兼具证据声明的意思效果。举证人申请法院调查证据即为证据声明。于举证人而言，其所提申请亦应载明立证事项、要求法院进行调查的证据之特定表示及立证趣旨。我国《证据规定》第 18 条"当事人及其诉讼代理人申请人民法院调查收集证据，应当提交书面申请。申请书应当载明被调查人的姓名或者单位名称、住所地等基本情况、所要调查收集的证据的内容、需要由人民法院调查收集的原因及其要证明的事实"之规定可以认为与德国、日本等大陆法系国家或地区民诉法上关于证据声明的内容或合法要件之要求基本相同。不过，需要注意的是，该项司法解释对于应证事实之表明并无特定之要求。从解释上讲，为判断举证人的申请是否应当，要证事实也须要求特定化。另外，《证据规定》第 18 条似仅乃针对书证、物证等物的证据方法的证据声明所作之规定，不过，根据前面的分析，笔者认为，举证人申请法院传唤某人作为证人及申请对某一事项进行鉴定，亦应符合证据声明之基本要件，此乃当然之解释。

二、证据声明之时期

证据声明，乃当事人所实施的攻击防御方法的一种，[①] 为保证诉讼的快速推进与程序的顺畅进展，德国、日本等大陆法系国家或地区民事诉讼法殆皆采证据适时提出主义，当事人向法院声明证据应在诉讼的适当阶段进行，逾时声明举证将生于己不利之后果。如德国民诉法第 282 条第 1 款规定，当事人双方都应该在言词辩论中，按照诉讼的程度和程序上的要求，在为进行诉讼所必要的与适当的时候，提出他的攻击和防御方法，特别是各种主张、否认、异议、抗辩、证据方法和证据抗辩。同法第 296 条第 2 款规定，违反第 282 条第 1 款而未及时提出攻击或防御方法，如果法院依其自由心证认为逾时提出足以迟延诉讼的终结并且当事人就其逾期有重大过失时，可以予以驳回。又如日本民诉法第 156 条规定，攻击和防御方法应当根据诉讼进行的状况于适切的时期提出。同法第 157 条第 1 款规定，当事人由于故意或重大过失逾期提出的攻击或者防御方法，法院认为其将由此导致诉讼迟延终结时，法院依申请或依职权，裁定驳回。从德、日民诉法的相关规定可以看出，在德、日民事诉讼中，当事人逾时提出证据

---

① 攻击方法，乃指原告为使其所提的本案诉讼请求能有根据而向法院提出的一切裁判资料。防御方法乃指被告为反驳原告所提本案诉讼请求而向法院提出的一切裁判资料。两者合称为攻击防御方法。当事人所提的法律上及事实上的主张（包含对对方主张的自认、否认）为主要的攻击防御方法。此外，当事人为使其主张的事实有依据而要求法院就特定证据方法的调查也即证据声明，当事人向法院提出的认为对方当事人所提供的证据与证明主题无关及无证据能力的证据抗辩等，亦为重要的攻击防御方法。参见［日］兼子一、竹下守夫：《民事诉讼法》，白绿铉译，法律出版社 1995 年版，第 76 页；［日］上田徹一郎：《民事诉讼法》（第 4 版），法学书院 2004 年版，第 291 页。

声明，虽不会遭受公法上的直接制裁，但为确保适时提出主义能得到实质贯彻，充实并推进案件的审理，当事人逾时提出的举证声明将可能被法院以不合法为由而裁定驳回。法院驳回举证人证据声明之要件有三个方面：第一，举证人逾时提出证据声明，此为客观要件；第二，当事人逾时提出证据声明在主观上乃基于故意或重大过失，此为主观要件；第三，采纳当事人之证据声明进行证据调查将会迟延诉讼的终结，此为迟延要件。所谓逾时，是指举证人本能够于更早时期提出证据声明且有适切的机会提出却未提出。判断举证人是否"逾时"，应从该诉讼的具体进行状态以及其能否被期待于更早时期提出证据声明等方面进行考虑。重大过失要件之判定，应考虑举证人本人的法律知识程度、举证人声明的证据种类等因素。但通常从"举证人逾时"这一事实可以推定其重大过失之存在。① 对诉讼迟延终结的要件的理解，学者间存在相对迟延与绝对迟延两种不同观点。所谓相对迟延，指的是当事人的证据声明假如没有逾时提出，诉讼预计完结的时点与法院对举证人没有适时提出的证据续行调查预计结束诉讼的时点两相比较，后者所花费时间若长于前者，即为迟延。所谓绝对迟延，指的是法院驳回当事人没有适时提出的证据声明，不对其进行证据调查预计终结诉讼的时间与举证人假如适时提出证据声明诉讼预计终结的时间相比，后者比前者要长，则为迟延。对迟延采相对迟延还是采绝对迟延之理解，于举证人同一逾时的证据声明是否会被法院采纳将产生不同的结果。例如，被告本应于答辩状中申请法院传唤证人乙作证，却迟于言词辩论期日才提出该项证据声明，又假设被传唤的证人乙于言词辩论期日前仍在国外旅行而不能在言词辩论期日接受法院讯问。此种情形下，法院传唤

---

① 参见［日］小室直人等：《新民事诉讼法》（Ⅱ），日本评论社2003年版，第80—82页。

该证人进行讯问须另行指定证据调查期日。在这里，若持相对迟延之观点，法院仍应采纳举证人之证据声明，因为被告于提交答辩状时即便提出此项证据声明，于第一次言词辩论期日法院仍不能对证人进行讯问，其结果与举证人逾时提出相同。此种情形下，应认为未迟延诉讼。若持绝对迟延之观点，则认为这种情形下构成诉讼迟延。因为驳回举证人之证据声明，可以免却对该证人另行指定期日进行讯问，该诉讼所花时间显然要较继续对证人进行讯问而结束诉讼的时间要少。①

　　观诸我国现行民诉法，并没有类似德国民诉法第 282 条、日本民诉法第 156 条要求举证人应于诉讼适切时期提出证据的规范，从我国民诉法第 125 条第 1 款"当事人在法庭上可以提出新的证据"之规定中，甚至可以推断，在现行法上，于证据的提出并未采证据适时提出主义而是采证据随时提出主义。因此仅从文义解释着眼，在我国民事诉讼中，举证人提出证据声明并无时间上的限制，申言之，即于言词辩论结束前均可为之。民诉法第 132 条"有下列情形之一的，可以延期开庭审理：……（三）需要通知新的证人到庭，调取新的证据，重新鉴定、勘验，或者需要补充调查的……"之规定亦印证了这点。不过，《证据规定》第 41 条似对民诉法第125 条第 1 款规定的"新的证据"之内涵作了限缩解释，其规定"新的证据"仅指"当事人在举证期限届满后新发现的证据；当事人确因客观原因无法在举证期限内提供，经人民法院准许，在延长的期限内仍无法提供的证据"。由此观之，《证据规定》第 33 条事实上突破了现行法的规定且创设了举证期限制度，也即要求法院应根据案件情况指定当事人提供证据的期限或者认可当事人协商确定的举证期限。《证据规定》第 34 条进一步规定，当事人应当在举证期限内向人民法院提交证据材料，逾期提交的证据材料，人民法

---

① Jauernig, Zivilprozeβrecht, s. 203ff, 25. Aufl, 1998.

院审理时不组织质证，除非对方当事人同意质证。而依《证据规定》第 47 条"未经质证的证据，不能作为认定案件事实的依据"之规定，逾期提交的证据材料实际上不能被法院进行调查并采纳作为事实认定的基础。从《证据规定》的相关规定中，我们不难看出，其所创设的举证期限制度从某种意义上讲是对现行法所确定的证据随时提出主义的一种反动或者限制，对于促进诉讼之推进，防止当事人因恶意地不及时提出证据而导致诉讼迟延有着积极的效用。但该项司法解释所确立的举证期限制度显然不同于德、日民诉法中的适时提出主义，这不仅表现为在适时提出主义，民诉立法对举证人具体应于何时提出证据未设一明确期限，而是仅要求法院依据诉讼的具体进展在考虑举证人及证据之性质与种类等因素的基础上对举证人的证据声明是否逾时提出作出判断，更重要的表现为在适时提出主义，法院驳回举证人逾时之证据声明须以若法院对当事人之举证声明进行证据调查将会导致诉讼迟延作为绝对的要件。易言之，举证人即使未于适当时期提出证据声明，但只要不因此而导致诉讼终结之迟延，该逾时提出的证据仍会被法院进行调查。而在举证期限制度，诉讼迟延这一要件被完全忽视了，这显然有违举证期限制度设立之本旨。因为，举证期限设置之目的乃是为了促进与充实诉讼的审理，加快诉讼进展，举证人即便超过举证期限提出证据，若未能由此导致诉讼迟延，诉讼快速推进之目的便没有受到阻碍，法院即不能仅以举证人未遵守举证期限而不采纳当事人逾时之证据声明，否则即有本末倒置之嫌，于举证人合法权益之保护更是难谓周全。由此观之，《证据规定》关于举证期限制度之规定立意虽佳，但由于未能严格设定其具体适用条件故而殊显草率。此外，根据《证据规定》第 34 条后段之规定，举证人即便逾时提出证据，只要对方当事人同意，该项证据仍可由法院进行调查，如此处置亦不合法理。盖举证期限之设既乃为确保裁判充实及诉讼推进之迅速，即具有公益之性质而与当事人私益无涉，对方当事人对此应无处分之自由或利益，故即便对方当事人同意亦不能阻却举证期限未遵守而生之失权效果。

三、证据声明之撤回

证据声明既乃当事人对法院所实施的要求法院就一定的证据方法进行调查的诉讼行为，在性质上即属于取效的诉讼行为。[①]法院进行证据调查前，证据声明尚未产生相应的诉讼法上的效果，故应允许当事人随意撤回。法院若对当事人声明的证据已经调查完毕，则不允许举证人撤回证据声明。理由有两个方面：其一，从形式上看，证据调查终了后，证据声明的目的已经达成，即不存在撤回的余地。从实质上讲，基于证据调查之结果，法院的心证已经形成，允许当事人于其后撤回证据声明即与自由心证主义相抵触。其二，基于证据共通原则，[②] 举证人所声明的证据经法院进行证据调查的结果可以为对方当事人所利用，若允许举

[①] 当事人的诉讼行为从其目的来看可分为取效的诉讼行为（Erwirkungshandlungen）和与效的诉讼行为（Bewirkungshandlungen）。此项分类由德国学者 Goldschmidt 首倡并成为大陆法系民事诉讼理论中对当事人诉讼行为的基本分类。所谓取效的诉讼行为乃指当事人要求法院就特定事项进行裁判以及为使其有根据而提出诉讼资料的行为。诉之声明、主张、举证等皆属之。取效的诉讼行为须在法院对其作出裁判后目的始能达成，离开法院的裁判，此类行为即无独立之意义。与效的诉讼行为乃指当事人实施的能直接产生诉讼法上效果的诉讼行为，例如自认、撤诉等。Rosenberg/Schwab/Gottwald, Zivilprozessrecht, s. 399, 16. Aufl, 2004. 参见 [日] 三ケ月章：《民事诉讼法》，有斐阁 1979 年版，第 267—269 页。

[②] 参见 [日] 吉村德重、竹下守夫、谷口安平：《讲义民事诉讼法》，青林书院 1982 年版，第 202 页。证据共通原则，乃指当事人一方提出的证据，不仅能用于认定对举证人有利的事实，亦能用于认定对对方当事人有利的事实，且对方当事人不以援引该证据为必要。证据共通原则确立的基础为自由心证主义，与辩论主义之基本要求亦不相违背。因为辩论主义所要求的应由当事人自主形成诉讼资料仅强调当事人与法院之间的分工，而不是当事人之间的分工。参见 [日] 住吉博、樱井孝一：《民事诉讼法》，日本评论社 1985 年版，第 238 页；[日] 斎藤秀夫：《注解民事诉讼法》(4)，第一法规出版株式会社 1983 年版，第 350 页。

证人撤回证据声明，即有损害对方当事人利益之虞。这两个方面乃学理上一致之见解。日本最高法院于昭和 32 年（1957 年）6 月 25 日所作的一则判例亦认为，举证人申请的证人被法院讯问终了之后，即不允许举证人申请撤回。日本最高法院于昭和 58 年（1983 年）5 月 26 日所作的判例亦持相同见解，认为鉴定人陈述鉴定意见后，即不允许举证人撤回鉴定申请。① 有争议的是，举证人提供的证据若已经由法院着手进行证据调查，但尚未终了，于此阶段，能否允许举证人撤回证据声明。对该问题，通说认为，基于证据共通原则，证据调查一旦开始，对对方当事人有利的证据调查结果或者证据资料将来即有可能形成，从保障该当事人的正当利益出发，应不允许举证人撤回证据声明，除非其同意举证人证据声明之撤回。因为对方当事人的同意即表明其放弃了自己本应享有的利益，故应允许。② 但反对说则认为，一旦法院进行证据调查，证据资料即已开始形成，其后再允许举证人证据声明之撤回即乃不自然之举；此外，从理论上讲，基于当事人的证据声明，法院若已开始进行证据调查即视为法院的诉讼行为已经开始，承认撤回实乃极不合理。③

第二节　法院对证据声明采否之判断

前面已提到，在采行辩论主义之民事诉讼，法院进行证据调查原则上须依举证人之证据声明而开始，法院所能调查的证据也

---

① 参见 ［日］ 松本博之、上野泰男：《民事诉讼法》（第 4 版），弘文堂 2005 年版，第 360 页。

② 参见 ［日］ 新堂幸司、铃木正裕、竹下守夫：《注释民事诉讼法》（6），有斐阁 1995 年版，第 145—146 页。

③ 参见 ［日］ 伊藤真：《民事诉讼法》（第 3 版），有斐阁 2004 年版，第 334 页。

仅限于举证人所声明的证据。证据声明既乃当事人要求法院就一定证据方法进行调查之申请而具有取效诉讼行为之性质，法院对当事人所为之证据声明即负有应答义务。易言之，法院负有判断举证人所为之证据声明是否适法之义务。法院若认举证人之证据声明不合法，如证据声明不具备法定成立条件（应证明的事实及证据方法不特定）或证据声明乃迟延提出，法院即应驳回举证声明而无须进行证据调查。不过，对当事人所声明的证据是否进行调查乃法院自由裁量事项，举证人之证据声明即便在形式上合法，若法院认为不必要对其进行证据调查，仍可驳回举证人之证据声明。因此，仅在举证人所为之证据声明适式、合法且所声明的证据具有调查必要性之情形下，法院始依举证人之证据声明进行证据调查。

一、证据调查必要性之判断

证据声明是否为法院采纳，与法院之事实认定有着重大关系。从证明责任角度考察，其对诉讼的成败亦有着重大的影响。因此，不能全盘委诸法院自由裁量，对于法院是否采纳举证人的证据声明应设有一定之基准。此基准之设定，应综合考虑当事人提出证据期望诉讼能朝自己有利的方向展开之证明权；法院避免事实误认，实现适正、公平裁判之理想；法院迅速审结案件，实现诉讼经济原则之理想等几个方面的因素。征诸德国、日本及我国台湾地区等大陆法系国家或地区的民诉法之规定及其学说，以下场合被认为证据调查欠缺必要性。[①]

1. 作为证明主题之立证事实不具有裁判重要性

所谓裁判重要性，乃指立证事实对于法院裁判之作出具有决

---

① 日本民诉法第181条第1款及我国台湾地区"民诉法"第286条均宣示性地规定当事人所声明的证据，法院在认为不必要时，可不进行证据调查。

定意义。其具体包括两个方面的要求：第一，原告所作之陈述能使其所提"诉之声明"（诉讼请求）具有正当性，也即原告所陈述的事实若为真实，则能满足其所追求的法律效果，此亦称为原告陈述之充分性（Schlüsigkeit）；第二，被告针对原告陈述的防御性陈述（Verteidigungsvor-brigen）是重要的（erheblich），也即被告之陈述若成立，则使原告所提"诉之声明"丧失基础而被法院驳回。① 若原告的陈述不充分或者被告的陈述不重要，该事实即不构成具有裁判重要性之事实。当事人间虽对其有争执，但由于法院即便对其是否存在不进行调查亦不会影响法院的正当裁判，故法院不会考虑对其进行证据调查，纵然针对该项事实进行证据调查也完全是徒费时间与劳力。德国民诉法教科书经常举下面的例子来说明何种事实具有裁判重要性：原告 K 针对被告 B 提起损害赔偿诉讼，理由是 K 所驾驶的小汽车因高速行驶偏离马路而撞坏原告地产周围之篱。在诉讼中，被告提出抗辩认为其行驶遵守了交通规则并且没有超速，也不知为何会偏离马路而驶入原告地方，也许是由事发前即出现的不可预测的技术性障碍所导致的。原、被告就损害产生的原因发生了争执。在此种场合下，法院即可以认为双方当事人就汽车偏离道路的真正原因所生争执而作之陈述是不重要的（unerheblich）。因为依《德国道路交通法》（StVG）第 7 条第 2 款之规定，小汽车因行驶过程中所生之损害属于无过失责任，也即所生损害只要是在汽车行驶中产生，并且不是由于不可抗力造成的，车主即须负损害赔偿责任。在这里，汽车偏离道路的原因于裁判而言即不具有重要性，法官针对此项当事人间争执的事实无须进行证据调查。②

---

① Gehrlein, Zivilprozessrecht nach der ZPO-Reform 2002, s. 126, 2001.
② Musielak, Grundkurs ZPO, s. 237, 5. Aufl, 2000.

2. 证据调查存在不定期间的障碍

法院作出裁判固然应追求真实，并应为此而广泛地采用证据作为事实认定的基础，但诉讼之迅速审结与诉讼经济原则之贯彻亦不能忽视。在诉讼中，往往会出现这种情况，即法院所要调查的证据方法虽然存在，但何时能对其进行有效的调查并不能有一明确的预期，故法院若一直等待此一证据调查障碍的消除，势必使得诉讼大大迟延，不仅有违诉讼经济原则，亦会影响权利人权利之迅速实现。针对此种情况，德国、日本及我国台湾地区等大陆法系国家或地区民诉立法殆皆规定，法院进行证据调查若存在不定期间之障碍，法院则可以不进行证据调查，并以此为由驳回举证人之证据声明。如德国民诉法第 356 条规定，因为有不定期的障碍致不能调查证据，法院应规定一定期间，如在期间内仍不能调查，只有在法院依其自由心证，认为不致拖延诉讼程序时，才可以在期满后使用该证据方法。日本民诉法第 181 条第 2 款规定，法院进行证据调查存在不定期间的障碍时，可以不进行证据调查。我国台湾地区"民诉法"第 287 条规定，因有障碍而不能预定调查证据之时期者，法院得依申请定其期间。但期间已满而不致延滞诉讼者，仍应为调查。从上述域外法的规定中，我们可以看出，证据调查存在不定期间之障碍时，在德国及我国台湾地区乃是由法院确定对该证据进行调查之期限，期间届满前，障碍消除，法院应行证据调查；期间届满后，该障碍始行消除，法院并非绝对不进行证据调查，法院若认为进行证据调查不会延滞诉讼时，仍可进行证据调查。在日本，证据调查若存在不定期间之障碍，法院则直接驳回举证人之证据声明；若此障碍乃于证据裁定①作出后发生的，法院即应直接撤销该裁定。依学者之解释，

---

① 所谓"证据裁定"，即法院认为当事人所为证据声明合法且有证据调查之必要性所作之裁定。

所谓不定期之障碍，乃指客观上存在不能进行证据调查的障碍，且此障碍能否消除并不明确，何时能进行证据调查法院并不能预见。如证人、受讯问之当事人病重，法官进行临床讯问事实上亦不可能，证人迁居外地且迁居地不明，证人居留外国或去外国旅行而归期不明，文书或勘验标的物遗失以及发现很困难等。在鉴定人迟延提出鉴定书的场合，不能认为是存在不定期之障碍，因为法院可以督促其提出或重新指定鉴定人而消除此项障碍。①

3. 应证明的事实为不要证事实

依辩论主义之基本要求，仅当事人间有争执的事实始需用证据证明，当事人之间不争执之事实即无证明之必要，此外，公知的事实及法官职务上应当知晓的事实亦因其本身的客观存在性而毋庸对其进行证明。因此，立证事实属于上述事实时，法院对其即无进行证据调查之必要。②

4. 在自由心证主义范围内，依法院裁量认为不必要进行证据调查之情形

此种情形主要涉及法院事实判断上之事项，如所要调查的证据与立证事实无关联性，法院就要证事实已得到心证，当事人所声明的证据乃是为了证明与心证同一方向之事实等。德国、日本等学者均认为法院不能以作为证明主题之反对事实或相反事实（Gegenteil der zu beweisenden Tatsache）已获得确信为理由而驳回证据声明。法院更不能以举证人所声明的证据价值极低为由驳回证据声明，因为这样做乃是对事实之认定形成预断并将损及事实认定之客观性。③ 因证据采否对事实认定具有重大的影响，有时

---

① 参见［日］小室直人等：《新民事诉讼法》（Ⅱ），日本评论社 2003 年版，第 147 页。

② 参见［日］雉本朗造：《民事诉讼法の诸问题》，有斐阁 1955 年版，第 679 页。

③ Jauernig, Zivilprozeβrecht, s. 201, 25. Aufl, 1998. 参见［日］门口正人编集代表：《民事证据法大系》（第 2 卷），青林书院 2004 年版，第 143 页。

甚至直接决定诉讼之走向，故即便证据采否关涉纯粹事实上的判断，法院裁量权亦受到一定制约。日本最高法院判例（1952 年 12 月 25 日）所确定的唯一证据不能驳回之法则即体现了这一要求。依此证据法则，当事人所声明的证据从整个审级来看仅为每一争点的唯一的证据时，法院对该证据必须进行证据调查。因为法院若排除这唯一的证据不进行调查，则基于证明责任的分配之规制，法院将作出对声明证据的当事人不利的事实认定，该当事人必心存不满而影响其对裁判公正之信赖，故唯一的证据，法院不能排除。①

我国现行民诉法虽然规定了当事人的证据声明权，《证据规定》第 18、19 条亦对证据声明权之行使及法院之应答义务作了解释，但均未明定法院于何种情形下应驳回举证人之证据声明，故有待学理上之解释与将来立法或司法解释对其作出明确规定。在此问题之处理上，前述域外立法例关于证据声明应否采纳之判断基准的规定与学说上的阐释无疑应有借鉴的价值。

二、法院对证据声明之判断形式

法院乃以何种形式决定是否允许举证人之证据声明，在各国或地区民诉立法之规定中并不一致。德国、日本及我国台湾地区民诉法对于法院驳回当事人之证据声明应采取何种形式并未规定。依德国、日本及我国台湾地区学者之解释，法院驳回举证人之证据声明，仅需在判决理由中喻示其旨即可，毋庸单独作出驳回证据声明之裁定。若判决未记载此事项，即属判决理由不备，当事人可以据此不服提起上告。若该项证据涉及中间判决之标的事项，法院应于中间判决中喻示其旨，亦无须作出驳回证据声明

---

① 参见［日］雉本朗造：《民事诉讼法の诸问题》，有斐阁 1955 年版，第 678 页。

之裁定。①

依德国民诉法第 358 条之规定，法院若认为当事人之证据声明适式、合法且所声明的证据方法有调查的必要时，除法院不能于言词辩论期日进行证据调查而需要特别的证据调查程序外，应作出证据裁定。依同法第 450 条之规定，法官命令讯问当事人则总是需要作出证据裁定。② 日本民诉法对于采纳证据声明是否需要作出证据裁定并未作出明确规定，学说上认为法院应当作出证据裁定，实务上一般也是采取以证据裁定的形式决定采纳当事人的证据声明之做法。但在书证调查之场合，法院往往不作出证据调查裁定而进行证据调查。学者认为此乃以默示的形式作出证据裁定。③ 我国台湾地区"民诉法"对于法院采纳证据声明是否需要作出证据裁定亦未规定，依学者之解释，法院采纳举证人之证据声明除其于当事人言词辩论后能即时调查该项证据而毋庸作出证据裁定外，均应作出证据裁定。④

我国现行民诉法对于法院应依何种形式决定是否采纳当事人之证据声明也未作出规定，依《证据规定》第 19 条第 2 款之规定，人民法院对当事人及其诉讼代理人的证据调查申请不予准许的，应

---

① Zeiss, Zivilprozeβrecht, s. 169, 9. Aufl, 1997；参见［日］新堂幸司：《新民事诉讼法》（第 3 版补正版），弘文堂 2005 年版，第 522 页；陈计男：《民事诉讼法论》（上），台湾三民书局 2002 年版，第 457 页。判决理由不备可以作为上告的理由参见德国民诉法第 551 条第（七）项，日本民诉法第 312 条第 2 款第（六）项，我国台湾地区"民诉法"第 469 条第（六）项。在日本，判例亦持此一见解，但少数说则主张，为能使当事人能于证据声明被驳回之情形下及时地提出新的证据，法院应依独立的证据裁定形式作出决定。参见［日］伊藤真：《民事诉讼法》（第 3 版），有斐阁 2004 年版，第 334 页。

② 依德国民诉法第 359 条之规定，证据裁定中应载明：（1）应证明的系争事实；（2）应调查的证据方法之名称，应讯问的证人、鉴定人或当事人姓名；（3）提出证据方法的当事人。

③ 参见［日］中野贞一郎、松浦馨、铃木正裕：《新民事诉讼法讲义》（第 2 版），有斐阁 2004 年版，第 293 页。

④ 参见陈计男：《民事诉讼法论》（上），台湾三民书局 2002 年版，第 457 页。

当以通知书的形式作出决定并送达当事人及其诉讼代理人，而对于允许当事人之证据调查申请及对当事人自身提供的证据是否进行调查之决定应采取何种形式则没有于同条中作出规定。

依《证据规定》第 79 条，人民法院应当在裁判文书中阐明证据是否采纳的理由。据此可以认为，在我国民事诉讼中，除不允许当事人提出的证据调查申请时法院须以单独的通知书对此作出决定外，其余的证据声明是否采纳，均无须单独作出决定，而仅于判决理由中对其作出阐明即可。此与德国、日本及我国台湾地区民诉法在相关事项上所作之规定及学者对其之解释迥异其趣。

在德国、日本及我国台湾地区民事诉讼中，法院所作的证据调查裁定在性质上属于诉讼指挥之裁判，原则上不经过当事人间的言词辩论即可作出，并且法院可以随时撤销该裁定而不受其拘束（德国民诉法第 360 条、日本民诉法第 120 条、我国台湾地区"民诉法"第 283 条但书）。①并且，当事人对于证据调查之裁定不能独立提出抗告以表示不服，而仅能于对终局判决上诉时与终局判决一起由上级法院审查判断其是否成立（德国民诉法第 355 条第 2款、日本民诉法第 328 条第 1 款、我国台湾地区"民诉法"第 483条）。依据我国《证据规定》第 19 条之规定，当事人不服法院所作的不准许证据调查申请之通知，可以于收到法院送达的通知书次日起三日内向受理申请的人民法院书面申请复议一次。人民法院应当在收到复议申请之日起五日内作出答复。依修改后的民诉法第179 条第 1 款第（五）项之规定，对审理案件需要的证据，当事人因客观原因不能自行收集，书面申请人民法院调查收集，人民法院未调查收集的，当事人可据之向人民法院申请再审。从诉讼理论上

---

①　裁定作为法院所为之意思表示，一经作出即于法院产生相应的拘束力，非依法定程序，法院不能变更、撤销。唯关于诉讼指挥的裁定，法院须依诉讼状态而作出，若不允许法院自行撤销、变更其先前所作之裁定，则不能达到诉讼指挥之目的，故作为例外，关于诉讼指挥的裁定允许法院不受其拘束而随时撤销之。

讲，再审程序乃特别救济程序，与同为救济程序的上诉程序相比，其之适用条件应更为严格。"当事人申请人民法院调查收集证据，人民法院未调查收集"既然已被民诉法规定作为当事人申请再审的理由，依举重以明轻之法理，当事人以其为理由提起上诉在解释上更应允许。不过，前面已指出，对当事人所声明的证据是否进行证据调查乃法院自由裁量事项，法院对当事人之证据声明虽负有应答义务，但法院所作之判断具有诉讼指挥性质，故并不能允许当事人对法院所作之决定独立表示不服。故民诉法第 179 条第 1 款第（五）项之规定在适用范围上应限缩解释为法院对当事人的证据调查申请未作可否之判断这一情形，而不应及于法院于判决理由中喻示了当事人申请法院调查的证据毋庸调查之情形。

第三节　证据调查之实施

一、证据调查中的直接原则

证据调查乃法院从证据方法中获取证据原因的诉讼行为，法院证据调查之结果构成了裁判事实的重要基础，对诉讼的走向及诉讼结果起着重要的作用。为确保事实认定的客观性与公正性，大陆法系各国或地区民诉法殆皆强调证据调查原则上应由作出本案判决之受诉法院于公开法庭行之。此在诉讼法理上便称为证据调查直接原则。[①] 德国民诉法第 355 条第 1 款明确宣示了证据调查

---

①　盖由参与判决作成之法官行证据调查，因其于证据调查时在场，故能依直接体验获得新鲜之判决资料，对于证据之价值及证据调查之结果能作出最好的评价，进而对于事实之真相，可得明确之认识，从而有利于真实之发现。参见 Musielak, Grundkurs ZPO, s. 245, 5. Aufl, 2000. 参见［日］小岛武司：《要论民事诉讼法》，中央大学出版部 1977 年版，第 208 页；［日］吉村德重、竹下守夫、谷口安平：《讲义民事诉讼法》，青林书院 1982 年版，第 226 页；陈计男：《民事诉讼法论》（上），台湾三民书局 2002 年版，第 256 页。

之直接原则，该条规定，调查证据，由受诉法院为之。只有在本法另有规定时，才能将证据调查委托给受诉法院的成员或委托给其他法院。日本民诉法及我国台湾地区"民诉法"虽并没有正面宣示证据调查之直接原则，但从日本民诉法第 185 条第 1 款"法院于认为相当时，能在法院外行证据调查。此种场合，可以命令合议庭之成员或嘱托地方法院及简易法院进行证据调查"及我国台湾地区"民诉法"第 290 条"法院认为适当时，得嘱托他法院指定法官调查证据"之规定的反面可以推认，日本及我国台湾地区民诉法亦采证据调查直接原则。① 现行民诉法虽亦没有明确宣示证据调查之直接原则，但从民诉法第 117 条第 1 款"人民法院派出人员进行调查时，应当向被调查者出示证件"及第 118 条"人民法院在必要时可以委托外地人民法院调查"之规定中可以反面推认，我国民事诉讼法亦采证据调查之直接原则。

二、证据调查中的当事人在场权

因证据调查之结果直接关系到事实的认定，攸关当事人的利益，故当事人于法院进行证据调查时应有在场之权利。当事人于证据调查时在场不仅可以参与证据调查，如依规定向到庭之证人发问，且能主张关于证据的利益。为保障当事人之在场权，大陆法系民诉立法殆皆规定法院进行证据调查时应以合法的方式传唤当事人到场（参见德国民诉法第 357 条第 1 款、日本民诉法第 94 条第 1 款、我国台湾地区"民诉法"第 156、167 条及我国现行民诉法第

---

① 日本民诉法第 249 条规定，判决由参与作为判决基础的口头辩论的法官作出。法官更替的场合，当事人须陈述以前口头辩论的结果。我国台湾地区"民诉法"第 221 条第 2 款规定："法官非参与为判决基础之辩论者，不得参与判决。"第 211 条规定："参与言词辩论之法官有变更者，当事人应陈述以前辩论之要领。"这些法条条旨虽均冠以"直接主义"之名，不过此处中的"直接主义"仅强调判决作成之法官须为听取当事人言词辩论的法官，与证据调查中的直接主义（原则）并非同一内容。

122 条）。法院若未遵守法律规定传唤当事人到场，除未到场之当事人不及时行使责问权而使得该证据调查程序之瑕疵得以补正外，[1] 法院不得以所实施的证据调查之结果作为判决基础，否则判决即属违法，且可构成当事人上诉的理由。不过，于证据调查期日传唤当事人到场乃从程序保障角度所作之设计，给予当事人在场参与证据调查的机会即为已足。当事人一方或双方受合法传唤，于证据调查期日不到场，应视为当事人放弃其权利，法院仍能进行证据调查。法院于当事人不在场的情形下仍可进行证据调查也能避免证人、鉴定人等因当事人不出庭而遭受空跑一趟之不利益且可防止诉讼迟延。就此而言，也有其正当性（参见德国民诉法第 367 条第 1 款、日本民诉法第 183 条、我国台湾地区"民诉法"第 296 条）。[2]依德国民诉法第 367 条第 2 款之规定，当事人若能释明于证据调查期日不到场乃因不可归责于己之事由所致，可以申请法院于言词辩论结束前追行证据调查。除此以外，当事人若能释明因其未到场参与证据调查使得证据调查存在重大脱漏，或法院续行证据调查不致于延滞诉讼时，也可申请法院追行或补充证据调查。日本民诉法上并无类似规定，但日本学者认为德国法上的上述规定在解释论上于

---

[1]　所谓责问权，乃指当事人对于法院及对方当事人违反诉讼程序规定（方式规定）而实施的诉讼行为向法院陈述异议并主张其无效的权能。法院或当事人实施诉讼行为时所违反的规范若属效力规范中的任意性规范，则该诉讼行为可因有权责问之当事人放弃责问权的行使或逾时不行使责问权而使得该诉讼行为的瑕疵得以治愈从而成为自始即为有效的诉讼行为。参见〔日〕小山昇：《民事诉讼法》，青林书院 1979 年版，第296—297 页；〔日〕斎藤秀夫：《注解民事诉讼法》（1），第一法规出版株式会社 1982年版，第 372—379 页；〔日〕新堂幸司、铃木正裕、竹下守夫：《注释民事诉讼法》（3），有斐阁 1993 年版，第 319—321 页；〔日〕上田徹一郎：《民事诉讼法》（第 4版），法学书院 2004 年版，第 310 页。德国民诉法第 295 条、日本民诉法第 90 条、我国台湾地区"民诉法"第 197 条皆乃责问权之规范。我国现行民诉法虽未规定责问权，但在适用时应可作同一解释。

[2]　因证据调查主体乃为法院，故当事人于证据调查时不到场，并不影响证据调查之实施。

其本国民事诉讼不无参考价值。①

三、证据调查期日

在德国的普通法时代，民事诉讼程序分为当事人主张与立证两个阶段。在第一个阶段，仅允许当事人提出主张，不允许当事人向法院声明证据。主张的提出终了后，法院作出证据判决，就每一争点确定当事人举证之期限与证明责任。在第二阶段，法院专门进行证据调查，不允许当事人再自行提出主张。此种证据调查方式在学理上称为证据分离主义。在证据分离主义之场合，当事人因担心不能及时主张而遭受失权之不利益，往往反复且广泛地提出多种假定主张或抗辩，从而使得法院所行之证据调查极其缺乏效率。正是由于证据分离主义这一弊病，现代大陆法系各国或地区民事诉讼皆不采证据分离主义而采证据结合主义，也即受诉法院通常于言词辩论期日实施证据调查。为此，法院不再单独指定一独立的证据调查期日而仅指定言词辩论期日，法院所为之证据调查与当事人的言词辩论相结合（参见德国民诉法第 278、370 条，我国台湾地区"民诉法"第 209 条，我国现行民诉法第 124、127 条）。

四、法院外之证据调查

基于证据调查之直接原则与公开原则的要求，证据调查应由受诉法院于公开法庭行之。但在有些场合，严格贯彻前述两项原则不无困难。例如，入院之患者或入狱之人若作为证人被讯问，因其于公开法庭出庭多有困难，故不得已而于病室内或监狱内接受法官之讯问。又如在勘验时，一般来讲，依其性质，法院多半

---

① 参见［日］小室直人等：《新民事诉讼法》（Ⅱ），日本评论社 2003 年版，第151 页。

于现场施行勘验，等等。在上述情形下，法院便不能在公开法庭对证人进行讯问或于法庭上进行勘验。此种证据调查既非于言词辩论期日进行，亦非于公开法庭进行，当事人更无法参与辩论，故概称为法院外之证据调查。法院外之证据调查或为证据调查本身所必需，或是为了追求案件审理之迅速与证据调查之机动性。其大体上可分为三种类型：其一，由审判组织的全体成员于法庭外进行证据调查；其二，由审判组织的全体成员一人（受命法官）于法庭外进行证据调查；其三，由受诉法院委托其他法院（受托法官）进行证据调查。无论哪一种形式的证据调查，因皆有违证据调查中的直接原则与公开原则，故其适用条件较为严格。依德国民诉法第 355 条第 1 款后段之规定，仅在法律有特别规定的情形下，才能由受命法官、受托法官进行证据调查。同法第 375 条对受命法官、受托法官进行证据调查之适用范围、适用条件作了明确规定。依该条之规定，由受命法官或受托法官调查证据仅限于对证人（关于当事人讯问与鉴定人讯问准用之，第 415、402 条）之讯问，并须满足下列条件之一：第一，为发现真实，以在现场讯问证人为适当时，或者依法律规定不应在法院讯问而应在其他场所讯问证人时；第二，证人因故不能到受诉法院时；第三，证人远离受诉法院所在地，从其证言的重要性来看，不能预期其到场。与德国法相比，日本民诉法及我国台湾地区"民诉法"关于受诉法院外之证据调查的适用范围及适用条件均相对较为宽泛。依日本民诉法第 185 条第 1 款及我国台湾地区"民诉法"第 290 条之规定，法院外之证据调查可适用于所有的证据方法，只要受诉法院认为这样做具有"相当性"（必要性）。由于其民诉立法并未同时确定须满足哪些特别条件始符合"相当性"，故而受诉法院能自由裁量由受命或受托法官进行证据调查，并且此种裁量行为具有诉讼指挥之性质，当事人不得表示不服。学者一般认为，受诉法院应综合考虑应行调查的证据方法之重要性、证据调查所需要的费用、证据调查之场所、证据方法之特性、法院自身之情况等各种因素，决定是否采行法院外之证据调查。[①] 考虑到证人讯问对于直接原则要求的意义并为求案件审理之充实与促进，日本民诉法第 195 条就于受诉法院外实施证人讯问（第 210 条的当事人讯问、第 216 条的对鉴定人之讯问皆准用之）规定了特别要件。依该条之规定，受命法官或受托法官讯问证人应具备下列四项条件之一：其一，证人在受诉法院无出庭义务或有正当理由不能出庭；其二，证人于受诉法院出庭需要不相当的费用与时间；其三，现场讯问证人于事实之发现有必要；其四，当事人无异议时。我国台湾地区"民诉法"第 305 条第 1 款就法院外讯问证人（鉴定人讯问与当事人讯问准用之，第 324 条、第 367 条）亦有特别规定，其内容是，遇证人不能到场，或有其他必要情形时，得就其所在讯问之。依我国台湾地区学者之解释，所谓证人不能到场，乃指证人患病住院、衰老或其他原因不能到场等情形。所谓其他必要情形，即依受诉法院、受命法官或受托法官之意见，认为有就证人之所在讯问之必要，例如服勤务之现役军人或在监所拘押之人为证人时，证人碍难到场等情形。[②]

从我国现行民诉法第 117、118 条的规定来看，在我国民事诉讼中，受诉法院外的证据调查也有两种基本形式：由受诉法院成员进行证据调查与由受托法院进行证据调查。受诉法院外之证据调查可适用于所有的证据方法，此点与日本法相同，而不同于德国法。在适用之特别要件上，民诉法亦未作出具体规定，而仅抽象地规定，受诉法院认为必要时即可进行法院外之证据调查，

---

① 参见［日］门口正人编集代表：《民事证据法大系》（第 2 卷），青林书院 2004 年版，第 245 页。

② 参见陈计男：《民事诉讼法论》（上），台湾三民书局 2002 年版，第 465 页。

故受诉法院可自由裁量是否实施法院外之证据调查。①

在受诉法院外进行证据调查之场合，未参与证据调查之法官由于并不知晓证据调查之结果，故为满足证据调查上直接原则与公开原则之要求，此种证据调查结果应于言词辩论期日显出于公开法庭，以便当事人有机会针对其进行辩论。若未践行此程序，受诉法院即不能将其采纳作为事实认定之基础，也即法院于心证形成过程中不能将其作为证据资料使用。此处所谓之"显出"，乃指受诉法院将证据调查结果向双方当事人予以提示。日本传统见解认为，即便已有提示，若当事人不予以援用（即陈述证据调查之结果），受诉法院仍不能将其作为证据资料使用。日本判例则认为，受诉法院就证据调查结果向当事人予以提示，给予当事人援用的机会即为已足，不以当事人实际援引为必要。② 日本少数说亦认为，法院外证据调查之结果不必待当事人援引即可由法院斟酌作为证据资料使用。其理由是：第一，由受命法官、受托法官进行证据调查，乃是民诉法自身将其作为直接原则、公开原则之例外予以规范的，若当事人不援用，即不能作为受诉法院认定事实之证据资料显然至为不当；第二，法院外之证据调查，亦乃为国家裁判权之行使，当事人若不援用即不能作为证据资料，于法理有违。③ 我国台湾地区"民诉法"第297条第2款规定，于受诉法院外调查证据者，应于当事人言词辩论时陈述其调查之结果。但审判长得令书记官朗读调查证据笔录或其他文书代之。由此可知，在我国台湾地区的民事诉讼中，受诉法院将法院外证据调查之结果作为证据资料使用时，乃以当事人之援引为必要。

---

① 第117条虽没有像第118条那样规定"必要性"之抽象要件，但应可类推适用。

② 参见［日］伊藤真：《民事诉讼法》（第3版），有斐阁2004年版，第337页。

③ 同上。

我国现行民诉法对此未作规定，但在解释上应认为，受诉法院将法院外之证据调查结果提示给当事人让其有辩论的机会即为已足，亦不以当事人援引为必要。

第四节 证据方法之限制

在民事诉讼中，因采自由心证主义，任何证据方法皆具有证据能力。当事人向法院申请调查证据时能自由选择所存在的一切证据方法。但在特定情形下，基于目的性考虑，民诉立法往往对当事人就特殊事项之立证限定证据方法的利用。此外，基于当事人之间的合意，亦能限定举证人对证据方法的利用。在上述两种情形下，举证人申请法院进行证据调查即受到一定程度的限制，此也直接或间接地影响到对方当事人或第三人所负的证据协力义务之范围。

一、证据方法之法定

从诉讼法理上讲，所谓证据方法乃指能由法官基于五官之作用进行调查并从中获得事实认定的资料的有形物。日常生活用语中的"举证"及"提供证据"通常是在证据方法这一层面上使用证据的。证据方法之种类或类型通常乃由法律明确规定，德国、日本及我国台湾地区等大陆法系国家或地区的民诉法所规定的证据方法往往有五种形态，即证人（德国民诉法第 373 条以下，日本民诉法第 190 条以下，我国台湾地区"民诉法"第 298 条以下）、鉴定人（德国民诉法第 402 条以下，日本民诉法第 213 条以下，我国台湾地区"民诉法"第 324 条以下）、当事人讯问中的当事人本人（德国民诉法第 445 条以下，日本民诉法第 207 条以下，我国台湾地区"民诉法"第 367 条之以下）、文书（德国民诉法第 415 条以下，日本民诉法第 219 条以下，我国台湾地区"民诉法"第 364 条以下)。证人、鉴定人、当事人本人属于人的证据方法，文书及勘验标的物属于物的证据方法。①

　　现行民诉法第 63 条："证据有下列几种：（一）书证；（二）物证；（三）视听资料；（四）证人证言；（五）当事人的陈述；（六）鉴定结论；（七）勘验笔录。"之规定即为我国民事诉讼中证据方法法定的根据规范，尽管其所确立的依据方法之范围与前述立法例中所确立的证据方法之范围不尽相同。②

二、证据方法之限定

　　从德国、日本等大陆法系国家或地区民诉立法的规定来看，

---

　　①　法院基于证据方法的调查结果所感知的资料，称为证据资料。如证人证言、当事人陈述、鉴定意见、文书的记载内容、勘验的结果等等。在德国、日本及我国台湾地区等大陆法系国家或地区的民事诉讼中，能够成为法院判决事实认定基础的除证据调查之结果也即证据资料外还包括言词辩论的全部内容（言词辩论全部意旨）。二者合称为证据原因，即成为法官就事实存否抱有确信的原因的一切事情（参见德国民诉法第 286 条，日本民诉法第 247 条，我国台湾地区"民诉法"第 222 条第 1 款）。所谓言词辩论全部意旨，乃指于言词辩论中呈现出来的除证据调查结果以外的一切资料、模样、状态等。当事人于言词辩论时陈述的全部内容，当事人及其诉讼代理人陈述时的态度，如不清楚的陈述、陈述时频繁更正等，当事人提出攻击防御方法的时期等均属于言词辩论全部意旨。此外，当事人对于证据调查的非协力态度，如不服从文书提出命令等亦构成言词辩论全部意旨的内容。言词辩论全部意旨之所以能作为法院认定事实的基础，是因为诉讼资料与证据资料虽然在法律上存在严格的区分，但诉讼资料亦乃是经由当事人的诉讼行为向法院提出，法院自然能够对当事人诉讼行为自身进行评价并以其作为事实认定的资料。不过，学说上对于言词辩论能否单独作为事实认定的根据却存在不同的见解。通说认为，言词辩论全部意旨仅能补充证据调查之结果不能单独作为法院认定事实的资料；另外的见解则认为仅辩论全部意旨即可单独作为事实认定的资料。还有见解认为言词辩论全部意旨仅能单独作为辅助事实即一些不重要的间接事实之认定资料，对于主要的间接事实及主要事实不能未经由证据调查而仅以言词辩论全部意旨对其加以认定。日本最高法院于昭和 27 年（1952 年）10 月 21 日所作的判例中，承认对方当事人若就文书是否真实成立不作表态即可被法院认为关于文书的成立为真正。参见［日］梅本吉彦：《民事诉讼法》，信山社 2002 年版，第 755 页；［日］伊藤真：《民事诉讼法》（第 3 版），有斐阁 2004 年版，第 317 页。

　　②　关于民诉法第 63 条之评析，详见本书第一章第二节。

在民事诉讼中，证据方法的限定有三种基本类型：第一，为证明特定的事实，限定举证人所声明的证据方法，具有法定证据法则之性质；第二，在特定程序中限定法官可以调查的证据方法；第三，依当事人之间的证据限定契约而限定举证人所声明的证据方法。

1. 为证明特定事实而限定证据方法

此种证据方法的限定具体包括两类形态：其一，诉讼代理权之存在及其权限，须以授权委托书这一文书形式证明之。如德国民诉法第 80 条规定，诉讼代理人应以委任状证明其代理权，将书状交出，附于诉讼记录中。日本民事诉讼规则第 15 条、第 23 条分别规定了法定代理人、诉讼代理人之权限须以书面证明之。我国台湾地区"民诉法"第 70 条规定，"诉讼代理人应于最初为诉讼行为时，提出委任书。但由当事人以言词委任，经法院书记官记明笔录者，不在此限"。我国现行民诉法第 59 条第 1 款规定，委托他人代为诉讼，必须向人民法院提交由委托人签名或者盖章的授权委托书。诉讼代理权的存在及其权限在大陆法系各国或地区民诉立法中，之所以被强调须以授权委托书等书面方式证明之，其原因在于：诉讼代理人代理当事人实施的诉讼行为欲有效成立须以诉讼代理人有合法之代理权为前提，诉讼代理人于无诉讼代理权之情形下所实施的诉讼行为虽然并非当然无效，但若法院对诉讼代理权是否存在疏于审查而作出本案判决，当事人可以诉讼代理人无代理权为由提起上诉（德国民诉法第 551 条第 5 项，日本民诉法第 312 条第 2 款第 4 项，我国台湾地区"民诉法"第 469 条第 4 项）或提起再审（德民诉法第 579 条第 1 款第 4 项，日本民事诉讼法第 338 条第 1 款第 32 项，我国台湾地区"民诉法"第 496 条第 1 款第 5 项）而请求法院撤销该项判决。[1]

---

[1]　从我国民诉法关于上诉与再审理由之规定来看，无论是 2007 年 10 月 28 日修

而从诉讼当初即依书面方式明确诉讼代理权是否存在即能防止无益的诉讼行为之实施。此外，要求须以书面方式证明诉讼代理人是否有代理权，亦能有效预防当事人与诉讼代理人就诉讼代理权是否存在产生无谓之争执从而影响到诉讼程序的快速推进与对本案纠纷之及时解决。因此，强调诉讼代理权及其权限须以授权委托书证明之不仅有助于诉讼程序的安定，且亦能使诉讼程序得以有效的进行。

　　其二，关于法院审理案件是否遵守了法律所规定的言词辩论方式之事项，仅能由法庭笔录证明之。所谓言词辩论，乃指法院、当事人及其他诉讼关系人于言词辩论期日所实施的一切诉讼行为之总称，如当事人所作之事实上的陈述、证人、鉴定人之陈述，法院的诉讼指挥行为及调查证据行为等皆属之。[①]从我国现行民诉法的规定来看，第 120 条以下所规定的开庭审理程序，也即言词辩论程序，基本上包括法庭调查（即狭义上的证据调查）与法庭辩论（即狭义上的言词辩论）两大环节，这与域外立法例相

正前还是修正后的民诉法，均无类似德国、日本等大陆法系国家或地区民诉立法将"当事人未经合法代理"作为当事人可以提起上诉与再审之诉理由之明确规定。不过民诉法第 153 条与第 179 条第 2 款分别将"违反法定程序可能影响案件正确判决的"作为第二审法院撤销第一审法院判决与当事人申请再审的法定情形或事由。依最高人民法院于 1992 年发布的《关于适用〈中华人民共和国民事诉讼法〉若干问题的意见》第 181 条之解释，"违反法定程序可能影响案件正确判决的"乃指诸如（1）审理本案的审判人员、书记员应当回避未回避的；（2）未经开庭审理而作出判决的；（3）适用普通程序审理的案件当事人未经传票传唤而缺席判决的等严重违反法定程序之情形。当事人未经合法代理或者诉讼代理人无代理权而代理当事人实施诉讼行为因侵犯了当事人基于自己的意思实施诉讼行为，形成裁判事实资料的自主决定权，从目的性扩张解释着眼，应可认为其属于严重违反法定程序之情形。

　　① 王甲乙、杨建华、郑健才：《民事诉讼法新论》，台湾三民书局 2002 年版，第 172 页。

　　② 同上。

　　③ 参见德国民诉法第 154 条第 1 款、日本民诉法第 160 条第 1 款，我国台湾地区"民诉法"第 212 条，我国现行民诉法第 133 条。

同。法院审理案件既采言词审理主义，对于法院进行言词审理之情形，即不能不有文字记录以资稽证。此文字记录即言词辩论笔录。[②]言词辩论笔录，在我国民事诉讼中称之为法庭笔录。从德国、日本及我国台湾地区等大陆法系国家或地区的民诉法之规定来看，制作法庭笔录乃属于法院书记官（员）之职权。[③]从其记载之内容来看，言词辩论笔录大体包括形式上事项与实质内容之事项，前者应记载：言词辩论之处所及年、月、日；法官、书记官、翻译之姓名；诉讼案件；出庭的当事人、法定代理人、诉讼代理人、证人、鉴定人之姓名、辩论是否公开、不公开时其理由；后者应记载之事项有：辩论进行之要领或重要过程；诉讼请求之舍弃、认诺；和解、自认；证人、鉴定人的陈述、勘验的结果、裁判之宣示等。[①]

言词辩论笔录虽由书记官制作，但言词辩论本身须由审判长指挥完成，故言词辩论笔录制作完毕后，除书记官签名外，审判长应亦签名，以增强笔录之公信力与确保其记载之正确性。依德国民诉法第 163 条第 2 款及我国台湾地区"民诉法"第 217 条之规定，审判长因故不能签名时，由资深陪席法官签名，书记官因故不能签名时，可仅由法官签名，不能签名的原因均应附记理由。而依我国现行民诉法第 133 第 1 款之规定，法庭笔录除法官签名外，全体审判成员均应签名。又为保证言词辩论笔录所记载内容之客观性，大陆法系各国或地区民诉立法殆皆赋予当事人对笔录所记载之内容陈述异议及申请补正的权利（参见德国民诉法第 162 条第 1 款、第 164 条第 1 款和第 2 款；日本民诉法第 160 条第 2 款；我国台湾地区"民诉法"第 216 条，我国现行民诉法第 133 条第 2 款）。从各国或地区民诉立法关于言词辩论笔录制作之严格规范来看，作为公证文书之法庭笔录就其所记载之事实具有完全之证明力。也即除有反

---

① 参见德国民诉法第 160 条，我国台湾地区"民诉法"第 212、213 条。

证足以证明其之记载不真实以外，应当认为其记载的内容属于真实。德国、日本及我国台湾地区等大陆法系国家或地区民诉法甚至规定，关于法院是否遵守了法律所规定的言词辩论程序及方式，专以言词辩论笔录证明之。譬如，德国民诉法第165条规定，关于是否遵守言词辩论所规定的方式，只能由法庭记录证明之。仅在证明法庭笔录是伪造的，才能否定法庭笔录中关于辩论方式的内容。日本民诉法第160条第3款规定，关于言词辩论所定程式之遵守，专以笔录证明之。但是，笔录已灭失时，不在此限。我国台湾地区"民诉法"第219条规定，关于言词辩论所定程式之遵守，专以笔录证明之。所谓言词辩论之程式，乃指法院的构成、书记官在场、当事人及诉讼代理人出庭、期日之指定、诉讼告知、言词辩论之更新、判决之宣告等事项。为贯彻审判中的言词原则并保证判决之公正作出，法律所规定的言词辩论之程式，法院必须严格遵守，若有违反，即可能构成严重的程序瑕疵从而导致法院所作的判决被上级法院撤销等后果。而各国或地区民诉立法赋予慎重制作而成的言词辩论笔录之记载内容以绝对的证明力，一方面是为了防止诉讼程序是否存在瑕疵成为新的纷争原因，期待诉讼程序的明确与安定；另一方面，亦为上级法院判断原法院是否遵守了言词辩论之法定方式而进行审判提供便利。设若就法院是否违反了言词辩论的法定方式这一事项之证明不以言词辩论记录为限，可以采用任何其他的法定证据方法，举证人为证明该事项就有可能申请法院将原审中的法官、其他诉讼参与人及旁听案件的人作为证人加以讯问。如此一来，势必影响到本案纠纷之迅速解决与诉讼程序之快速推进。这不仅不符合当事人的利益，也有违诉讼经济原则，显然不妥当。

因为言词辩论所定之程式是否得到了遵守，仅能以言词辩论笔录作为证据方法进行证明，故言词辩论笔录上记载有某一程式之内容，法院即应据此作出该程序适法之判断；相反，言词辩论笔录若没有关于某一程式内容之记载，法院即应作出该程序不适

法的判断。当然，言词辩论笔录仅对于言词辩论形式这一事项之
证明具有绝对的证明力，对于当事人的主张，证人之陈述的内容
等言词辩论的内容不属于言词辩论程式事项之证明则并无绝对的
效力。不过，前面已指出，言词辩论笔录乃由法院书记官制作的
公证文书，从公证文书之性质着眼，也应认为其对于言词辩论的
内容具有高度的证明力。我国现行民诉法虽然规定了法庭笔录之
制作要求与其应记载之事项，却并没有像德国、日本及我国台湾
地区等民诉法那样同时规定言词辩论所定程式是否遵守专以法庭
笔录证明之。故在立法论上讲，法官审理案件是否遵守了言词辩
论所定之程式可采用包括法庭笔录在内的任何法定证据方法进行
证明。不过，基于前面所分析的理由，在解释论上，应当认为在
我国的民事诉讼中，法庭笔录对于法院是否遵守了法定的言词辩
论之程式这一事项的证明也具有绝对的、完全的证明力。

2. 在特定程序中限制证据方法

从德国、日本及我国台湾地区等大陆法系国家或地区民诉立
法的规定来看，在特定程序中限制可供法官进行证据调查的证据
方法有以下三种情形。

第一，在释明程序中，举证人向法院申请调查的证据须以可
供法官能即时调查的证据为限。在民事诉讼中，对于判决基础事
实之终局确定无论采严格证明还是采自由证明均须使法官达到对
其完全确信之状态始足当之。与此相对，某些事实是否真实存
在，只需让法官信其大概如此即可作出认定，或者说，某一事实
存在的盖然性若比不存在的盖然性高的话，法官即能够确认该项
事实，此种证明状态便称之为释明。[1]

从德国、日本及我国台湾地区等大陆法系国家或地区民诉立

---

① ［日］松本博之、上野泰男：《民事诉讼法》（第4版），弘文堂2005年版，
第349页。

法之规定来看，应行释明之事项，主要集中在两个方面：其一，为保全实体权利义务关系需要法院作出紧急处理之事项，如假扣押、假处分事项，就需保全的权利之存在及保全之必要的理由进行释明（德国民诉法第 920 条第 2 款、第 936 条，日本民事保全法第 13 条，我国台湾地区"民诉法"第 526 条第 1 款）。其二，诉讼程序上派生的判断事项。即在权利义务关系终局确定之过程中，当事人就诉讼程序派生事项而产生争执时，就该事项仅需释明。如申请法官回避之事由（德国民诉法第 44 条第 1 款，我国台湾地区"民诉法"第 34 条第 2 款），诉讼费用额之确定（德国民诉法第 104 条第 2 款，日本民事诉讼规则第 24 条第 2 款，我国台湾地区"民诉法"第 92 条第 1 款），诉讼救助事由（德国民诉法第 118 条第 2 款，日本民事诉讼规则第 30 条，我国台湾地区"民诉法"第 109 条第 2 款）等。德国、日本及我国台湾地区民诉立法之所以规定上述事由仅需释明，其目的均是为了确保裁判作出的迅速性。盖与最终确定实体权利义务关系的场合相比，确定在诉讼上需要急速处理的事项以及诉讼程序派生的事项，虽然亦有实体上真实发现的要求，但程序的迅速推进之要求更不能忽视。在后者，如果与前者一样也要求证明，即让法官也到达完全确信状态，则显非适当。因为法官作出充足的判断需要时间，很可能由此导致迟延确定实体权利关系，上述制度本来的目的即有可能会被违背。[①] 此外，需释明之事项并非法院的直接审理对象，与公正相比，毋宁认为更要求对其进行迅速之处理，并且即便法院对这些事项作如此处理亦不至于给当事人造成不当之不利益，更无损害裁判公正之虞，所以适当减轻法官心证程度

---

① ［日］门口正人编集代表：《民事证据法大系》（第 2 卷），青林书院 2004 年版，第 17 页。

也并不为过。①

　　为因应释明事项需要迅速处理及减低法官心证程度之需要，当事人对于释明之证据方法，须以能让法官即时调查者为限（德国民诉法第294条第2款，日本民诉法第188条，我国台湾地区"民诉法"第284条）。这在学理上称为释明方法的即时性。所谓能供法官进行即时调查，乃至法官判断该事项时能不迟延地进行证据调查。如对偕同当事人到场的在庭证人、鉴定人之讯问，对当事人呈交于法院的文书之阅览、勘验物之勘验等。若需要法院传唤证人进行讯问，需要法院发布命令持有文书、勘验物之人提交文书或勘验物并进行调查，则不属于可即时进行调查，该文书、勘验标的物也就不能作为当事人进行释明的证据方法。② 更有甚者，由于可供即时为法院进行证据调查之证据方法有时并不存在，德国、日本民诉立法甚至规定，在当事人进行释明时，可以附宣誓的担保（德国民诉法第294条第2款），宣誓或寄存保证金（日本旧民事诉讼法第267条第2款）③ 等方法代替证据之提出。

　　我国现行立法虽然没有规定释明制度，但德国、日本及我国台湾地区等大陆法系国家或地区民诉立法所规定的应由当事人进行释明的事项，在我国民诉立法中也有所规范，如财产保全、先予执行、诉讼救助等。因此，在这些制度的适用上，与德国、日本民诉法之规定作相同之处理并非不可能，也即对于我国现行民

---

　　① ［日］梅本吉彦：《民事诉讼法》，信山社2002年版，第731页。

　　② Gehrlein, Zivilprozessrecht nach der ZPO-Reform 2002, s. 137, 2001. ［日］梅本吉彦：《民事诉讼法》，信山社2002年版，第731页。

　　③ 宣誓或寄存保证金这一释明手段虽为日本旧民事诉讼法第267条第2款所明定，但在日本的民事诉讼实务中，该项制度几乎未被运用，故1996年改正之民诉法删除了旧法这一规定。但有学者认为，仅从诉讼理论上讲，这一制度被废除殊为可惜。参见［日］高桥宏志：《重点讲义民事诉讼法》（下），有斐阁2004年版，第33页。与日本不同的是，在德国的民事诉讼实务中，对于释明事项，最常用的释明手段却为附宣誓的担保。参见 Zeiss, Zivilprozessrecht, s. 167, 9. Aufl, 1997.

诉法所确定的财产保全、先予执行等相关事项的证明上也可采行释明而非完全之证明。

　　第二，在证书诉讼、票据诉讼、支票诉讼中，当事人仅可向法院提供特定的证据方法。依德国民诉法第 592 条、第 602 条、第 605 条之一的规定，以支付一定数额的金钱、或支付一定数量的他种代替物或有价证券为标的之请求，如果作为请求理由的全部必要事实可以用文书或票据、支票证明时，可以适用证书诉讼或票据诉讼、支票诉讼。依日本民诉法第 350 条、第 367 条之规定，对于以票据、支票请求金钱支付及附带利率损害赔偿为标的之诉讼，可以依据票据诉讼与支票诉讼进行审理与裁判。证书诉讼、票据诉讼及支票诉讼等特别的诉讼程序设定之目的在于经由法院对事实之有限之审查以帮助债权人迅速取得执行名义。这些诉讼中，法院为认定事实所进行的证据调查即应受到限制。依德国民诉法第 592 条、第 595 条、第 605 条之规定，在证书诉讼等诉讼中，仅文书（票据）能作为证明原告所提之诉有理由的原因事实之证据方法。被告针对原告所提原因事实而主张的抗辩事实以及原告针对被告所提抗辩事实而主张的再抗辩事实仅可用文书及当事人讯问这两种证据方法证明之。此外，以文书作为证据方法时，仅可以举证人手中所持有的文书作为证据方法，举证人申请法院命令对方当事人或第三人提出其所持有的文书则不允许。因为举证人若依文书提出命令始能获取文书，程序之迅速推进即得不到保障，从而有违证书诉讼等特殊诉讼之宗旨。依日本民诉法第 352 条及第 367 条之规定，在票据诉讼与支票诉讼中，举证人申请法院进行调查的证据仅限于文书这一证据方法。文书仅以举证人手中持有的能直接向法院提示的为限。举证人不能依文书提出命令或文书送付嘱托等途径申请法院对对方当事人或第三人持有的文书进行调查。对于文书制作之真伪或票据是否提示之事实，举证人可以申请法院讯问当事人。从德国、日本民诉法就证书诉讼等特殊诉讼形态所作之特别规范来看，在这些诉讼中，限制举证人申请法院进行调查的证据方法，目的均是为了保证诉讼程序能简便、迅速地进行，以使得债权人能早日获取执行名义。

　　第三，在小额诉讼中，当事人可声明的证据方法，以能让法官即时进行证据调查者为限。依日本民诉法第 368 条第 1 款之规定，原告对于诉讼标的额为 60 万日元（2001 年其民诉法修正前为 30 万日元）的金钱给付诉讼，可以申请简易法院依据小额诉讼程序进行审理与裁判。我国台湾地区"民诉法"第 436 条之八第 1 款规定，关于请求给付金钱或其他替代物或有价证券之诉讼，其标的金额或价额在新台币 10 万元以下者，适用小额诉讼程序解决。小额诉讼，乃日本及我国台湾地区民诉法为求迅速且有效果地解决当事人之间小规模的纷争而创设的特别程序。在程序设计上，小额诉讼程序比简易程序更加强调费用相当性这一要求。也即强调该纠纷的解决所需之时间、费用与劳力应尽可能地与诉讼标的金额相称。因此，可能花费很长时间的证据调查如法院赴现场进行证据调查即与小额诉讼程序之构造与目的不相符合。为此，日本民诉法第 371 条规定，法院进行证据调查以能即时进行调查的为限。此与释明须以能即时进行证据调查的证据方法为限同其目的。我国台湾地区"民诉法"虽没有类似之规定，但其第 436 条之十四比日本民诉法的上述规定却更进一步，规定在经双方当事人同意及调查证据所需时间、费用与当事人请求显不相当者等两种情形下，法院可以不调查证据，直接审酌一切情况，依所得心证也即言词辩论的全部意旨认定事实，作出裁判，以避免法院耗费过多时间与费用调查证据，致不符合当事人之诉讼利益。上述情形下，实际上是从另外一层意义上限制了举证人可向法院提供的证据方法。

　　3. 依当事人之间的证据限制契约而限定证据方法

　　从诉讼理论上讲，所谓证据契约乃指当事人之间就如何认定作为法院判决基础的事实所形成的合意。① 证据契约乃诉讼契约之一种，其具体包括自认契约、仲裁鉴定契约、证据限制契约等类型。② 在采行辩论主义运行方式的民事诉讼领域，作为辩论主义对象的事项由当事人依合意进行处分乃有可能，所以，当事人双方以其作为标的而订立的证据契约能有效地拘束法院乃通说。与此相反，当事人间所订立的以辩论主义范围以外（即依职权探知主义领域内）之事项为对象的证据契约以及损害法官自由心证的证据契约均属无效。如当事人就一定的证据调查结果须作如何评价而向法官之指示与将法院应依职权调查的证据予以排除的合意即属于不合法的证据契约而无效。但应当指出，无效仅指当事人之间所订立的证据契约不能拘束法院之效果，当事人违反证据契约而实施诉讼行为时，法院仍能基于该诉讼行为作出裁判。对方当事人不能将彼此之间存在证据契约作为抗辩事实向法院提出，仅可基于债务上的不履行要求对方赔偿因违反证据契约所产生的损害。③

　　所谓自认契约，乃指双方当事人达成的就一定的事实彼此之间不进行争执之合意。基于辩论主义之要求，当事人就主要事实所作之自认能拘束法院，法院不能作出与自认事实相反的事实认定。循此而言，可以推断，双方当事人仅能就主要事实之自认订立证据契约以拘束法院，当事人双方关于间接事实之自认契约并不能拘束法院。所谓仲裁鉴定契约，乃指当事人双方达成的由第三人就事实关系作出鉴定并服从该鉴定结果之合意。例如，双方当事人间所达成的选择由专家确定事故之发生与损害之间是否存在因果关系并服从此确定结果的合意即为典型的仲裁鉴定契约。所谓证据限制契约，

---

　　① 证据契约乃双方当事人之间的合意，其不同于双方当事人一致性地向法院所作的两个表示。Rosenberg/Schwab/Gottwald, Zivilprozessrecht, s. 422, 16. Aufl, 2004.

　　② ［日］新堂幸司：《民事诉讼法》（第 3 版补正版），弘文堂 2005 年版，第 509 页。

　　③ ［日］门口正人编集代表：《民事证据法大系》（第 2 卷），青林书院 2004 年版，第 15 页。

又称证据方法契约，乃指当事人之间达成的能够向法院提出可供法院进行证据调查的证据方法仅为特定类型的合意，例如，当事人双方约定某一主要事实仅可依书证由法院进行认定。

因在采行辩论主义运作方式的民事诉讼中，举证人向法院提供声明何种证据应一任当事人之意愿，故双方当事人以契约之形式限制举证人的证据声明权自然有效。由此观之，当事人一方违反证据限制契约向法院所提供的证据方法应认为缺乏证据能力，法院不应对其进行证据调查。不过，一般认为，证据限制契约仅为需要当事人主张、立证后法院才能进行判断之抗辩事项，而不属于法院依职权探知的事项。因此，一方当事人纵然违反证据限制契约向法院提供证据，对方当事人若不陈述异议，法院即便知晓当事人之间存在此证据限制契约，仍应对当事人所声明的证据进行调查而不能排除该项证据。[①]

证据限制契约之机能或实益在于：由于当事人限定了可供法院进行调查的证据方法，从而不仅节省了举证人、对方当事人、证人及法院就该项证据调查所花费的时间与经济负担，并且使得双方当事人更容易预测诉讼的结果从而使得有效率地解决彼此间之纠纷成为可能。再者，记载有营业秘密的文书，基于证据限制契约而不允许举证人在诉讼中提出，也能有效地保护该项秘匿利益。此外，双方当事人所达成的在诉讼和解程序中提出的证据资料于和解不成而续行诉讼时不能再作为证据提出的证据限制契约，也将使得当事人能在和解程序中进行充分地、自由地讨论，从而更能促进双方当事人达成和解。[②] 凡此种种，足以证明证据限制契约有在理论上及实务上予以承认之必要性。

---

① ［日］门口正人编集代表：《民事证据法大系》（第 2 卷），青林书院 2004 年版，第 18 页。

② 同上。

第三章　文书提出义务

第一节　文书提出义务概述

一、文书提出义务之内涵

文书，乃指以文字及文字与其他记号之组合表现人的意思、意见、感情等思想内容之有形物。法官将文书作为证据方法，经由文书之阅览，获知其所记载之内容并将其作为证据资料使用之证据调查，即称为书证。[①] 文书提出义务，乃指持有文书之不负举证责任之当事人或当事人以外之第三人，因举证人将该文书作为证据方法使用，而所负将其提出于受诉法院以便法院进行证据调查之诉讼法上之义务。依义务主体之不同，文书提出义务大致

[①] 参见陈玮直：《民事证据法研究》，自刊1970年版，第69页；黄栋培：《民事诉讼法释论》，台湾五南图书出版公司1982年版，第524页；[日] 新堂幸司：《新民事诉讼法》（第3版补正版），弘文堂2005年版，第581—582页。又法官检查文书之纸质、笔迹时，虽亦以文书作为证据方法，但由于其并不以人的意思、判断、报告作为证据调查对象，故此种证据调查不能称为书证，仅可称之为勘验。不过，由于人们习惯上将作为书证对象之文书直接称为书证，并且由于从文章前后关系中容易判断书证在何种意义上使用，故不必过分拘泥于用语之一致。参见 [日] 高桥宏志：《证据调べについて》（七），载《法学教室》2001年第4期；[日] 高桥宏志：《重点讲义民事诉讼法》（下），有斐阁2004年版，第113页。另日本最高法院制定的《民事诉讼规则》为区分作为勘验标的物之文书与作为书证对象之文书，将前者称为文书，后者称为书证（日本民事诉讼规则第55条第2款、第80条、第139条）。我国现行民诉法第63条、第68条、第124条所用"书证"一语殆与大陆法系民诉法"文书"一语内涵相同。

可分为当事人文书提出义务与第三人文书提出义务两种基本类型。从客观方面来看，文书提出义务之确立须以不负举证责任之当事人或第三人持有文书为前提要件。此处之"第三人"泛指诉讼当事人两造以外之人，不问其为自然人或法人，也不问其为私人或公务机构均属之，即非法人组织亦包括在内。[1]"持有文书"亦应作宽泛解释，其不以文书提出义务人自主直接占有为限，间接占有亦属之。也即文书虽不在义务人手中而为他人所占有，但义务人对该"他人"能基于所有权或债权而享有随时请求归还文书之权利的，也应认定为义务人持有文书。[2] 易言之，文书持有人不仅指现实地占有文书之人，而且也包括对文书有事实上的支配力，能基于自己的意思随时将文书移归自己支配之人。[3]

二、文书提出义务之立法趋向

自历史沿革以观，在罗马法，为期诉讼之正当进行，无论何人持有文书，以其不受损害为限，皆负将其所持有之文书提出于法院之义务。故文书提出义务与证人作证陈述证言之义务相同，均为公法上的一般义务。在德国的普通法时代，独立的诉讼法上的文书提出义务并未为法律所规定，文书持有人对举证人仅负私法上的文书返还义务。[4] 以上两种立法皆有失当之处而未为近时各国民诉立法所采，盖认文书持有人于任何情形下皆负提出文书于法院之义务虽有利于法院裁判之真实，然不免损害文书持有人

---

① 参见曹伟修：《最新民事诉讼法释论》，台湾金山图书公司 1978 年版，第1083 页。

② 参见 [日] 松冈义正：《民事证据论》，张知本译，中国政法大学出版社2004 年版，第 249 页。

③ 参见 [日] 高桥宏志：《证据调べについて》（十），载《法学教室》2001 年第 9期；[日] 小林秀之、原强：《民事诉讼法》（第 3 版），弘文堂 2005 年版，第 149 页。

④ 参见 [日] 松冈义正：《民事证据论》，张知本译，中国政法大学出版社2004 年版，第 249 页。

对文书之处分自由及秘密保持之利益。而认文书之提出仅为文书持有人对举证人所负之私法上的给付义务,举证人可资利用之文书证据范围势必较为狭窄,一些重要之诉讼资料即难有机会提供于受诉法院为其审酌,其结果,必然会影响到真实发现与裁判之正确性。为兼顾文书持有人对文书之处分自由及秘密保持利益与裁判权之正确行使,近时各国民诉立法关于文书提出义务殆皆采限制主义,① 认为文书持有人仅在不损及秘密保持利益之限度内负文书提出义务,② 无论是不负举证责任之当事人还是当事人以外之第三人,均仅在特定范围内负文书提出义务。具体讲来,文书持有人所负提出义务之文书仅限于:(1)引用文书;(2)交付或阅览文书;(3)利益文书;(4)法律关系文书等四种文书。③ 因举证人对上述文书之持有人或享有实体法上的交付请求

---

① 与德国法不同的是,奥地利民诉法从一开始就将文书提出义务定性为如证人义务那样的一般性义务。其民诉法第 305 条规定,共通文书以外的文书有下列情形之一时,持有人可以拒绝提出,其一,文书的内容关系到家庭生活等私人领域之事实;其二,文书若被公开,将使文书持有人名誉受损;其三,文书若被公开,文书持有人或相关第三人将遭受到追诉之危险;其四,文书若被提出,将会侵害国家所承认的默秘义务或技术、营业上的秘密。同法第 304 条第 1 款规定,下列情形下文书持有人不能拒绝提出文书:第一,当事人在诉讼中为提出证据而引用时;第二,依民法,文书持有人负交付或提出义务;第三,文书从内容上看为双方当事人所共通。同条第 2 款规定,文书为举证人之利益作成或者记载有双方的法律关系视为共通。参见〔日〕三ケ月章编:《各国民事诉讼法参照条文》,信山社 1995 年版,第 520、524 页;〔日〕小林秀之:《民事诉讼にぉける诉讼资料・证据资料の收集——主要事实・间接事实の区别と文书提出命令・证据保全を中心として》(四),载《法学协会杂志》(第 97 卷)1980 年第 11 期。

② 参见〔日〕木川统一郎:《民事诉讼法重要问题讲义》(下),成文堂 1993 年版,第 612—613 页;王甲乙、杨建华、郑健才:《民事诉讼法新论》,台湾三民书局 2002 年版,第 572 页。

③ 参见德国民诉法第 422、423、429 条,日本旧民诉法第 312 条,我国台湾地区 2000 年修正前的"民诉法"第 344、348 条。又我国台湾地区"民诉法"所定之义务文书尚包括商业账簿。此与德、日民诉法不同,在德国、日本,商业账簿之提出义务规定于商法中。依德国商法第 258 条和日本商法第 53 条之规定,法院可依职权命令持有人提出商业账簿而不受任何条件的限制,不过与民诉法上的文书提出义务不同的是,商业账簿之持有人不遵从法院之命令提出商业账簿并不遭受裁判上的不利益或公法上的制裁。

权或于这些文书上存有共通的利益，因而断难认文书持有人对所持文书享有支配性的处分权，并且将其提出于法院作为证据方法使用亦不会侵蚀文书持有人之意思自由与秘密保持之利益，故大陆法系民诉立法采列举主义，明定其乃义务文书。

文书提出之限定义务固能确保文书持有人之利益，但其基本上乃以契约性纷争为基点所作之设计，堪难应对现代型纷争解决之需要。随着社会状况之变迁，公害纠纷、药害纠纷、产品责任纠纷、环境污染纠纷等现代型纷争日益增多，在这些纠纷中，左右诉讼结果的重要的文书证据往往构造性地偏在于加害人一方当事人手中，作为加害人的企业、事业者于旧法下通常对其所支配的文书不负提出义务。其结果，受害人大多由于缺乏充足之证据收集手段而遭受败诉之不利益。[①] 为解消由于证据偏在而给举证人带来的不利益，确保当事人之间的武器平等原则得到实质贯彻，德国、日本等大陆法系国家或地区于 20 世纪末开始，纷纷修订其民诉法，扩大文书提出义务之范围，基本上均将文书提出义务设定为一般性义务。[②] 依 2001 年修订后的德国民诉法第 142 条之规定，法院可依职权命令当事人或第三人提出其所占有之文书，只要该文书在诉讼中为当事人所援用。[③] 对于第三人而言，其仅在提交文书对其是不可期待的（unzumutbar）或者文书记载之内容属于民诉法第 383 条至第 385 条所定之证人拒绝证言事项

---

① 参见 [日] 小林秀之：《证据の收集》，载《法学セミナー》1992 年第 7 期（总第 451 期）。

② 参见 [日] 林屋礼二等：《民事诉讼法入门》，有斐阁 1999 年版，第 135—136 页；[日] 小林秀之：《证据の收集》，载《法学セミナー》1992 年第 7 期（总第 451 期）；[日] 上野泰男：《证据收集手续の扩充》，载《ジュリスト》，No. 1252（2003 年 9 月）。

③ 修订前之德国民诉法第 142 条虽亦规定法院可依职权命令当事人提出其所占有之文书，但仅以自主占有为限，并不包括间接占有，对第三人则不能依职权命令其提出所持有之文书。

时，始可拒绝提交（德国民诉法第 142 条第 2 款）。日本于平成 8 年（1996 年）通过了新民事诉讼法，第 220 条除继受旧法第 312 条第（一）项至第（三）项外，新增第（四）项，规定除记载有民诉法第 196 条、第 197 条所定之证言拒绝事项的文书以及专为文书持有人自己使用的文书以外的其他文书，当事人或第三人均负提出义务。但公务文书不在此次文书提出义务范围扩大之列。平成 13 年（2001 年），为配合《行政情报公开法》之实施，日本国会通过《民事诉讼法一部改正法》，进一步修订民诉法第 220 条，将公务秘密文书、刑事诉讼文书、少年保护事件之记录及在诉讼中被扣押的文书以外的公文书也纳入文书提出义务范围，从而也实现了公务文书提出义务之一般化。① 我国台湾地区于 2000 年对其"民诉法"作了大幅修正，最为显著的是将旧法中的"法律关系文书"修正为"相关文书"。依修正后的"民诉法"第 344 条及第 348 条之规定，除旧法所规定的引用文书、交付或阅览文书、利益文书等文书外，举凡"就与本件诉讼有关之事项所作"之文书，文书持有人均有提出义务，仅"文书内容涉及当事人或第三人之隐私或业务秘密，如予公开，有致该当事人或第三人受重大损害之虞者"，文书持有人始能拒绝提出。此外，若文书所记载之事项涉及第 306 条至第 310 条所规定的证言拒绝事项时，第三人亦有权拒绝提出文书。②

---

① 参见［日］染野义信等：《口语民事诉讼法》，自由国民社 2004 年版，第 192—193 页；［日］深山卓也等：《民事诉讼法の一部改正する法律の概要》（上），载《ジュリスト》第 1209 期（2001 年 10 月 1 日）。

② 我国台湾地区学者对其"民诉法"此次修正是否实现了文书提出义务之一般化在认识上并不一致，有学者认为此次修正不过是扩充了文书提出义务之范围，并未实现文书提出义务之一般化，有学者则认为此次修正已实现了文书提出义务之一般化，甚至有学者认为第 344 条为当事人负一般解明义务提供了实定法上的依据。参见刘玉中：《文书提出命令作为证据收集制度运用之落实》，载《玄奘法律学报》2005 年第 4 期。

第二节　文书提出义务之范围

揆诸德国、日本及我国台湾地区等大陆法系国家或地区民诉立法，文书持有人应负提出义务之文书基本上可分为个别义务文书与一般性义务文书两种类型。在个别义务文书，文书持有人与举证人往往具有某种特定关系，或为实体法上的，或为诉讼法上的，其之所以作为义务文书主要是基于文书持有人对此类文书不具有独占性的支配权之考量，亦正因如此，其在各国或地区修法前之旧法时代即作为义务文书规定于民诉法中并为修正后的民诉法所承袭。在一般性义务文书，文书持有人与举证人通常并不具有某种特定关系，其之所以作为义务文书主要是为了扩充举证人之证据收集手段，矫正构造性的证据偏在以谋求当事人间之实质平等。因而，一般性义务文书基本上乃德国、日本等大陆法系国家或地区民诉法修正后所新增，为旧法所没有。[①]

一、个别义务文书

个别义务文书乃德国、日本等大陆法系国家或地区民诉立法从正面明确胪列的义务文书形态，具体包括四种文书：（1）引用文书；（2）交付或阅览文书；（3）利益文书；（4）法律关系文书。[②]

---

① 在德国民诉法修正之前，制定法所规定的文书提出义务虽仅为限定义务，但当事人证据收集手段的限定性经由判例法所创设之证明妨害与情报请求权之法理而在实质上得到缓和。其结果是，文书持有人所负之文书提出义务较日本旧法时代的文书提出义务的范围要宽泛。参见［日］木川统一郎：《民事诉讼法重要问题讲义》（下），成文堂1993年版，第612页；［日］小林秀之：《证据收集手续の扩充と新民诉原理》，载《判例タィムス》，No. 1083（2002年4月）。

② 参见德国民诉法第422、423、429条，日本民诉法第220条第（一）项至第（三）项，我国台湾地区"民诉法"第344条第1款第（一）项至第（四）项。

1. 引用文书

所谓引用文书，乃指当事人自己持有的为使诉讼能朝有利于己之方向展开而在诉讼中积极主张其内容或存在的文书。当事人既在诉讼中为使自己的主张有扎实的基础而积极地使用该文书，则其对该文书之内容必无秘匿之意思。就该文书之内容亦保障对方当事人有立证的机会始为公平。况且，文书在诉讼中既已开示而置于法院之评判之下，若不认对方当事人有机会将其作为证据方法予以使用，显易导致法院片面地对该文书所应证明之事实形成心证。故从帮助法院公正地作出裁判这一角度考虑，也应承认文书持有人就引用文书负提出义务。① 何种场合符合"引用"之意义，各国民诉立法之规定并不尽一致。依德国民诉法第 423 条之规定，"引用"仅限于举证人为举证而引用，其为使所提主张进一步明确而引用文书之存在或内容则不属于此处之"引用"。日本民诉法未明定引用之具体范围，对其之解释，学界有两种观点：一种观点认为"引用"以当事人将该文书作为证据方法引用为必要，当事人为使主张明确而引用文书的存在及内容尚不能称为"引用"，其理由是，引用文书作为义务文书而被要求提出之目的是为了谋求当事人之间立证机会之公平，从而承认对方当事人对该文书的证据调查声明权，故在与立证无关而专为明了主张的内容而引用文书的场合，若亦认文书持有人负有文书提出义务，反而于对方当事人失之公平。另一种观点则认为，将"引用文书"作狭义上的解释并无必要，并且举证人将文书作为证据而引用与为明了所提主张而引用文书的内容两者在区别上存在实际困难，故应给予对方当事人关于该文书陈述检讨意见的机会始为公平。② 日本实务上

---

① 参见［日］小室直人等：《新民事诉讼法》(Ⅱ)，日本评论社 2003 年版，第 208 页。
② 参见［日］小林秀之、原强：《民事诉讼法》(第 3 版)，弘文堂 2005 年版，第 150 页。

对引用文书采广义解释之立场，认为引用文书不限于举证人为立证自身而引用，举证人为使所提之主张明确，就文书之存在主动地、具体地言及，且就其存在、内容积极地引用之场合亦包含在内。①

2. 交付或阅览文书

所谓交付或阅览文书，乃指举证人对文书持有人享有实体上的交付或阅览请求权的文书。举证人既然对文书持有人就该文书享有实体法上的交付或阅览请求权，其本可对文书持有人提起独立之诉讼，请求持有人交付文书或供其阅览，但在已系属之诉讼中直接申请法院命令持有人交付文书则可避免该文书取得之迂回。② 此外，因举证人对该文书具有交付或阅览请求权，故应承认举证人就该文书所记载之内容亦享有部分的支配权。就此而言，无论文书持有人为当事人还是第三人，文书之提出均不会损及其秘密利益之保护。此便为交付或阅览文书作为诉讼法上义务文书之依据。③ 依德国民诉法第 422 条之规定，交付或阅览文书以举证人对文书持有人享有私法上的交付或阅览请求权为限，公法上的交付或阅览请求权不包含在内。日本民诉法对交付或阅览文书是否仅限于举证人对文书持有人享有私法上的交付或阅览请求权的文书未作明确规定，多数学者认为，交付或阅览请求权应仅限于私法上的交付或阅览请求权，日本实务界亦持此立场。④ 在解释上，交付或阅览请求权无论为物权请求权还是债权请求权，也无论其是基于法律规定而产生还是以

① 参见 ［日］小室直人等：《新民事诉讼法》（Ⅱ），日本评论社 2003 年版，第 208 页。

② 参见 ［日］高桥宏志：《证据调べについて》（九），载《法学教室》2001 年第 7 期。

③ 参见 ［日］中野贞一郎、松浦馨、铃木正裕：《新民事诉讼法讲义》（第 2版），有斐阁 2004 年版，第 321 页。

④ 同上。

契约为基础均在所不问。① 典型的文书交付或阅览请求权的例子
如，对于负报告义务的受托人、执行业务的合伙人、责任人及其他
合伙人有权请求阅览业务关系文书（德国民法第 666 条、第 716
条，日本民法第 646 条、第 671 条，我国台湾地区"民法"第 541
条、第 580 条）；债务人于清偿债务后，有权请求债权人返还债务
证书（德国民法第 371 条、日本民法第 487 条、我国台湾地区
"民法"第 308 条）；债务人于清偿债务后，有权请求债权人给付
受领证书等（德国民法第 368 条、日本民法第 486 条、我国台湾地
区"民法"第 324 条）。

3. 利益文书

利益文书即为举证人的利益而作成的文书，其具体是指能
证明举证人的权利、法上之地位或使其有基础并且以此为目的
而作成的文书。以举证人作为受遗赠人而作成的遗嘱、为举证
人而订立的契约之契约书、以举证人作为代理人的授权委托
书、领收书、同意书、身份证明书等皆为典型的利益文书。利
益文书作成之目的既乃为了确保举证人之利益，即难认文书持
有人对其具有独占性的处分权，举证人将该文书作为证明其权
利或法上之地位的手段加以利用自无不当，此即为利益文书作
为义务文书之依据。② 在采限定文书提出义务之旧法时代，日

---

① 参见石志泉：《民事诉讼法释义》，台湾三民书局 1982 年版，第 387 页；［日］
松本博之、上野泰男：《民事诉讼法》（第 4 版），弘文堂 2005 年版，第 420 页。在日本
学界，有观点主张应扩充解释交付或阅览请求权之内涵，认为即便在法律上未直接规定
文书之交付或阅览请求权，从制度趣旨、对法律关系合理解释之立场能肯认附随的请求
权存在的场合，也应认文书持有人负有文书提出义务。更有甚者，有学者主张应承认与
实体法上无关联的一般义务或情报请求权之存在。所谓情报请求权乃指以实体法上的诚
实信用原则为依据而衍生的举证人为准备诉讼收集证据所享有的请求对方开示一切相关
情报的权利。参见［日］小林秀之：《新证据法》（第 2 版），弘文堂 2003 年版，第 148
页；［日］小林秀之、原强：《民事诉讼法》（第 3 版），弘文堂 2005 年版，第 151 页。

② 参见［日］木川统一郎：《民事诉讼法重要问题讲义》（下），成文堂 1993
年版，第 617—618 页。

本一些地方法院为了克服现代型诉讼中证据构造性地偏在于一方当事人之弊端，大多对利益文书之内涵作扩张解释，借以谋求文书提出义务范围之扩大与举证人证据收集手段之扩充。如福冈高等法院于昭和52年（1977年）7月13日所作之裁判即认为，利益文书不限于以直接证明举证人地位或使其有基础为目的而作成的文书，间接地为举证人的利益亦该当利益文书。又如东京高等法院于昭和56年（1981年）12月24日所作之裁判亦认为，利益文书中的"利益"应包括当事人立证上的或证据确保上的利益。① 学说上亦多持赞成对利益文书作扩大解释之立场，认为与当事人争点之解明具有效果之文书即可解释为利益文书。关于利益文书作成目的之判断不应考虑作成者乃基于何种意图作成此文书，从文书的性质、内容能客观地认定其具有为举证人利益之目的即为已足。② 日本学者对一些地方法院所作的关于工资原始账本及诊疗记录不能作为利益文书之裁判例提出了批评，③ 认为对于诊疗记录，医师在法令上负有作成之义务，其作成目的乃是为了确保医师诊疗行为之适当，故而，其不仅仅是为了作为诊疗行为当事人的医师与患者的利

---

① 参见［日］中野贞一郎、松浦馨、铃木正裕：《新民事诉讼法讲义》（第2版），有斐阁2004年版，第321—322页。

② 参见［日］小林秀之、原强：《民事诉讼法》（第3版），弘文堂2005年版，第152页。

③ 东京高等法院于昭和59年（1984年）9月17日所作之裁判认为，医生作成的诊疗记录其本来目的乃在确保诊疗行为适正及辅助医生自身的思考活动，本非预定作为证明患者地位或权利义务之用，故诊疗记录并非利益文书。大阪高等法院于昭和40年（1965年）9月28日所作之裁判认为，工资原始账簿乃使用人为保存证据，了解工资数额而作成的，也即其乃使用人将之作为资料而作成之文书，并非为了证明劳动者的地位而作成，故而不是利益文书。福冈高等法院于昭和48年（1973年）2月1日所作之裁判亦持同一见解。参见［日］伊藤真：《民事诉讼法》（第3版），有斐阁2004年版，第376页注（374）、（375）；［日］小林秀之、原强：《民事诉讼法》（第3版），弘文堂2005年版，第151—152页；［日］青山善充、菅野和夫：《判例六法》，有斐阁2005年版，第1056页。

益而作成，且乃是为了雇佣医师之医疗机构与患者家属之利益而作成，故应为利益文书。工资原始账本乃使用者为保存作成工资计算基础的事项，了解工资金额而作成之文书，依《劳动基准法》第108条之规定，使用人负有作成义务，其不仅具有保障使用者适正地进行工资管理之目的，亦具有确保劳动者的工资内容乃依照法令予以适正地算定之目的，因而应将其纳入为（作为举证人的）劳动者利益而作成的利益文书。①

4. 法律关系文书②

所谓法律关系文书，乃指就举证人和文书持有人之间的法律关系所作成的文书。在解释上，法律关系文书不仅指记载法律关系自身的文书，亦包括记载与法律关系有关联事项的文书。契约书、契约解除通知书及订立契约之际所接受的印鉴证明书即为典型的法律关系文书。文书持有人既与举证人（一方当事人）存在特定法律关系，自应对其负立证协力义务，将该文书作为证据方法提出便是其履行立证协力义务之方式。③ 在日本旧法时代，地方法院裁判例就与法律关系有关联事项之解释持不同之立场，大阪高等法院于昭和54年（1979年）9月5

---

① 参见［日］伊藤真：《民事诉讼法》（第3版），有斐阁2004年版，第375—376页。

② 法律关系文书与利益文书作为义务文书在德国、日本及我国台湾地区缘于不同的规范基础。在德国，因其民法第810条乃独立的文书阅视权之规范，从而使得日本及我国台湾地区民诉法中法律关系文书与利益文书在德国仍属于其民诉法第422条所规定之阅览文书。德国民法第810条的内容是：对查阅他人占有的证书有合法权益的人，在该证书与自己的利益有关时，或者该证书能证明自己与他人之间成立的法律关系时，或者该证书记载自己与他人之间、一方与共同中介人之间所为法律行为之内容时，可以要求占有人允许其查阅证书。日本及我国台湾地区民法因并无类如德国民法第810条之文书阅览权之规范，故利益文书与法律关系文书之提出义务在日本及我国台湾地区民事诉讼中纯为诉讼法上的义务而无实体法上的交付或阅览请求权基础。

③ 参见黄栋培：《民事诉讼法释论》，台湾五南图书出版公司1982年版，第532页；［日］松本博之、上野泰男：《民事诉讼法》（第4版），弘文堂2005年版，第421页。

日所作之裁判采严格解释立场，仅认与法律关系有密切关联的事项的文书始为法律关系文书；大阪高等法院于昭和 53 年（1978 年）9 月 22 日所作之裁判则对法律关系文书之内涵采宽松之解释，认为记载有法律关系构成要件事实全部或一部的文书即为法律关系文书，从而将住在火力发电厂附近的居民健康影响调查书认定为法律关系文书；东京高等法院于昭和 51 年（1976 年）6 月 30 日所作之裁判亦对法律关系文书持宽松解释之立场，认为在法律关系形成过程中所作成的文书即为与法律关系有关联事项的文书。① 日本旧法时代地方法院所作之裁判例中，与缓和关联程度以扩大法律关系文书范围并行的方法是扩张解释"法律关系"本身之内涵，并借此扩大法律关系文书的范围。如松山地方法院于昭和 50 年（1975 年）5 月 24 日所作之裁判认为，法律关系不以契约为发生原因的法律关系为限，基于侵权行为等契约以外的事实而生成之法律关系亦包含在内。原子炉的设置即使得生命权、身体健康权、财产权之享有受到约束的周边住民与电力公司、国家之间发生法律关系。大阪高等法院于昭和 53 年（1978 年）3 月 6 日所下之裁判甚至认为当事人之间的损害赔偿请求等诉讼标的自身亦构成法律关系文书中的"法律关系"。② 不过，为防止无限制地扩大法律关系文书（含利益文书）之内涵而导致举证人滥用文书提出命令，日本地方法院裁判例在扩大解释法律关系文书概念之同时，创造出"专为自己使用（而在）内部作成的文书"即所谓内部文书的概念以为制约，认为某一文书若为内部文书即不能

---

　　① 参见［日］小林秀之、原强：《民事诉讼法》（第 3 版），弘文堂 2005 年版，第 152 页。

　　② 参见［日］青山善充、菅野和夫：《判例六法》，有斐阁 2005 年版，第 1057 页；［日］小林秀之、原强：《民事诉讼法》（第 3 版），弘文堂 2005 年版，第 153 页。

作为法律关系文书。① 东京高等法院于昭和 54 年（1979 年）3
月 19 日所下之裁判认为"平作川河道计划调查报告书"乃
"内部文书"，并不能作为法律关系文书看待即为著例。②

　　就法律关系的解释，日本的学说基本上与裁判例持同一立
场，也主张应缓和"关于法律关系而作成"这一法律关系文书要
件。具体讲来，应综合衡量立证事项的重要性、代替的立证方法
的有无、文书的性质、持有人为当事人还是第三人、隐私的保
护、申请文书提出命令的动机（滥用的可能性）、公共的利益等
方面的因素以决定文书是否符合法律关系文书之要件。③ 由于

---

　　① 另日本地方法院亦有裁判例将记载有符合证言拒绝事项的"技术或职业秘
密"的文书不作为法律关系文书看待。尽管如此，并非所有的记载"技术与职业秘密
的"的文书持有人均能拒绝提出，仙台高等法院于平成 5 年（1993 年）5 月 12 日所
作之裁判认为，若文书所记载之事项予以公开其给秘密保持者所带来的不利益与文书
被拒绝提出于裁判公正、真实发现所带来之负面影响进行比较考量之结果而认前一利
益更值得保护，始认文书持有人享有拒绝提出权。学者认为，此种扩张解释的努力不
仅有助于当事人间实质武器平等原则之贯彻，且有利于法院裁判之公正与案件之真实
发现，足资赞同。参见 ［日］ 石川明：《はじめて学ぶ新民事诉讼法》（第 3 版），三
岭书房 2002 年版，第 229 页；［日］ 新堂幸司：《新民事诉讼法》（第 3 版补正版），
弘文堂 2005 年版，第 542 页。
　　② 该事案的经过是，原告以平作川流入公共下水道，导致泛滥而使其住宅受浸
水之害为由，以县为被告提起国家赔偿诉讼。在诉讼中，原告主张平作川河道设置管
理有瑕疵，为证明该事实主张，申请法院命令被告提出其所持有的平作川河道计划调
查报告书。被告认为，此报告书乃其委托 A 公司调查并作成的事务处理上的资料；在
法令上并无作成义务，乃为自己使用的内部文书。法院最后认为，本件报告书，乃河
道计划方案作成前阶段，被告委托 A 公司调查作成的事务处理上的资料，其在法令上
并无作成义务。并且本件报告书所记载的多半只不过是私人的主观意见，为被告重新
综合检讨之资料之一。从而，本件报告书乃专为自己使用，由 A 公司作成的内部文
书，不符合第 312 条（日本现行法第 220 条）第三项后段所定之法律关系文书之要
求。不过，有学者认为，该裁判例所采结论在旧法背景下乃为妥当，在新法已承认文
书提出义务为一般性义务之背景下须重新审视其是否正当。参见 ［日］ 小林秀之：
《ケースで学ぶ民事诉讼法》，日本评论社 2005 年版，第 221 页。
　　③ 参见 ［日］ 小林秀之、原强：《民事诉讼法》（第 3 版），弘文堂 2005 年版，
第 153 页。

"内部文书"乃日本旧法时代为抑制裁判例对"法律关系文书"内涵作过度扩张解释以维护文书持有人之正当利益而使用之概念，而日本新民诉法已于第220条第（四）项将其作为一般义务文书的除外事由予以规范，在此种背景下，旧法时代之裁判例及学说对其所作解释于新法文书提出义务一般化之背景下是否应予维持在学界存有不同见解。一种观点认为，应予以维持，但应仅作为一般性义务文书之解释论予以使用；另一种观点认为，从立法上看，"内部文书"仅作为第220条第（四）项一般义务文书的除外事由而使用，故在法律关系文书被扩张解释下使用的"内部文书"应不适用于法律关系文书，也即法律关系文书虽然符合"专为自己使用的文书"，但仍为义务文书。日本最高法院于平成12年（2000年）12月12日所作判例认为某一文书若符合"专为自己使用的文书"之要件，则不构成法律关系文书。① 有学者认为，将法律关系文书作扩大解释借以扩大文书提出义务之范围的做法于提出义务已实现一般化之新法时代已无必要。在新法背景下，应将法律关系文书限定在其最初本来之内涵上，旧法下基于扩张解释法律关系文书内涵而认有提出义务的文书，应作为一般性义务文书予以处理。而新民诉法下的法律关系文书应限定为记载举证人与文书持有人之间法律关系自身或至少一部分法律关系构成要件要素事实的文书。旧法下判例所认为的法律关系形成过程中所制作的文书若未记载法律关系构成要件要素事实的一部分在新法下即不应作为法律关系文书，而应作为一般性义务文书来决定文

---

① 参见［日］新堂幸司：《新民事诉讼法》（第3版补正版），弘文堂2005年版，第546—547页。

书提出义务之有无。①

二、一般性义务文书

在德国、日本及我国台湾地区等大陆法系国家或地区的民事诉讼中，一般性义务文书乃指引用文书、交付或阅览文书等个别义务文书以外的文书。某一文书，若无"提出除外事由"的存在，即为一般性义务文书。在德国，一般性义务文书之规范基础乃其民诉法第 142 条，与其民诉法第 422、423、429 条所规范的个别义务文书不同的是，一般义务文书并不能作为当事人声明书证之对象而是由法院依职权自由裁量是否命令文书持有人将其提出。也即举证人申请法院发布文书提出命令时只能以个别义务文书为其对象，举证人虽有权申请法院依第 142 条发布文书提出命令，但该申请并不具有证据声明之性质，而仅起促使法院为必要注意之功用，法院对举证人之该申请并无应答义务。依德国民诉法第 142 条第 1 款之规定，举凡当事人所援引的为当事人或第三人所占有的文书，法院均可依职权命其提出。依同条第 2 款之规定，第三人提出所持有之文书于其属于不可期待的（unzumutbar）②或者文书记载有民诉法第 383 条至第 385 条所定之证言拒绝事项时，第三人可以拒绝提出该文书。③ 由此观之，在德国，同为一般性义务文书，若其为当事人所持有，则当事人似乎于任

---

① 参见［日］上野泰男：《新民事訴訟法における文書提出義務の一局面》，载［日］三木浩一、山本和彦：《ロースクール民事訴訟法》，有斐閣 2005 年版，第237—238 页。

② Gehrlein, Zivilprozessrecht nach der ZPO-Reform 2002, s. 146, 2001.

③ 在文书提出义务已实现一般化之背景下，第三人所负之文书提出义务作为国民协助法院进行证据调查所尽之公法上义务基本上已与证人作证义务具有同一性质。第三人居于证人之地位可以就一定事项享有证言拒绝权，同一事项若记载于文书之中而不认第三人对其享有提出拒绝权自非事理之平。故德国、日本等大陆法系国家或地区民诉立法一般皆规定文书记载内容若涉及证言拒绝权，第三人可以拒绝提出。

何情形下均不享有提出拒绝权。① 不过，在德国学说上基本上不认为该条已成为当事人负一般解明义务之实定法上的依据。②

　　在日本，一般性义务文书乃以其民诉法第 220 条第（四）项为规范基础，依该项之规定，同条第（一）项至第（三）项所规定的引用文书、交付或阅览文书、利益文书或法律关系文书以外的文书除明示的除外事由外，皆为一般性义务文书，持有人应负提出义务。作为除外对象的免除提出义务的文书有两种：一种为记载有证言拒绝权事项的文书，另一种为专供文书持有人使用

---

　　① 在德国，法院根据民诉法第 142 条依职权命当事人提出其所占有之文书之目的，在于尽可能早期地解明案案，广范围地获得关于当事人间纷争基础事实关系之概貌。参见 ［日］出口雅久：《民事诉讼にぉける第一审强化策一ドィッ联邦司法省民事诉讼法改正草案を素材として》，载 ［日］吉村德重先生古稀纪念论文集刊行委员会编：《辩论と证据调べ理论と实践》，法律文化社 2002 年版，第 60 页。

　　② 一般解明义务（allgemeine Aufklärungspflicht）最早由德国学者 Stürner 提倡，其认为基于民诉法第 138 第 1 款、第 2 款，第 372 条之 a，第 423 条，第 445 条之类推适用可得出当事人负一般解明义务之结论。即不负举证责任之当事人有义务就对方当事人合理之主张表示认否，并就其所知予以开示以协助澄清要件事实。其若违反这一义务，则法院可以认未澄明且为当事人所争执之要件事实为真实。因这一论断有违辩论主义框架下主张责任与举证责任原理而没有成为德国通说。德国联邦最高法院仅有限地承认当事人之一般解明义务，认为若负陈述义务的当事人处于其应澄明的事件经过之外，并且对有决定意义的要件事实知之不详，则对方当事人对此应予以解明，只要这于其是可以期待的。参见 Musielak, Grundkurs ZPO, 5.235ff, 5. Aufl, 2000；姜世明：《2002 年德国民事诉讼法改革——总则与第一审部分》，载《月旦法学教室》创刊号。在日本，对一般解明义务之考察基本上以事实与证据偏在的场合为中心，并不一般性地承认不负举证责任的当事人之事案解明义务。依日本学者之见解，当事人负案解明义务之要件为：a. 举证人应提供使自己的权利主张有合理基础之线索；b. 举证人与事实隔绝，不能客观地解明事案；c. 举证人对此不具有非难之可能性；d. 与此相反，对方当事人处于容易解明事案之立场且于其具有期待可能性。日本学界对于事案解明义务违反之效果有三种学说——甲说：法官自由评价因违反义务而导致未能特定之要件事实是否存在；乙说：当事人违反义务将产生证明责任转换之效果；丙说：当事人违反义务，法院将拟制要件事实为真实。参见 ［日］高桥宏志：《民事诉讼法制度与理论的深层分析》，林剑锋译，法律出版社 2003 年版，第 467 页；［日］小林秀之：《新证据法》（第 2 版），弘文堂 2003 年版，第 142—143 页；［日］上田徹一郎：《民事诉讼法》（第 4 版），法学书院 2004 年版，第 387 页。

的文书。① 日本最高法院于平成 12 年（2000 年）3 月 10 日所作
之判例阐释了除外文书之一的"技术或职业秘密"文书之内涵，
认为"技术或职业秘密"应谓该事项若被公开，该技术的社会价
值将大大贬损，基于该技术而为活动将受到障碍，或者其会对该
职业带来深刻的影响以致将来遂行该职业将存有困难。日本最高
法院进一步认为，文书是否符合除外文书之要件，应依具体内容
作出判断，而不能仅抽象地以"文书之开示将对持有人产生难以

---

　　① 依 2001 年修正后的日本民诉法第 220 条第（四）项之规定，公务文书也为一
般性义务文书。公务文书除公务秘密文书与刑事事件关系文书这两类文书外均为义务文
书。所谓公务秘密文书，乃指记载职务上的秘密，若其被公开，将有损害公共利益、使
公务的遂行产生显著障碍之虞的文书。在日本，公务员，关于职务上的秘密，依法令
（国家公务员法等）负有守秘义务，于未被监督官厅免除默秘义务之范围内，作为证人
被讯问获取证言的场合能够拒绝证言（日本民诉法第 191 条、第 197 条第 1 款第（一）
项）。为此，记载有职务上的秘密的公务秘密文书自应作为无提出义务之除外文书。所
谓刑事事件关系文书，乃指刑事事件诉讼的文书，少年保护事件的记录以及被扣押的文
书。关于这些文书，依日本刑事诉讼法及刑事确定诉讼记录法等法律，原则上应非公
开。这主要是为了保持刑事侦查的秘密性、防止因其公开而对刑事裁判造成不当的压力
以确保公判之适正，以及为了保护诉讼关系人的名誉、隐私等。此亦即为刑事事件关系
文书作为无提出义务之除外文书的依据所在。不过，学说上通常认为若有超出前述公益
上的必要性其他事由存在，即认公开这些文书为相当的场合，仍以公开为宜。关于公开
之相当性之判断，应委诸文书保管人裁量。参见［日］小林秀之：《新证据法》（第 2
版），弘文堂 2003 年版，第 290—298 页；［日］小林秀之、原强：《民事诉讼法》（第 3
版），弘文堂 2005 年版，第 155 页。与日本不同的是，在德国，公务文书仅为限定义务
文书，依德国民诉法第 432 条第 3 款之规定，公务文书仅在举证人具有实体法请求权之
情形下始作为义务文书。依同条第 1 款之规定，公务员或机构执掌之文书若非义务文
书，举证人可申请法院嘱托文书持有人送交文书于法院。故对于公务文书中的义务文
书，举证人可向法院申请文书提出命令要求文书持有人提出文书，而对于非义务文书，
仅可期待文书持有人遵法院之嘱托任意提出。德国该项规范所定之制度与日本民诉法中
的送付嘱托制度相当。依日本民诉法第 226 条之规定，举证人声明书证，除可向法院申
请文书提出命令外，于文书持有人可期待其他任意地协助提出文书时，不问这些文书是
否为义务文书，举证人均可申请法院嘱托文书持有人送付文书。文书送付嘱托于机构或
公务员执掌之文书最为常用。依我国台湾地区"民诉法"第 350 条之规定，机构或公务
员执掌之文书，不问有无提出义务，法院均可依职权调取。仅于文书记载内容涉及公务
员若作为证人得拒绝证言之事项时，公务文书持有人始可拒绝提出。由此观之，在我国
台湾地区，公务文书亦为一般性义务文书而与日本法相同。

忍受的不利益之虞"作为判断基准。① 专供文书持有人使用的文书，又称内部使用文书。自己使用文书，② 乃指文书作成时预期不为外部人开示的文书，日记、家庭账本、备忘录即为典型的内部使用文书。内部文书作为一般性义务文书除外文书之依据在于，若将其作为证据方法予以开示，可能会侵害文书持有人或第三人之私秘利益。文书制作时，作成人将会考虑将来其有可能依文书提出命令被要求提出该文书而致使文书作成过度地不自由，故基于维护文书作成人意思自由及私秘利益之考虑，将内部文书作为除外文书。① 因日本民诉法并未明定内部文书符合除外文书之要件或判断基准，故其深具争议性。日本最高法院于平成11年（1999年）11月12日关于银行贷出禀议书一案所作判例对专为自己使用的文书的构成要件作了解释，认为作为自己使用文书之该当性要件有三个方面：其一，文书乃基于专供内部人利用这一目的而作成，预定将来亦不对外部人开示（目的性要件）；其二，文书若被开示将会侵害个人的隐私，阻碍个人或团体自由的

---

　　①　参见［日］青山善充、菅野和夫：《判例六法》，有斐阁2005年版，第1058页。该事案的经过是：X从Y中购入亲子电话装置一部，发现不能正常使用，遂以债务不履行为由向法院提起损害赔偿诉讼，X为立证其所主张的机器有瑕疵这一事实，向法院申请文书提出命令，要求法院命令被告Y将其持有的本件机器回路图及信号流程图提出。法院以此文书属于民诉法第220条所规定的第（四）项文书中的"技术与职业秘密文书"为由驳回原告之申请。X不服该裁定向最高法院提起抗告，最高法院认为本件文书虽记载有制造本件机器原理的技术上的情报，但是文书持有人并未具体地主张情报的种类、性质以及因开示所生不利益的具体内容，原审法院亦未对此作出具体认定而直接谓本件文书记载的技术上的情报符合"技术或职业上的秘密"之要求并不正确。最高法院最后撤销了原审法院之裁定。参见［日］三木浩一、山本和彦：《ロースクール民事诉讼法》，有斐阁2005年版，第546—548页。

　　②　为区别日本旧法时代地方法院所作之判例为抑制"法律关系文书"在解释上的无限扩张而创造出来的"自己使用文书"的概念，日本学者往往将其新民诉法所规定的内部文书称为"新自己使用文书"。

　　①　参见［日］小林秀之、原强：《民事诉讼法》（第3版），弘文堂2005年版，第154页。

意思形成，并且因文书开示持有人将有遭受难以忽略的不利益之虞（实质利益要件）；其三，不存在特定情形。前两个方面的要件应从"文书的作成目的、记载内容、现在持有人持有该文书的经过及其他事情"作出判断。在此案中，最高法院认为，银行的贷出禀议书，乃银行内部关于融资案件为求意思形成充分且适切而作成的文书，其在法令上并无作成义务。因而从文书的性质考虑，无顾忌的评价与意见必定会记载其上，该文书若被开示将会阻碍银行内部自由意见的表明，阻碍银行自由意思的形成，且此案并不存在"特定情形"，故其具备专为自己使用文书之要件。①不过，何为"特定情形"，在该判例中日本最高法院并未作出具体之解释。日本最高法院在随后（平成11年12月26日）关于融资银行违反保险说明义务而提起的损害赔偿诉讼中，虽援引前述判例要旨认为银行贷出禀议书以不存在特定情形为限故乃为专为自己使用的文书，但仍未说明何种具体情形符合"特定情形"这一要件。日本最高法院于平成13年（2001年）12月7日就破产信用组合事件所作判例中，首次具体阐叙了何为不符合专为自己使用文书要件之"特定情形"。在该判例中，日本最高法院认为，信用组合作成的贷出禀议书之持有人乃受存款保险机构之委托，代替同机构从已破产的金融机关等买受资产，并以对其进行

---

① 参见［日］青山善充、菅野和夫：《判例六法》，有斐阁2005年版，第1058页。该事案的经过是：已故A，从Y银行融资6亿5千万日元，以所融资金经由B证券公司从事股票等有价证券交易，损失巨大。A的继承人X，以Y为被告提起损害赔偿诉讼，其理由是，被告Y明知A的经济状况欠佳，除从有价证券交易中所生利益支付贷款利息外并无其他途径偿还贷款，对此竟不顾虑，对A进行过度之融资，因而违反了金融机构对顾客的安全配虑义务。X主张Y银行于融资之时作出了A从事有价证券交易将得到超过贷款利息的利益的判断，为此申请法院命令Y交付贷出禀议书及本部认可书以作为证据。X称此文书乃法律关系文书，并非第220条第（四）项所定专为自己使用的文书，Y辩称其并无文书提出义务。参见［日］小林秀之、原强：《民事诉讼法》（第3版），弘文堂2005年版，第159—160页。

管理与处分为主要业务的股份公司。与受让已经营破产的信用组合之全部债权债务的同时，持有其作成的贷出禀议书。该信用组合，正处于清算之中，即使将来亦不能自行为贷付业务。文书持有人基于法律的规定承担该信用组合贷付的全部债权之回收，因该贷出禀议书被命提出而阻碍文书持有人自由意见的表明，以及其自由意思的形成之可能性根本不需考虑，在此等事实关系下，该贷出禀议书应属于不符合"专供文书持有人利用而作成的文书"要件之特定情形。①

日本最高法院于平成16年（2004年）在追究破产保险公司旧职员经营责任诉讼中所作之判例根据以下两点理由直接否认律师与特许会计师作为委员参与调查的事故调查报告书符合自己使用文书之目的要件与实质利益要件：第一，由保险管理人设置的，以律师、特许会计师作为成员的调查委员会所行之调查乃遵金融厅监督长官之命，依保险业法第313条第1款、第242条第3款而为之，目的是为了查明破产保险公司的旧职员是否负经营责任。本件文书乃记载调查结果且依命令向保险管理人提交的文书，并非专门为了破产保

---

① 参见［日］青山善充、菅野和夫：《判例六法》，有斐阁2005年版，第1059页。该事案之经过是：受让经营破产A（木津信用组合）全部营业的X（整理回收机构）对Y基于A的贷款债权及求偿权提起支付本金诉讼。对此，Y称，X以与支付利息相当之金额作为新的融资额对其无限制地进行贷款，致使其贷款余额迅速增大，且由于此一侵权行为而使其遭受损害，主张以该损害赔偿请求权与前述各债权在相等额度内予以抵消。Y为证明此抗辩事实，申请法院命令X提出现为其持有的A作成的贷出禀议书及附属书类（本件文书）。原审法院认为本件文书不符合专为自己使用的文书之要件而向X发出文书提出命令，理由是文书若被开示并不会使文书持有人产生难以忽略的不利益。X对此裁定不服，提起抗告，最高法院以上文所述之理由驳回抗告。日本最高法院最后认为，曾经进行营业活动的金融机构，基于专供内部人利用这一目的而作成的贷出禀议书，在其经营破产而为X回收之时，基于该文书而使自由意见的表明受到抑制和自由的意思形成受到阻碍的可能性亦不复存在。参见［日］长谷部由起子：《信用组合の贷出禀议书と文书提出命令》，载《民商法杂志》（第126卷）2002年第1期；［日］杉山悦子：《文书提出命令に关する判例理论の展开と展望》，载《ジュリスト》，No.1317（2006年8月）。

险公司内部利用而作成。另外，从调查的目的看，本件文书并未记载与破产保险公司旧职员经营责任无关系的个人的隐私等事项。第二，保险管理人乃根据保险公司的业务或财产状况而认继续其保险业有困难时，或者其业务的运营显著不适切时，或认若继续其保险业将有难以对保险契约者进行有效保护之虞时，由金融厅长官选任的遂行保险公司业务及财产管理之人（同法第 313 条第 1 款、第 241 条），即保险管理人，鉴于保险业的公共性，基于保护保险契约者等公益而行使其职责。保险管理人所设置的调查委员会所行之调查即乃为了保护保险契约者这一公益而为之。①

日本学说上一般认为，文书是否为无提出义务之除外文书，尤其是否为自己使用文书，应综合文书的内容，持有人持有该文书的经过与理由以及在法令上其是否有作成义务等因素，从客观方面作出考量判断。具体而言，在法令上不负作成义务之场合，文书无论为记载意思决定过程的记录文书还是事实报告文书，均应否定其自己使用文书之性质。而在法令上负有作成义务之场合，记录意思决定过程的文书原则上应认其为自己使用文书，但是基于诉讼中该文书的必要性，诉讼上成为问题的事件的社会性、文书的内容等各方面的因素比较衡量之结果，仍可否定其为自己使用文书。另外，对

---

① 该判例同时认为本件之调查报告书亦不符合除外文书中的记载有职务上应知晓的默秘事项文书之要件。理由是：民诉法第 197 条第 1 款第（二）项所定"应默秘事项"乃指一般人不知晓的事实当中，受本人委托之律师等遂行事务时应予秘匿之事项。默秘事项之有无不应从主观的利益之角度去判断，而应从客观上看其是否具有值得保护的利益。本件文书乃基于有法令上根据之命令记载调查结果之文书，并未记载与破产保险公司旧职员经营责任无关系之个人隐私等事项。被命作成文书乃保险管理人为公益执行职务，本件文书的作成亦乃调查委员会为公益进行调查之结果。鉴于律师、特许会计师只不过是作为委员为公益而作调查，本件文书所记载之事实，从客观上看并无基于秘匿而值得保护之利益。参见［日］渡边昭典：《破产公司の调查委员会の调查报告书の文书提出义务》，载《民商法杂志》（第 132 卷）2005 年第 6 期；［日］杉山悦子：《文书提出命令に关する判例理论の展开と展望》，载《ジュリスト》，No. 1317（2006 年 8 月）。

于事实报告文书，虽也应在比较衡量之基础上判断其是否为自己使用文书，但与记载意思决定过程的文书相比，应在更广的范围否定排他的使用，从而否认其为自己使用文书。①

在我国台湾地区的民事诉讼中，一般性义务文书乃作为第344条第1款第（五）项"就与本件诉讼有关之事项所作者"之文书即"相关文书"予以规范。依该项条文之"立法理由"，当事人之间实体上的及程序上的法律关系、争点、攻击或防御方法，均属于与本件诉讼有关之事项。为保障当事人或就文书内容之使用有利害关系之第三人之隐私或业务秘密，避免其因"相关文书"之提出而遭受重大损害，同条第2款将"文书内容，涉及当事人或第三人之隐私或业务秘密，如予公开有致其受重大损害之虞"作为一般性义务文书之除外事由。学者认为，一般性义务文书乃为因应现代型纷争之证据偏在、谋求纷争解决之实效而增订，故于"相关文书"应作限缩解释，认为于一般事件应仅承认个别义务文书为义务文书，而作为一般性义务文书之"相关文书"则不能作为义务文书，以避免举证人之过分期待。② 依同"法"第348条之规定，"相关文书"若为第三人持有时，除外

---

① 参见［日］竹下守夫：《新民事诉讼法と证据收集制度》，载《法学教室》1997年第2期；［日］伊藤真：《文书提出义务と自己使用文书の意义》，载《法学协会杂志》1997年第12期；［日］高桥宏志：《证据调べについて》（十），载《法学教室》2001年第9期；［日］小岛武司、小林学：《基本讲义民事诉讼法》（上），信山社2006年版，第195—196页。

② 我国台湾地区"民诉法"第344条修正理由为：随着社会经济状况之变迁，公害、产品制造人责任及医疗事故损害赔偿等现代型纷争与日俱增，于某诉讼中不乏因证据仅存在于当事人之一方致他造当事人举证困难之事情发生，例如为举证被害之因果关系或可归责之原因，必须知悉企业所持有之关于形成公害或产品瑕疵过程之文书，或为举证医疗过失，必须知悉医疗机构所持有之患者诊疗病历等，故有扩大当事人文书提出义务范围之必要，爰修正原条文第（四）项之规定，使当事人就其实体及程序上法律关系、争点、攻击或防御方法等与本件诉讼有关之事项所作之文书均负有提出义务。参见姜世明：《文书提出义务之研究》（上），载《万国法律》2001年第6期；姜世明：《新民事证据论》，台湾学林文化事业有限公司2004年版，第34—38页。

事由除前述文书记载有"涉及当事人或第三人个人隐私或业务秘密事项"外，记载有第 306 条、第 310 条所定证言拒绝事项之文书亦为文书提出义务之除外文书。

如上所述，德国、日本及我国台湾地区等大陆法系国家或地区民诉立法虽为谋求裁判真实与当事人之间的实质平等而将文书提出义务予以一般义务化，但与此同时，为避免文书之提出而使文书持有人或相关主体之隐私、业务秘密、职业秘密等秘匿利益及意见形成之自由遭受损害，于一般性义务文书多设有若干除外事由，以作为文书提出义务之例外。并且从德国及我国台湾地区民诉法之相关规定中①可以看出，文书所记载之内容若涉及证言拒绝事项，文书持有人亦可拒绝提出，② 从而使得第三人之文书提出义务范围显然要小于当事人文书提出义务之范围。这主要是因为第三人并非民事纠纷主体，也不享有裁判上的利益，其所负之事实解明责任理应轻于作为纷争主体之当事人，第三人文书提出义务之设定即体现了此一要义。

就我国现行民诉法而言，文书持有人于何种范围内负文书提出义务虽未为立法所明定，不过依民诉法第 64 条第 2 款前段"当事人及其诉讼代理人因客观原因不能自行收集的证据……人民法院应当调查收集"以及第 65 条第 1 款"人民法院有权向有关单位和个人调查取证，有关单位和个人不得拒绝"之反面解释可以推论，不负举证责任之当事人或第三人所持有之文书只要为

---

① 日本民诉法虽未如德国民诉法区分规范当事人及第三人文书提出义务之范围，但应看到，日本民诉法第 220 条第 4 款中的除外文书中的第（一）项及第（三）项文书所涉内容本身即与其第 196 条、第 197 条所规定的证言拒绝事项相当，这同样体现了对持有文书的第三人正当利益之尊重。

② 证言拒绝事项作为第三人文书提出义务之除外事由，不仅体现了立法对第三人秘匿利益之保护及对人伦价值之尊重，也与证人义务相因应，契合平等保护原则，盖第三人居于证人之地位能就特定事项享有证言拒绝权，其居于文书持有人之地位就同一事项反而不能免除文书提出义务，势必难期事理之平。

举证人作为证据方法予以援用且在客观上不能由举证人依己之力获取时，文书持有人即负将其作为证据方法提出于法院之义务。至于该文书是否涉及文书持有人之个人隐私、商业秘密等秘匿利益则在所不问。《证据规定》第 17 条所列"符合下列条件之一的，当事人及其诉讼代理人可以申请人民法院调查收集证据：……（二）涉及国家秘密、商业秘密、个人隐私的材料……"之规定即足以佐证上述论断成立。毋庸讳言，我国现行法已将文书提出义务设定为绝对性的一般义务，认为文书作为证据方法只须于法院之证据调查有所助益，文书持有人即负提出义务。这样固能最大限度地保证案件真实与法院裁判之适正作出，唯显而易见的是，在某些情形下，上述效果乃以牺牲文书持有人之秘密利益与损害文书作成之意思自由为代价才实现的。此种制度安排即便在文书提出义务已实现一般义务化的域外立法背景下亦难认其具有正当性。因此，将来修正民诉法时显应摒弃此种立法观念，借鉴域外立法通例，将涉及文书持有人或其他相关主体之秘匿利益及其他正当利益事项之文书排除在文书提出义务之外，并且针对文书持有人为第三人还是不负举证责任之当事人而作不同范围之设定，借以调和真实发现与对秘匿利益的保护和对其他正当利益之尊重之间的内在冲突。

第三节　文书提出义务存否之审理与裁判

在德国、日本及我国台湾地区等大陆法系国家或地区民事诉讼中，当事人或第三人履行文书提出义务通常乃由举证人向法院申请文书提出命令而启其端绪。[1] 法院经审查若认举证人之申请

———————————

① 在德国，法官根据其民诉法第 142 条依职权发布文书提出命令而无待举证人之申请乃为例外，为避免不合法之摸索，法院仅在举证人之陈述具有正当且充分之基

正当，并且文书持有人负文书提出义务，则法院即裁定发布文书提出命令。

一、举证人之申请应载明之事项

依德国民诉法第 424 条、日本民诉法第 221 条及我国台湾地区"民诉法"第 342 条之规定（《证据规定》第 18 条亦可参照），举证人关于文书提出命令之申请须具体表明下列事项：（1）文书的标示，即文书的名称，作成之年、月、日，作成者。（2）文书之趣旨，即记载于文书的内容概略、要点。文书的标示与文书的趣旨相结合即能特定何种文书须由文书持有人提出。[①]文书特定化须达到文书持有人能从形式及内容识别文书的程度。（3）文书的持有人，即对文书有支配权或处分权的主体，具体指能基于自己的意思与判断决定文书提出之人。（4）文书所应证明的事实，即能从文书记载的内容合理推认出的事实。文书所应证明的事实与文书记载之内容相结合即可使法院具体地判断该文书作为证据方法是否具有证明重要性及证据调查之必要性。此外，为避免举证人经由摸索证明获取不正当利益，举证人就文书所应

础之情形下始发文书提出命令。在我国民事诉讼中，义务文书乃由举证人申请法院调查收集，而非由文书持有人依文书提出命令提出于法院。参见《证据规定》第 16 条，2007 年 10 月 28 日修正的我国民诉法第 179 条第 1 款第（五）项。不过，举证人之申请一如域外民诉法所规定的文书提出命令之申请亦具有证据声明之性质在解释上应无疑义。

　　① 文书特定之机能有以下三个方面：第一，使文书持有人识别举证人申请的文书为何种文书；第二，与文书提出义务之原因相结合，能使法院判断该文书作为证据是否与待证事实具有关联性以及对其进行调查有无必要性；第三，可作为法院于文书持有人不遵从文书提出命令提出文书而对其课以证据评价上的不利益之资料。第一种机能关涉文书持有人之利益，后两种机能攸关法院证据判断上的利益，具有公益性。参见［日］高桥宏志：《书证的申出——文书特定程序》，载吉村德重先生古稀纪念论文集《辩论と证据调べの理论と实践》，法律文化社 2002 年版，第 345页。

证明之事实须具体地表明，而不能仅仅抽象地提示证明主题。（5）文书提出义务之原因，即文书持有人对该文书负提出义务之根据，为方便法院判断文书提出义务是否存在，举证人应具体地表明文书持有人乃是基于何种根据负提出义务或者该文书乃属于何种义务文书。

依日本民诉法第221条第2款之规定，举证人以第220条第（四）项所定之一般义务文书作为所申请之文书提出命令的对象文书时，除应表明上述五项事实外，还应表明依文书提出命令获取该文书有其必要性。其立法目的在于：文书提出命令作为书证声明之一种方法，乃依文书提出命令强制他人提出证据以代替举证人之证据提出，故于举证人，应先为证据收集、提出之努力，仅于证据收集手段已尽时作为补充性的证据收集手段方可依文书提出命令要求他人提出证据。若不经由文书提出命令即能从文书持有人手中获取文书，而仍利用文书提出命令，于文书持有人未免过酷。譬如，举证人根据法令能够要求机构交付登记簿等文书的副本或抄本，在此情形下，举证人即不能向法院申请文书提出命令要求机构交付登记簿。而第220条第（一）项至第（三）项所定个别义务文书则并不强调此"必要性"要件，这是因为个别义务文书于举证人而言，存在特别的利益，有当然提出之必要，自无须由法院另作判断。①

二、文书特定负担之减轻

如前所述，文书提出命令既以特定的文书为对象，文书之特定对于举证人之申请即不可欠缺。不过，我们同时应看到，举证

---

① 参见［日］新堂幸司：《新民事诉讼法》（第3版补正版），弘文堂2005年版，第551页；［日］小室直人等：《新民事诉讼法》（Ⅱ），日本评论社2003年版，第213页。

人请求提出的文书既然不在自己手中而为对方当事人或第三人所持有，对于该文书，举证人即便知道谁为持有人，其关于文书的标示及趣旨亦未必一定明了。此种情形于证据构造性地偏在之诉讼尤为显著，如制造物责任诉讼，产品设计图、实验报告书等即仅为制造者所拥有，消费者难见这些证据。上述场合，举证人文书提出命令之申请即因不能特定文书之标示及记载内容而可能被法院以欠缺申请要件为由予以驳回。举证人依文书提出命令而获取于己有利之证据即无可能。① 为缓和文书的标示与趣旨须特定这一要件以广开证据收集之途，1996 年修正的日本新民诉法增设了要求文书持有人为必要协助之文书特定之程序。依日本民诉法第 222 条之规定，举证人向法院申请文书提出命令，若表明文书的标示与记载内容有显著困难，则表明能让文书持有人识别所涉文书之事项以代替前述事项即为已足。在此种场合，举证人须同时申请法院要求文书持有人表明文书的标示与内容，法院除认举证人的文书提出命令无理由外，应要求文书持有人表明文书的标示与内容。我国台湾地区修正后的"民诉法"第 342 条第 3 款亦有类似规定。②

　　在解释上，具体表明文书的标示及记载内容有显著困难一般

---

① 参见［日］高桥宏志：《证据调べについて》（八），载《法学教室》2001 年第 5 期。

② 与日本法规定不同的是，我国台湾地区"民诉法"并未规定申请人应表明替代事项，亦未规定文书持有人应为必要之协助。该款新增之立法理由为：于公害、产品制造人责任、消费者保护及医疗事故赔偿等现代诉讼中，文书资料通常仅存于当事人之一方，并遭严密管理中，故他造几乎不可能获取该文书资料，因而，当事人之一方依本条第一款规定声请法院命持有文书之他造提出文书时，如一律令其表明应命提出之文书及其内容，有时确有困难，为贯彻当事人诉讼资料使用平等原则及便于发现真实并整理争点，以达到审理集中化之目标，爰增订第（三）款，明定声请文书提出命令之声请人，就声请应命提出之文书及其内容之表明显有困难时，法院于衡量实际情形，认为适当者，得命他造为必要之协助。

乃指申请人即使作了合理的且能被期待的努力亦难特定文书,①
在代替事项的解释上,日本最高法院于平成 13 年（2001 年）所
作之判例认为,于文书持有人,这些事项若能表明,其不需要不
相当的时间与劳力即能识别所申请的文书或者能将该文书与包含
该文书的文书组群中的其他文书区分开来。② 不过,日本有学者
认为,识别性的要件亦为相对的,文书持有人能否不需要不相当
的时间与劳力识别对象文书,应依申请人为特定文书所作努力之
程度、文书持有人所拥有的文书情报量,申请人与文书持有人之
间的关系或纷争之经过等而作不同之判断。③

在解释论上最大的问题是,由于日本立法并未就文书持有人
不为协助（向法院表明文书之标示与记载内容）设制裁规定,故
文书持有人不遵法院之命令开示文书将生何种效果? 在日本,立
法者的见解是,文书特定程序乃是基于文书的标示及趣旨不充分
也即不能特定而加以利用,文书持有人拒绝为必要之协助时,此
一状况即未见任何改观。因此,法院应以文书特定性要件之欠缺
认定文书提出命令不合法而驳回举证人之申请。④ 日本学说上对
上述见解多持批判态度,认为文书特定程序若欠缺实效性,则应
对证据偏在及扩大文书提出义务之立法意图即不能实现,况且,
文书提出命令（文书特定程序）既在对立的双方当事人之间加以
利用,若缺乏制裁效果,文书持有人不协力开示即可以想见,因
此在解释上应赋予与其相应的制裁效果。具体来讲,文书持有人
若不为文书之开示时,法院应综合考虑文书提出命令申请的内

---

① 参见［日］小室直人等:《新民事诉讼法》（Ⅱ）,日本评论社 2003 年版,
第 214 页。

② 参见［日］高桥宏志:《书证の申出——文书特定程序》,载吉村德重先生古
稀纪念论文集《辩论と证据调べの理论と实践》,法律文化社 2002 年版,第 344 页。

③ 同上书,第 345 页。

④ 同上。

容、该文书的证据价值及经由其他手段获取该文书情报的可能性等各种因素，依举证人之大致特定的申请，发布文书提出命令。① 日本最高法院与学说持同一立场，其于平成 13 年（2001 年）2 月 22 日所作之判例即认为举证人关于"特定的会计监查之监查笔录"之文书标示已达文书特定之程度。②

三、文书提出义务证明（释明）责任之承担

法院发布文书提出命令须以存在文书提出义务之原因事实为前提。关于该事实之证明（释明）责任应由举证人承担还是由文书持有人承担因文书提出命令之对象文书为个别义务文书还是一般性义务文书而有所不同。③ 在个别义务文书，依德国民诉法第 424 条第（五）项后段及第 430 条之规定，举证人应对当事人或第三人负文书提出义务之原因事实予以释明。我国台湾地区"民诉法"第 342 条、第 347 条之规定亦同此旨。日本民诉法对于文书提出义务原因事实之证明责任应由谁承担并未作出明确规定，但就个别义务文书而言，由举证人就文书提出义务之原因事实承担证明责任乃学说上之一致见解。

在一般性义务文书，依德国民诉法第 142 条第 2 款之规定，持有文书之第三人若以文书之提出对其属于不可期待的为由拒绝提出

---

① 参见 ［日］伊藤真：《民事诉讼法》（第 3 版），有斐阁 2004 年版，第 371 页。

② 参见 ［日］新堂幸司：《新民事诉讼法》（第 3 版补正版），弘文堂 2005 年版，第 552 页。

③ 在我国的民事诉讼中，依民诉法第 64 条第 2 款之规定，当事人因客观原因不能自行收集的文书，文书持有人皆负提出义务，立法并不区分其为个别义务文书还是一般性义务文书而作不同规定。不在举证人手中之文书是否为法院依举证人申请而进行调取之对象，仅依该文书是否属于当事人不能自行收集的文书而断。故举证人申请法院调取文书，不仅应表明文书须由法院调查收集的原因，且对该原因事实的存在承担证明责任，此从《证据规定》第 18 条之反面解释中亦可推断出这一结论。

文书时，则举证人须释明第三人提出所持有之文书于其并非不可期待，也即举证人应对文书不属于"不可期待之文书"尽释明之责。[①] 若第三人以文书记载有证言拒绝事项作为拒绝提出文书之事由，依同条准用第 386 条、第 390 条之规定，第三人应对此原因事因之存在予以释明。依我国台湾地区"民诉法"第 344 条第 2 款之规定，持有文书之当事人或第三人以文书涉及其"个人隐私或业务秘密"为由拒绝提出文书时，举证人应对该事由之不存在予以释明。依第 348 条准用第 306 条至第 310 条之规定，持有文书之第三人若以文书记载有证言拒绝事项为由拒绝提出文书时，则其应对此事由之存在负释明责任，此点与德国法之规定相同。[②]

　　日本在学说上关于一般性义务文书提出义务之原因事实的证明责任应由谁承担一直存在争议。立法者认为，第 220 条所定一般性义务文书乃以其不存在除外事由作为文书提出义务之成立要件，该除外事由之不存在应由举证人承担证明责任。此亦为日本学界通说所持之见解。[③] 有学者则认为，文书提出义务既为一般性义务，与证人义务具有同一性质，关于一般性义务文书之除外事由的存在应准用民诉法第 198 条关于证人应就拒绝证言之事由

----

① 依德国民诉法第 142 条之规定，法院依职权命令当事人提出其所占有之文书时，当事人并不享有类似第三人之文书提出拒绝权，故举证人申请法院依第 142 条命令对方当事人提出文书时，似乎并不涉及对文书提出义务原因事实之释明。

② 因证人义务从性质上讲为一般性证据协力义务，故证人证言拒绝权具有公法上的抗辩权之性质，证人主张证言拒绝事由之存在乃抗辩权之行使，因此，证人应对该抗辩权存在之事实负释明之责。持有文书之第三人主张文书记载有证言拒绝事项在性质上与证人主张证言拒绝事由相同，亦为公法上抗辩权之行使，故第三人应对文书提出拒绝权事项之存在予以释明。依德国民诉法第 142 条准用第 307 条之规定，第三人是否尽释明之责由法院于讯问举证人后以中间判决之形式作出裁判，不服此中间判决，可以提起即时抗告。依我国台湾地区"民诉法"第 348 条准用第 310 条之规定，法院于讯问当事人后以裁定形式裁判文书提出拒绝权事由是否正当，对此裁定亦可提起抗告。

③ 参见［日］松本博之、上野泰男：《民事诉讼法》（第 4 版），弘文堂 2005 年版，第 420 页。

予以释明之规定，由文书持有人负证明责任。① 另有学者主张，是否存在一般性义务文书除外事由之情报几乎总为文书持有人一方所掌握，要求举证人一方知晓该情报并进行详细的主张立证几无可能，故为减轻举证人之证明负担，举证人关于不存在除外文书之事由仅进行概括地主张与大体地证明即可，符合任一除外事由的具体基础事实则应由文书持有人积极地主张立证，举证人只需就其不存在予以反驳。②

四、文书提出义务存否之判断程序

文书提出命令虽以"命令"之文义行之，但其在性质上乃证据裁定之一种，故法院判断文书提出义务是否存在应适用裁定程序。③ 又文书提出与否对当事人的诉讼活动有重大影响，故应保障文书持有人于法院裁判之前有陈述意见进行辩论之机会。依德国民诉法第 426 条规定，文书持有人若对举证人之文书提出命令申请存在异议，法院应对其进行讯问，以保障文书持有人之辩论权。法院在听取文书持有人陈述的基础上方能判断文书提出义务是否存在。依日本民诉法第 223 条第 1 款之规定，文书持有人若为当事人时，法院判断文书提出义务是否存在应践行言词辩论程序；依同条第 2 款之规定，文书持有人为第三人时，法院必须讯问该第三人，并在

---

① 参见［日］小室直人等：《新民事诉讼法》（Ⅱ），日本评论社 2003 年版，第 216 页。

② 参见［日］门口正人编集代表：《民事证据法大系》（第 4 卷），青林书院 2005 年版，第 179 页。

③ 因文书提出命令之申请乃证据声明之一种，故法院判断文书提出义务存否之前，应先审查该文书所应证明之事实是否重要及该文书作为证据方法有无调查之必要性。应证事实之重要性须根据原告的主张与被告的陈述是否于裁判之作出具有决定意义而为判断。在法院就该文书所应证明事实之反对事实已得足够之心证，再调查该文书即为多余以及该文书与所应证明事实无关联性等场合，即可认无证据调查之必要。参见 Jauernig, Zivilprozeβrecht, s. 201, 25. Aufl, 1998.

此基础上作出裁判。① 我国台湾地区"民诉法"第 343 条、第 347 条亦有类似规定。因法院判断文书提出义务是否存在并非践行证据调查，故法院不能命文书持有人提出对象文书以为判断之资料，法院仅能基于举证人与文书持有人所主张的文书提出义务之原因事由与证据，作出文书提出义务存否之判断。

依日本民诉法第 223 条第 6 款之规定，法院于判断一般性义务文书之除外事由是否存在时，可以要求文书持有人提示对象文书，在此场合，任何人都不能要求开示所提文书，仅能由法官直接阅览该文书以审查其有无除外事由之存在。② 该程序被日本学

---

① 日本民诉法第 223 条第 3 款、第 4 款、第 5 款就法院关于公务文书提出义务存否之审查作了特别规范。其内容是：举证人以公务文书作为文书提出命令之对象文书时，法院于判断该文书是否属于公务文书之除外文书（公务秘密文书与刑事事件关系文书）时，除已确实明了文书提出命令无理由外，应先听取有关监督官厅的意见。监督官厅陈述此文书属于除外文书之时，必须说明理由，当监督官厅以下列事项为由陈述该公务文书属于除外文书之时，法院仅能以监督官厅之意见是否相当为基础来判断公务文书提出义务是否存在：其一，文书的提出将有危害国家安全、损害与他国或国际机构间信赖关系之虞，或者有遭受与他国或国际机构交涉上的不利益之虞；其二，文书的提出将使犯罪预防、镇压或搜查、公诉的维持、刑罚的执行及其他公共安全与秩序之维持产生障碍之虞。更有甚者，文书若涉及文书持有人以外的第三人的技术或职业秘密事项，除监督官厅陈述该文书属于除外文书外，应先听取该第三人的意见。如此安排之目的，在于确保法院能适正地判断该公务文书是否属于公务秘密文书，维护非文书持有人的第三人的利益。学者认为，法院在判断依命令所提出之公务文书属于公务秘密文书与否之前，先听取监督官厅的意见是因为监督官厅对公务员守密义务依法（国家公务员法第100 条第 2 款）有解除权，并且由于监督官厅对文书所记载事项是否符合"公务员职务上秘密"知之最详，法院听取监督官厅之参考意见，有助于裁判之适正。因高度公务秘密文书需要作专门的、政策的判断，故法院应尊重监督官厅的第一次判断权。参见［日］小林秀之、原强：《民事诉讼法》（第 3 版），弘文堂 2005 年版，第 156 页。

② 因文书是否属于作为一般性义务文书除外事由的刑事事件关系文书，法官能从外观上、依形式上的基准（文书的标示及趣旨）作类型的判断，故刑事事件关系文书不能作为ィンカメゥ程序之适用对象。参见［日］伊藤真：《实验对象讲座民事诉讼法》，弘文堂 2005 年版，第 379 页。我国台湾地区"民诉法"第 344 条第 2 款规定："法院为判断其（指同条第 1 款第（五）项所规定之文书）有无拒绝提出之正当理由，必要时，得命其提出，并以不公开方式行之。"该项规定与日本民诉法第 223条第 6 款有些类似。

者称为"ィンカメ ゥ审理程序"（即秘密审理程序），其设置目的在于使法院能够适正且迅速地判断一般性义务文书之除外事由是否存在。之所以强调仅能由法官阅览该文书，乃是因为若所提示之文书亦向举证人开示，民诉立法设一般性义务文书之除外事由以谋求对文书持有人之秘密予以保护之立法趣旨的实现即会被阻却。[①]

因秘密审理程序仅为法院判断一般性义务文书之除外事由是否存在而实施的程序，故法院利用其判断对象文书有无证据调查收集之必要性是不被允许的。不过，学者间有争执的是，法官经由阅读所提示之文书，若认为该文书与要件事实并无关联性，其是否能以该文书作为证据方法已无必要性为理由驳回举证人之文书提出命令申请。对此，否定说认为，秘密审理程序仅乃为方便法院判断一般性义务文书除外事由之有无而设的程序，法院即便利用该程序判断出所提示并且阅览之文书作为证据方法缺乏调查之必要性，其亦不能以此为理由驳回举证人之文书提出命令之申请。肯定说则认为，法院关于证据调查必要性之判断与除外事由有无之判断并不能截然分开，法官阅览该文书之结果得出对其进行证据调查有无必要性的判断乃自然而然之事，法官若认对象文书已无证据调查之必要性，纵认除外事由不存在而下达文书提出命令亦实乃徒劳之举。应该认为，否定说从立法目的上看虽为正当，但仍以肯定说为妥当。[②]

因利用秘密审理程序阅览对象文书之结果，使得法官于明了一般性义务文书除外事由存否之同时，可能形成关于诉讼标的根据之事实存否之证据评价，因而假若该文书作为证据方法未被法

---

　　① 参见〔日〕小室直人等：《新民事诉讼法》（Ⅱ），日本评论社2003年版，第218页。

　　② 参见〔日〕三木浩一：《文书提出命令の申立ておよび审理程序》，载三木浩一、山本和彦：《ロースクール民事诉讼法》，有斐阁2005年版，第554页。

院采用，法院在事实上依该文书形成心证的危险便会存在，故学者大多主张法院利用该程序判断文书提出义务是否存在应予以慎重。① 更有学者指摘秘密审理程序事实上侵害了当事人所享有的证据调查在场权。②

就举证人申请法院调查收集证据之申请而言，法院应依何种程序予以审查，我国现行民诉法并未明确规定，依《证据规定》第 19 条第 2 款"人民法院对当事人及其诉讼代理人的申请不予准许的，应当向当事人或其诉讼代理人送达通知书"之规定，不难推断，在我国民事诉讼中法院对当事人之申请仅乃单方书面审查而非依裁定程序予以审理并作出判断，文书持有人（即被调查人）无论为对方当事人还是第三人，均未赋予其陈述意见进行辩论之机会。此种处置不仅难以确保法院作出适正之决定，于文书持有人程序参与权之保障更是失之周全，自非妥适。因此，应当借鉴域外法之规定，法院在审查判断是否应依申请调取书证时，应赋予持有该文书的第三人或当事人陈述意见的机会。

五、文书提出义务存否之裁判及其救济

依大陆法系民诉立法之通例，法院经由对举证人之文书提出

---

① 参见［日］小室直人等：《新民事诉讼法》（Ⅱ），日本评论社 2003 年版，第 218 页；［日］小林秀之：《新证据法》（第 2 版），弘文堂 2003 年版，第 309—312 页。

② 参见［日］新堂幸司：《新民事诉讼法》（第 3 版补正版），弘文堂 2005 年版，第 551 页。日本东京高等法院于平成 10 年（1998 年）7 月 16 日所判事案中首次利用了秘密审理程序。法院为判断被原告 X 控诉侵犯其专利权的被告 Y 的试验方法是否属于构成一般性义务文书除外事由的"技术或职业秘密文书"，依秘密审理程序阅读了 Y 所持有之该文书，并以 Y 的试验方法与 X 的专利不同且文书记载有 Y 的技术或职业秘密为由，驳回了 X 的文书提出命令申请，并于最后裁判时以此为根据驳回了 X 的诉讼请求。有学者认为，法院在该事案之判决过程中不仅早已形成了心证，且牺牲了 X 的陈述意见之机会，故存在程序上的瑕疵。参见［日］小林秀之：《ケースで学ぶ民事诉讼法》，日本评论社 2005 年版，第 223 页。

命令申请之审查，若认文书提出义务存在时，则以裁定命文书持有人提出文书或指定举证人提出文书之期间。① 若认文书提出义务不存在时，则裁定驳回举证人之申请。② 法院就文书提出义务是否存在所作之裁定在性质上属于诉讼指挥之裁判，故举证人与文书持有人均不能对其独立提出抗告以声明不服，而仅可在对终局判决之上诉时一并予以责问。③ 不过，日本民诉法第 223 条第 7 款例外性地规定了当事人就文书提出义务之裁判能够提出即时抗告，依学者之解释，此乃为谋求文书提出义务存否之争执能够迅速地解决而设。④ 具体来讲，法院若以文书提出义务不存在为由裁定驳回举证人之申请，举证人可提出即时抗告。⑤ 法院若以文书提出义务存在为由裁定许可举证人之申请，作为文书持有人

---

　　① 参见德国民诉法第 425、428 条，日本民诉法第 223 条，我国台湾地区"民诉法"第 343、346 条。依德国及我国台湾地区民诉法之相关规定，举证人申请法院命令第三人提出的文书为交付或阅览文书时，因该等文书提出义务乃以私法上的请求权为基础，故举证人可针对第三人提出给付之诉以获取文书。因此，举证人向法院申请文书提出命令时，应同时申请法院确定其取得该文书之期间。法院若认举证人之申请有理由，即指定举证人取得该文书后提交给法院之期间，借以避免诉讼之不正当迟延。

　　② 在德国民事诉讼中，法院驳回举证人之申请可不作出裁定，于判决理由中谕示驳回之意旨即可。参见 Zeiss, Zivilprozeβrecht, s. 169, 9. Aufl, 1997.

　　③ Baur/Grunsky, Zivilprozeβrecht, s. 152, 10. Aufl, 2000.

　　④ 参见〔日〕小室直人等：《新民事诉讼法》（Ⅱ），日本评论社 2003 年版，第 218 页。

　　⑤ 日本旧法时代地方法院所作之裁判例认为，文书提出命令之申请乃书证声明的一种方法，证据调查必要性之有无乃专属受诉法院之裁判事项，法院若以文书欠缺证据调查之必要性为由驳回举证人申请，举证人不能独立不服。日本最高法院于平成 12 年（2000 年）3 月 10 日所作之判例亦持此见解，认为证据采否之判断从性质上讲专属受诉法院之裁判权，因其仅关涉证据调查必要性之有无而无关本案事件之审理，故即便由抗告法院对证据调查有无必要性作进一步审理亦存在事实上的困难。因此，法院以证据调查欠缺必要性为由驳回举证人申请时，举证人不能对其独立表示不服。参见〔日〕青山善充、菅野和夫：《判例六法》，有斐阁 2005 年版，第 1060 页；〔日〕门口正人编集代表：《民事证据法大系》（第 4 卷），青林书院 2005 年版，第 202—204 页。

之当事人或第三人则可以举证人为相对人提起即时抗告。在文书持有人为第三人之场合，举证人之对方当事人能否对法院所作许可举证人申请之裁定提起抗告，在日本学说上存在不同见解。肯定说认为，从法条上看，民诉立法并未对有抗告权之人进行限定，文书即便为第三人所持有，法院对其所进行之证据调查亦在举证人与对方当事人间进行，对方当事人就文书的记载内容多半亦存在利害关系，故应认对方当事人能够提起即时抗告。① 否定说则认为，法院关于文书提出义务是否存在的判断，与本案无涉而仅为举证人与文书持有人之间争执的问题，非为文书持有人的本案当事人即便就文书内容具有利害关系也不过为事实上的，故不能认其享有即时抗告权。② 日本最高法院于平成 12 年（2000年）12 月 14 日所作之判例对此亦持否定见解，认为就法院所作之裁定，被命令提出文书的文书持有人以及被裁定驳回申请的举证人以外的人均没有抗告利益，即便为本案之当事人，亦应理解为不能提出即时抗告。③

　　就我国民事诉讼而言，依《证据规定》第 19 条第 2 款之规定，当法院认为举证人之申请没有根据时，应以通知书之形式驳回举证人之申请。对法院所作决定不服的，举证人及其诉讼代理人可以在收到通知书的次日起三日内向受理申请的人民法院书面申请复议一次。从该项司法解释之内容来看，其虽允许举证人就法院所作决定寻求进一步的救济，但如前所述，在诉讼法理上，法院关于当事人之证据调查申请而作之决定具有诉讼指挥之性

---

　　① 参见 ［日］小室直人等：《新民事诉讼法》（Ⅱ），日本评论社 2003 年版，第 219 页。

　　② 参见 ［日］伊藤真：《民事诉讼法》（第 3 版），有斐阁 2004 年版，第 381 页。

　　③ 参见 ［日］门口正人编集代表：《民事证据法大系》（第 4 卷），青林书院 2005 年版，第 200 页；［日］青山善充、菅野和夫：《判例六法》，有斐阁 2005 年版，第 1060 页。

质，因而并不能由举证人以及相对人对其独立表示不服。即便日本民事诉讼法承认举证人或文书持有人对法院所作裁判享有即时抗告权，其亦仅以文书提出义务存否之判断作为抗告之事项。《证据规定》第 19 条未区分事案类型而一律允许举证人能对法院之决定申请复议，诚非妥适。

第四节　文书提出义务不履行之效果

如上所述，文书提出义务乃文书持有人对代表国家之法院所尽之公法上的协力义务，而非对举证人之私法上义务，故文书持有人不依文书提出命令向法院提交义务文书时，举证人不能以文书提出命令作为执行名义申请法院对文书持有人强制执行。为确保文书提出义务之切实履行，使文书提出命令制度充分发挥其实效，并因应文书提出义务之公法义务性质，大陆法系民诉立法殆皆明定不履行文书提出义务之文书持有人应遭受一定公法上的制裁。此种公法上的制裁因文书持有人为当事人还是第三人而异其内容。

我国现行民诉法所定文书提出义务虽然于具体履行方式上与大陆法系民诉立法之规定有所不同，但并不能否认其所具有的公法上义务之性质，故文书持有人不向调取证据的法官提交文书时，法院亦不能对其予以强制执行（亦无执行依据）。从民诉法第 103 条及相关司法解释的规定来看，在我国民事诉讼中，文书持有人不履行文书提出义务所生之诉讼法上效果基本上与德国、日本及我国台湾地区等大陆法系国家或地区民诉立法例同一。

一、当事人不履行文书提出义务之效果

就当事人而言，由于其违反证据协力义务不提出义务文书殆乃为谋求裁判上的不正当利益。为发挥制裁之实效并借以调整当

事人间证据利益之归属，德国、日本及我国台湾地区等大陆法系国家或地区的民诉立法概将当事人对文书提出义务之违反视为证明妨害行为之一种，规定由法院直接课该当事人以裁判上的不利益。在德国、日本及我国台湾地区等大陆法系国家或地区之旧法时代，此种裁判上的不利益表现为：法院认定举证人关于文书本身的主张为真实。所谓关于文书本身的主张为真实，乃指举证人关于文书的性质、内容及形式上证据力的主张为真实。至于依其能否推断作为证明主题的要件事实存在，则由法官依自由心证，根据具体案情作出判断。一般而言，持有文书之当事人违反文书提出义务所受之证据评价上的不利益仅应止于由法院认定举证人关于文书本身的主张为真实，而不及于其所证明之事实。这是为了防止举证人取得超过文书若被提出所得之利益反致当事人间新的不公平之产生。盖文书持有人若依命令提出其所持有之文书，法院对其进行证据调查之结果并不一定认定举证人所主张的以该文书作为证据方法而证明之事实为真实。[①] 若法院直接认定应证明之要件事实为真实，于举证人而言，在客观上将会造成文书不被提出比文书被提出对其更为有利之不合理结果，此自难谓妥适。

不过，于证据偏在的现代型诉讼，上述证据评价上的不利益对于违反文书提出义务之当事人而言，则难期发挥制裁实效。因为，就证据偏在性诉讼来看，举证人往往被隔绝于应证明的事实关系之外而不能知晓文书记载之内容，在此情形下，其通常仅能

[①] 日本最高法院于昭和31年（1954年）9月28日裁判一事案，原告为证明其与被告之间所订立的契约合法成立而申请法院命令被告提出所持有的契约文书，被告不遵从文书提出命令，法院即认定原告关于文书为契约文书、契约当事人、契约内容及契约作成之时、日等主张为真实。但法院对应拟制为真实的事实依自由心证进行判断之结果，最后并未认定原告主张的契约成立这一事实存在。参见［日］伊藤真：《民事诉讼法》（第3版），有斐阁2004年版，第382页。

抽象地、不特定地主张文书记载之内容。倘于此场合亦仅拟制举证人关于记载内容之主张为真实，则无异于对违反文书提出义务之文书持有人不施加任何应有之制裁。为确保文书提出命令之实效性，发挥制裁应有之机能，日本新民诉法及我国台湾地区 2000 年修正后的民诉法均在将文书提出义务一般义务化之同时，将当事人不履行文书提出义务所受之不利益扩张至法院于一定情形下可以推认文书所应证明的要件事实本身为真实这一层面。[①] 依日本民诉法第 224 条第 3 款之规定，法院拟制作为证明主题的文书应证明之事实为真实须同时满足两项条件：其一，举证人关于文书的记载内容提出具体的主张存在显著的困难；其二，举证人依其他证据证明该文书所证明之事实有显著的困难。[②] 我国台湾地区"民诉法"第 345 条虽亦规定法院可认定举证人关于文书应证

---

　　① 德国 2000 年修正后的民诉法虽然扩大了当事人之文书提出义务之范围，但当事人违反文书提出义务所受之制裁仍一如旧法。依德国民诉法第 427 条之规定，当事人违反文书提出义务时，法院可以认定举证人提供的证书缮本为正确的证书。举证人未提出证书缮本时，举证人关于证书的性质和内容的主张，视为已得到证明。当事人不服从法院依第 142 条发布的文书提出命令提出文书于法院将遭受何种制裁，该条并未明确规定。学者在对其之解释上亦存在分歧，有主张当事人违背文书提出命令时仅可由法院依第 286 条将其作为言词辩论全意旨之一部分自由裁量评价，并不直接遭受证据法上的不利益；亦有主张当事人违背文书提出命令，不提出所持有之文书时，法院应类推适用第 427 条。Gehrlein, Zivilprozessrecht nach der ZPO-Reform 2002, s. 146, 2001.

　　② 在日本旧法时代，即有学者主张持有文书之当事人违背文书提出义务时，于一定场合，法院应将作为证明主题的应证事实拟制为真实，唯对于存在何种具体要件时即可拟制这一效果存在则并未作明确说明。日本东京高等法院于昭和 54 年（1979年）10 月 18 日所作之裁判例首次将文书不提出所受之裁判上的不利益扩张为应证明之事实为真实。其事案经过是：因航空自卫队战机坠落而死亡的飞行员之遗属，以事故乃因战机整备不完全引起为由，以国家为被告提起损害赔偿诉讼。原告为证明上述事实，申请法院命令被告提出由防卫厅保管的航空事故调查委员会作成的航空事故调查报告书，被告以其涉及国家机密为由拒绝提出，法院最后认定该文书所证明之事实也即事故乃由战机整备不完全引起为真实并判决原告胜诉。参见 [日] 石川明：《はじめて学ぶ民事诉讼法》（第 3 版），三岭书房 2002 年版，第 231 页。

之事实为真实，但并未如日本法那样同时规定法院课持有文书之当事人此一证据评价上的不利益所应具备之要件，而是仅规定"法院得审酌情形"作出判断。依我国台湾地区学者所作之解释，在举证人与文书之作成过程或文书之内容，于物理上或社会上相当接近，因而在客观上可期待该举证人知悉或可推察该文书所记载之具体内容等情形下，为避免举证人取得超过文书经提出后所可得之利益，致违反公平，于持有文书之一造，不服从文书提出命令时，应止于拟制举证人所主张之文书内容为真实，而不应拟制其主张之待证事实为真实。相反，在举证人与文书所记载之内容事实相距较远，而在客观上难以期待该举证人知悉或可合理推知该文书之具体内容等情形，宜认为得拟制举证人所主张之应证事实为真实，唯有如此始能对拒不提出文书者发挥有效制裁作用。[1]

若法院拟制文书应证明之事实为真实，其在解释上是否产生证明责任转换之效果？对此，学者见解不一。少数说认为其具有证明责任转换之效果。因此除非举证人之对方当事人能以本证明文书所应证明之事实不存在，否则法院即应认定文书所应证明之事实为真实。多数说则认为，拟制文书应证事实为真实仅为法院基于对证据的自由评价所得之结果，不具有证明责任转换之意义。故举证人之对方当事人提出反证使法院不能确信文书所应证之事实为真实，或者法院基于已有之证据调查结果与言词辩论的全部意旨，仍不能确信文书所应证之事实为真实时，即不许推认该事实为真实。[2]

我国现行民诉法虽然间接昭示了当事人应负一般性文书提出

---

① 参见许士宦：《文书之开示与秘匿》，载《台大法学论丛》2002 年第 4 期。

② 参见［日］门口正人编集代表：《民事证据法大系》（第 4 卷），青林书院 2005 年版，第 312—313 页。

义务，但并未同时规定当事人不提出文书于法院所应遭受之后果，故而使得当事人之文书提出义务沦为道德性义务，相关规范亦仅具训示意义。不过，最高人民法院发布的《证据规定》第75条则以司法解释之形式规定了当事人拒不提交文书应受之制裁。① 其内容是："有证据证明一方当事人持有证据无正当理由拒不提供，如果对方当事人主张该证据的内容不利于证据持有人，可以推定该主张成立。"对于该项司法解释的理解，以下几点有必要予以说明：其一，依该项司法解释后段之规定，法院课不提出文书的当事人以裁判上的不利益仅止于拟制举证人关于文书证据所记载的内容为真实，法院不能直接推认文书所应证明的事实为真实。根据前面的论述，此种证据评价上的不利益对于举证人未参与证据作成过程，因而在客观上不能具体地知晓文书所记载之内容等证据偏在性诉讼而言，难期发挥制裁实效。其二，法院课当事人此种裁判上的不利益时，须以文书持有人拒绝提交文书不存在"正当理由"为要件。因我国现行法上的文书提出义务乃无除外事由或拒绝提出事由的绝对的一般性义务，与域外民诉法上的一般性文书提出义务并不完全相同。故"正当理由"在解释上似应仅指文书持有人非因自己过失致使文书不为自己所持有这一情形。当然将来修正民诉立法时若将文书提出义务范围作若干限制，则文书持有人不提出文书之"正当理由"则应扩张及文书持有人无文书提出义务这一情形。

二、第三人不履行文书提出义务之效果

就持有文书之第三人而言，由于其并非民事纠纷主体，与法院裁判结果亦无直接利害关系，故民诉立法关于其违反文书提出

---

① 《证据规定》第75条之适用对象，并不以文书证据为限，尚包括其他证据方法，如物证、视听资料等。

义务所受之制裁之制度设计即不能与当事人违反文书提出义务所受之制裁相同。从各国或地区民诉法之规定来看，第三人不服从法院文书提出命令拒不提出其所持有之文书于法院，或拒绝法院向其调取文书时，法院可对其处以罚款、拘留等间接强制措施以为制裁乃为通例。

在德国，第三人不履行文书提出义务所生之效果因第三人所持有之文书为个别义务文书（举证人对第三人享有实体法上的交付或阅览请求权的文书）或一般性义务文书（法院依民诉法第142条命令第三人提交的文书）而有所不同。依德国民诉法第429条之规定，第三人不遵从文书提出命令提出其所持有之个别义务文书时，法院并不能直接强制第三人提出或对其处以公法上的制裁，而仅能由举证人以该第三人为被告向有管辖权之法院提起文书给付之诉，待取得确定之给付判决后再申请法院对第三人进行强制执行，以获取该文书。为此，举证人向法院申请文书提出命令时，须同时申请法院指定其经由另一诉讼获取第三人所持有的文书之期间。若举证人对第三人之文书给付之诉被法院判决驳回诉讼请求，或虽然胜诉但强制执行无效果时，举证人以第三人所持有之文书作为证据方法之证据声明行为即归于失败。德国法上的上述做法尽管对持有文书之第三人的权利保障程度相对较高，但不可忽视的是，由举证人另行提起文书给付之诉将不可避免地使正在系属中的当事人之间的诉讼归于迟延。此外，民诉立法既然已肯认第三人之文书提出义务乃第三人对法院所尽之公法上义务而非对举证人之私法上义务，第三人违背该项义务法院却又不能对其处以公法上的制裁，而仅能以举证人向第三人提起诉讼之方式获取义务文书，这不仅使得获取文书之途径迂回繁杂，且在理论上亦难给以圆满之解释。与上述处置不同的是，第三人不服从法院依第142条所发之文书提出命令则会遭受公法上的制裁。依第142条第2款后段关于第三人不履行文书提出义务准用

第 390 条证人强制作证的规范之规定可以推知，第三人违背文书提出命令时，法院可裁定对其处以罚款，第三人不能缴纳罚款时，法院则可裁定对其处以违警拘留以为制裁。对于该项裁定，第三人可以提起即时抗告以为救济。

依日本民诉法第 225 条之规定，第三人违背文书提出命令时，法院可裁定对其处以 20 万日元以下罚款（过料）以为制裁。因日本法仅允许第三人就法院所作的关于文书提出义务有无之裁定提起即时抗告，故第三人对于罚款裁定不能以文书提出命令自身违法、不当为理由提起即时抗告。① 根据我国台湾地区"民诉法"第 349 条之规定，第三人无正当理由不服从提出文书之命令时，法院可以裁定对其处以新台币 3 万元以下之罚款（罚锾）。此外，于必要时，法院可以裁定命对第三人进行强制处分。该项强制处分，准用其"强制执行法"关于物之交付请求权执行之规定而为执行。对于法院所作之裁定，第三人若有不服，可以提起抗告以为救济。强制处分为我国台湾地区"民诉法"所独有之制度。相比于罚款这一间接强制措施而言，依强制处分直接搜索第三人所持有之文书并予以扣押的确更具实效，但如前所述，第三人文书提出义务乃第三人对法院所尽之公法上义务，而非对举证人之私法上义务，以强制处分之裁定作为强制执行上的依据于诉讼法理实不相合。

依我国现行民诉法第 103 条"有义务协助调查、执行的单位有下列行为之一的，人民法院除责令其履行协助义务外，并可以予以罚款：（一）有关单位拒绝或者妨碍人民法院调查取证的……人民法院对有前款规定的行为之一的单位，可以对其主要负责人或者直接责任人员予以罚款；对仍不履行协助义务的，可

---

① 参见［日］门口正人编集代表：《民事证据法大系》（第 4 卷），青林书院 2005 年版，第 215 页。

以予以拘留；并可以向监察机关或者有关机关提出予以纪律处分
的司法建议"之规定可知，[①] 在我国民事诉讼法中，第三人拒绝
法院调取其所持有之文书乃妨害民事诉讼行为的一种。法院对其
可采取的措施有二：其一为责令第三人履行协助义务，也即令第
三人交出其所持有之文书；其二为对该持有文书之单位处以罚
款，并可对其主要负责人或直接责任人员予以罚款，如仍不提出
所持有之文书时，法院可进一步对其采取拘留措施。从法条所用
"并"之字眼来看，上述两种措施可以同时适用。不过，"法院
责令第三人履行文书调取之协助义务"并不具有强制性，依前述
文书提出义务乃公法义务这一诉讼法理，法院并不能直接解除第
三人对文书的占有以获取该文书。即便撇开前述诉讼法理不谈，
亦不能经由目的性扩张解释从"责令其履行协助义务"之文义中
得出法院可直接对第三人所持有之文书予以强制执行之结论。这
是因为，从某种意义上讲，法院强制扣押第三人所持有之文书乃
对第三人财产权之干预，依法律保留原则，其须由法律之明确授
权始可为之。依我国民诉法第 105 条之规定，法院所采罚款、拘
留等强制措施系以决定之形式为之。第三人对法院所作之罚款、
拘留之决定若有不服，可以向上一级法院申请复议一次以为救
济。不过，民诉法第 103 条所定罚款、拘留之适用对象仅及于作
为文书持有人之"单位"，于同为文书持有人之"个人"则并无
适用余地。立法作此安排，着实令人费解。盖持有文书之第三
人，或为"单位"或为"个人"，主体虽然不一，然其对法院所
应负之文书提出义务在性质上并无不同。民诉法第 65 条既然规
定有义务协助法院调取证据之主体包括"单位"和"个人"，作
为该项义务履行之保障措施，法院对违反此项义务之人处以罚

---

① 该条内容乃 2007 年 10 月 28 日修正后的民诉法之规定，与修正前的民诉法相
比，增加了拘留这一强制措施之适用。

款、拘留等间接强制措施以为制裁在适用对象上即应一并及于"单位"和"个人"。民诉法第 103 条所作之安排不仅有违平等原则，亦会损及文书提出义务履行之效果，殊失允当自不待多言。因为将来进一步修正时应不问单位、个人而将民诉法第 103 条之适用对象扩张于所有于法院之证据调查负有协助义务之第三人。

第四章　勘验协力义务

第一节　勘验概述

一、勘验之内涵与特质

1. 勘验之内涵

在德国、日本及我国台湾地区等大陆法系国家或地区的民诉立法中，勘验（Augenschein）乃与人证、当事人讯问、书证、鉴定并列而有的证据形式，故均设专节（目）予以规范（参见德国民诉法第二编第一章第六节第371—372条之一，日本民诉法第三章第六节第232、233条，我国台湾地区"民诉法"第二编第一章第三节第五目第364—367条）。依学者之解释，勘验，乃指法官基于自己五官之作用直接感知人或物的物理上之状态，并以其认识结果作为证据资料之证据调查。勘验依五官之综合作用为之，不以视觉为限，依听觉、嗅觉、味觉、触觉直接检查事物之性状、现象皆属于勘验。例如，在土地境界确定事件中，法官察看土地与境界线之状况乃以视觉勘验；噪音污染事件中，法官现场调查噪音程度乃以听觉勘验；恶臭污染事件，法官现场调查恶臭程度乃依嗅觉勘验；专利权侵害案件中，法官调查食品的味道，乃以味觉勘验；调查衣料的质地是否相同，乃以触觉勘验，诸如此类，不一而足。① 由此可知，勘验乃以法官对被调查对象的性质、形状的直接认识为内

---

① Schilken, Zivilprozeβrecht, s. 293, 3. Aufl, 2000；参见［日］斋藤秀夫：《民事诉讼法概论》，有斐阁1982年版，第315页；［日］小室直人等：《新民事诉讼法》（Ⅱ），日本评论社2003年版，第226页；庄柏林：《民事诉讼法概要》，台湾三民书局1986年版，第151页；陈计男：《民事诉讼法论》（上），台湾三民书局2002年版，第502页。

容，故其与以文书之记载及人的陈述所涉之思想内容为调查对象的书证与人证迥不相同。因而，以文书为调查对象之场合，以其笔迹、纸质为检查对象始为勘验；在人的场合，不以其陈述的内容，而以其容颜、声音等身体特征作为检查的对象时始为勘验。作为勘验对象的人或物即称为勘验标的物（Augenscheinsgegenstand）。其只需能为法官基于五官作用感知即可，为有体物、无体物、生物、无生物则在所不问，人的身体亦可作为勘验对象。

2. 勘验之特质

从某种意义上讲，法官进行勘验以外的其他任何一种形式的证据调查也须经由法官的五官作用进行事实上的判断，如在人证之场合（证人讯问、鉴定、当事人讯问），法官须聆听证人、鉴定人、当事人的陈述；在书证之场合，法官须阅览文书之内容。前者涉及法官听觉之作用，后者涉及法官视觉之作用。尽管勘验与其他形式的证据调查均离不开法官的五官作用，但勘验与其他形式的证据调查却存在构造上的根本差异。表现为：在勘验，法官乃直接认识勘验标的物，依自己之判断能力判断事实，① 并将其作为证据资料。

---

① 勘验，乃法官自己基于感觉作用认识勘验标的物，并适用与其相关的经验法则进行事实判断，因此，在欠缺特别的专门知识与能力即不能正确认识勘验标的物的场合，以及基于对勘验标的物之认识进行事实判断所必要的经验法则欠缺的场合，法官进行勘验即需要鉴定人在场进行协助。例如，法官检查病人的病情时，往往需要作为鉴定人的医生在场，提供有关病情之报告；法官勘验具有瑕疵的买卖标的物房屋时，通常需要作为鉴定人的建筑师在场，就瑕疵部分鉴定其修补之费用或应减少之价金；法官检查物的性状时，可能需要作为鉴定人的化学分析师就物的成分进行化学分析；等等。从德国、日本及我国台湾地区等大陆法系国家或地区民诉法的规定来看，法官进行勘验时，可依职权命令鉴定人进行鉴定而无须当事人申请。譬如，德国民诉法第 372 条第 1 款规定，受诉法院于勘验时，可命令鉴定人一人或数人参与；第 2 款规定，受诉法院可以委托其成员一人或委托其他法院进行勘验，也可以嘱托其指定参与勘验的鉴定人。日本民诉法第 233 条规定，受诉法院、受命法官或受托法官进行勘验，于认为必要时，可以命令鉴定。我国台湾地区"民诉法"第 365 条规定，受诉法院、受命法官或受托法官于勘验时得命鉴定人参与。鉴定人虽参与法官之勘验，但其仅为法官进行适切的事实判断提供必要的帮助，并非由鉴定人代替法官进行勘验，故而将来作为争点进行判断的仍是法官关于勘验标的物的事实判断，此与法官完全不参与场合下所行之单独鉴定有所不同。

而在其他形式的证据调查，无论哪种，均乃由法官以外之人先行作事实判断，然后再由其向法官传达。譬如，证人讯问与当事人讯问乃证人与当事人就其体验之事实所作之判断以陈述之方式向法官传达，书证乃文书作成人将记载于文书的关于事物之判断、记录、感想、意思、欲望（所谓"思想"），经由法官阅览文书之方式向法官表达，鉴定乃鉴定人将关于某一经验法则存否之判断及将其适用于具体的事实所得之事实判断以陈述之方式向法官传达。[1] 一言以蔽之，在勘验以外的其他形式的证据调查中，法官均是以他人所形成的事实判断作为认识的对象或内容，而就勘验而言，法官则是以自己直接感知到的关于勘验标的物之性质、状态为认识内容。由于勘验以外的证据调查，乃以法官对传达人（在证人讯问其为证人，在当事人讯问其为当事人，在书证其为文书作成人，在鉴定其为鉴定人）所形成的事实判断之认识作为证据资料，而在法官认识之前，传达人无论是对事物的认识还是在此基础上所形成的事实判断均存在发生错误的可能（也即传达过程中发生错误），故相比于勘验而言，其所得证据资料之证据力从经验法则上讲一般较弱。从诉讼理论上讲，勘验亦乃最基本的证据调查方法。但是，与确认诉讼乃诉之原型观一样，勘验在实践上的意义并不能给予过高的评价。在证据调查中，其之运用并非最多。在民事诉讼中，无论在理论上还是在实践上，更为重要的乃书证与证人讯问。[2] 不过，在基于人证与书证之证据调查不容易得到判决基础事实的纷争类型中，勘验则占据极为重要的位置。例如，在土地境界确定诉讼中，法院现场勘验系争土地的状况，即甚有必要；又如在知识产权纷争中，往往

---

[1]　参见［日］门口正人编集代表：《民事证据法大系》（第5卷），青林书院2005年版，第87页。

[2]　参见［日］高桥宏志：《证据调べについて》（十一），载《法学教室》2001年第12期；［日］高桥宏志：《重点讲义民事诉讼法》（下），有斐阁2004年版，第180页。

亦需要法官勘验系争物的生产过程及状况。①

二、我国现行民诉法上的勘验

一如德国、日本及我国台湾地区民诉立法例，勘验在我国民事诉讼中亦为实定法上的用语。但与前者乃将勘验作为独立的证据类型或证据调查方式予以规范不同的是，现行民诉法上的勘验仅指勘验人调查不能移转占有或者无法由当事人提交于法院的物证及现场（民诉法第 73 条第 1 款前段），勘验本身亦不具有独立证据类型的意义，依民诉法第 63 条之规定，勘验笔录方为与证人证言及书证等并列的独立证据形式。从语义上讲，无论是大陆法系民诉立法中的勘验还是我国现行法上的勘验，均乃指勘验人依自己之五官作用感知事物之物理上的性质或状态并在此基础上进行事实判断的一种认知活动。前面已提到，德国、日本及我国台湾地区民诉法中的勘验从其对象上看，为一切可由法官基于五官作用感知的以人或物的形式存在的证据方法；只要不以文义或思想内容作为证据资料皆为勘验之对象，为人为物在所不问。而依我国现行民诉法第 73 条第 1 款："勘验物证或者现场"及民诉法第 63 条"证据有下列几种：……（二）物证"及第 68 条"……物证应当提交原物"之规定可知，在我国民事诉讼中，作为勘验对象的仅乃不能移转占有的物证或现场，故能由当事人提示于法院的物则以物证称之，并作为独立的证据形式予以规范，而非勘验的对象。而德国、日本及我国台湾地区民诉立法中并无物证这一证据形式存在，其民诉立法中的物证与勘验在本质上实指称同一证据，仅语义不同而已。勘验之文义乃在证据调查对象这一层面上使用，其强调的是法官基于五官之作用直接感知调查对象。而物证则是在证据调查对象这一层面上使用，其乃指勘验

---

① 参见［日］梅本吉彦：《民事诉讼法》，信山社 2002 年版，第 815 页。

之标的物本身，二者实乃统一证据之一体两面。除勘验对象不同外，我国现行民诉法中的勘验与德国、日本及我国台湾地区民诉立法中的勘验在勘验主体上亦存在根本的差异。在德国、日本及我国台湾地区民事诉讼中，勘验作为证据调查方式乃由法官亲自实施，仅在不能或不便接近勘验标的物时才使用勘验辅助人①具

①　法官进行勘验时，有时需要他人协助始能完成勘验，如现场距离的测定，障害物的除去等即需要他人帮助，这种帮助仅为单纯地、机械地劳务的提供，并不需要特别的专门知识。从最严格的意义上讲，提供此种劳务以协助法官勘验的人即称之为勘验辅助人，其特点在于不向法院提供任何关于勘验标的物之事实判断。除此之外，还存在法官不能接近勘验标的物进行事实判断，故也需要他人协助始能完成勘验之情形。以下三种场合最为常见：其一，若无特殊技能，认识勘验标的物甚为困难，如于高山、海底勘验，接近勘验标的物以具有特别技能为必要，此种场合，法官通常不能基于自身的感觉作用直接认识标的物从而不能实施勘验；其二，虽不需要特殊的技能，但法官实施勘验存有障碍。如有恐高症的法官在高处勘验；其三，法官虽能基于自己的感觉作用认识勘验标的物，但依社会观念并不适当，如男性法官检查女性身体。在上述场合，法官只能委托他人具体实施勘验，并听取该他人关于勘验标的物认识结果之报告。在第一种场合须由具备特殊技能认识标的物不困难之人（高山勘验时如登山家，海底勘验时如潜水员），第二种场合须由不存在勘验障害之人（无恐高症的人），第三种场合须由社会观念上认为适当者（对女性身体检查时须由女性为之）依自己五官作用感知勘验标的物，并将认识结果报告给法官。由于在上述情形下，法官并没有基于自己的感觉作用直接认识勘验标的物，而仅仅是接受具体感知勘验标的物之人的事实判断，故严格来讲，不能称之为勘验。有学者认为，上述例子中的登山家、潜水员、检查身体之女性并非勘验辅助人，而为鉴定人。不过，由于这些人并无特别的学识经验，并不是以其专门知识补充法官的认识判断能力之人，故不能作为鉴定人对待（参见 Musielak, Grundkurs ZPO, s. 247, 5. Aufl, 2000. 在该教科书中，Musielak 举了这样的一个例子，系争事点涉及一处很高的工厂烟囱顶端处于何种状态，法官不具备亲身确认所需之能力，指派一名烟囱建筑工人作为自己的辅助人，其到达烟囱顶部向法官报告其在那儿之所见。不过，若确认涉及该烟囱建筑工人的特别专门知识，则超出了勘验辅助之范围而成了鉴定证据所涉事项）。由于法官关于勘验标的物之认识乃是基于这些人所作之报告，从此种意义上讲，这些人类似受法官委托之证人，不过，由于其可以被代替，并且由于法官于勘验时使用这些勘验辅助人无须当事人申请而可依职权为之，故将其作为证人对待并不适当。总之，勘验辅助人既不是鉴定人亦不是证人，其仅为法院的辅助人，法官不能亲自实施勘验时，利用这样的辅助人是被允许的，尽管其法律地位并没有在民诉法中具体予以规定与确切的阐明。参见 Schilken, Zivilprozeβrecht, s. 295, 3. Aufl, 2000.

体实施勘验活动并听取勘验辅助人关于事实判断之报告。而在我国民事诉讼中，勘验的主体乃作为法院工作人员的勘验人，这乃是从民诉法第 73 条第 1 款"勘验物证或现场，勘验人须出示人民法院的证件……"之规定中所得出的结论。依民诉法第 45 条"审判人员有下列情况之一的，必须回避，当事人有权用口头或者书面方式申请他们回避……前款规定，适用于书记员、翻译人员、鉴定人、勘验人"及第 125 条第 2 款"当事人经法庭许可，可以向证人、鉴定人、勘验人发问"之规定可以进一步推论，勘验人在我国的民事诉讼中似乃组成合议庭的审判人员或独任审判员以外的法院工作人员。从《人民法院组织法》（2006 年 10 月 31 日修正）第三章（"人民法院的审判人员和其他人员"）关于法院工作人员设置的规定来看，属于人民法院工作人员的有：院长、副院长、庭长、副庭长、审判员和助理审判员（第 33 条）；书记员（第 34 条）；执行员（第 40 条第 1 款）；法医（第 40 条第 2 款）；司法警察（第 40 条第 3 款），其中并无独立的专司勘验工作的勘验人之设置。显而易见的是，若作纯粹形式逻辑上的推演，民事诉讼中的勘验人应指参与案件审理的审判人员以外的审判人员、法医、司法警察，但从职责上看，无论是法医还是司法警察均非勘验人选，故勘验人在我国民事诉讼中应由没有参与该需要勘验的案件之审理的审判人员担任。民诉法第 117 条第 1 款"人民法院派出人员进行调查时，应当向被调查人出示证件"之规定似可佐证上述论断之成立（即勘验实乃调查的一种形式或方法①）。

不过，令人感到难以理解的是，作为直接感知证据方法的一

---

① 国内民事诉讼法或证据法教科书在论及勘验时，均将勘验主体界定为审判人员而非勘验人，从语义来看审判人员似指庭审法官。参见江伟主编：《民事诉讼法》（第 2 版），高等教育出版社 2004 年版，第 150—151 页；樊崇义主编：《证据法学》（第 3 版），法律出版社 2004 年版，第 205 页。

种证据调查方式，勘验本可由庭审法官直接（或经由勘验辅助人之协助）实施，为何偏要迂回地让非庭审法官的受诉法院其他法官实施？因为如此安排的结果是，庭审法官不能直接形成关于勘验标的物之认识及其事实判断，而仅能经由阅览勘验人制作（民诉法第73条第3款"勘验人应当将勘验情况和结果制作笔录，由勘验人、当事人和被邀人签名或者盖章"）的勘验笔录①进行证据调查（民诉法第124条规定"法庭调查按照下列顺序进

---

①　在大陆法系民诉法中，勘验，作为法院调查证据的法定方式之一，既可由受诉法院为之，亦可由受命法官、受托法官为之。由受诉法院进行勘验时，书记官应将其认识之结果记载于言词笔录中（参见德国民诉法第160条第3款第五项，日本民诉法第160条，我国台湾地区"民诉法"第213条第1款第四项），由受命法官、受托法官进行勘验以及受诉法院于法院外进行勘验时，则应由书记官将其结果记载于调查笔录（参见日本民诉规则第67条第1款第四项）。广义上的勘验笔录不仅指言词辩论笔录中关于勘验结果记载之部分，亦包括独立的记载勘验结果的笔录。狭义上的勘验笔录仅指后者。勘验笔录应记载之事项分为形式上的记载事项与实质上的记载事项，形式上的记载事项包括：事件的表示，实施勘验的法官、书记官之姓名，勘验期日到场的当事人、诉讼代理人的姓名，勘验的时、日及地点。实质上的记载事项即为勘验结果本身（参见德国民诉法第160条、日本民诉规则第66、67条，我国台湾地区"民诉法"第213条、第294条）。勘验结果乃法官依其五官就勘验标的物进行勘验所得之事实判断，应由法官谕示，由书记官记载。于必要时，应以图画、照片、录音带、录像带作为勘验笔录之附件，粘贴于其后（参见日本民诉规则第69条，我国台湾地区"民诉法"第366条）。因勘验乃由法官为之，故记载于勘验笔录的勘验结果应为法官之感得，书记官于法官勘验时所为之感想不能记载于其中。但亦有少数说主张书记官亦可以将其基于自己之感知所得事实判断记载于笔录中，理由是笔录制作权乃公证权限之一种，为书记官所独有，故自己所得之事实判断于法官不同时，亦可将其记载于笔录中。参见［日］高桥宏志：《重点讲义民事诉讼法》（下），有斐阁2004年版，第184页。须注意的是，关于勘验结果之记载，应仅限基于直接认识所得之事实判断，超出此范围的价值判断，不应记载。如噪音之大小，乃事实之判断，应予记载；该噪音超出了当事人能够忍耐的限度则为法律的判断，不应记载。但从事实判断中合乎逻辑地推测所得之事项亦为事实判断，可作为勘验结果记载于笔录中。例如从噪音大小这一事实判断中能够推测出当事人因为噪音之影响每日的睡眠受到妨害即能被记载。概言之，原则上，仅法官直接认识勘验标的物所得之事实判断可作为勘验结果记载于勘验笔录中，例外情况下，以该判断作为前提事实，从论理上依客观的经验法则直接导入的推理判断亦可作为勘验结果记载于勘验笔录中。参见［日］门口正人编集代表：《民事证据法大系》（第5卷），青林书院2005年版，第125页。

行：……（五）宣读勘验笔录"）。这不仅有违证据调查中的直接原则，使得庭审法官不能获得形成判决基础的事实之"新鲜"印象而影响其心证之形成，亦不符合诉讼经济原则。[①] 从诉讼理论上讲，证据方法法定或作为独立类型被法律规范的意义在于每种证据方法在证据资料的内容以及证据调查方式上均具有不同于其他证据方法之特质，如文书乃以其所载之文义或思想内容为证据资料，法院获知证据资料经由阅览文书之方式，故文书乃书证之对象；证人乃以其陈述作为证据资料，法院采讯问证人之方式获知证人陈述，故证人证言为独立之证据；鉴定、当事人陈述莫不如此。物证，无论其以何种形式体现，殆皆以其外在的物理状态或性质为证据资料，法院获知该证据资料时，皆采取以五官作用于该物直接感知之方式，无论其是否能被移转占有，也无论其是否能被当事人提出于法院，法院调查证据之方式均不会由此而改变，仅调查之场所不同而矣（一为在物之现场，一为在法庭）。准此而言，我国现行民诉法将对物之证据调查区分为物证与勘验两种不同的证据方法予以规范，不仅不具有立法技术上的意义反而徒增繁杂，易滋弊病。因此，笔者认为，我们应当借鉴德国、日本及我国台湾地区等大陆法系国家或地区的立法通例，将勘验作为真正的独立证据调查方式予以规范，将勘验对象扩大适用于

---

① 如此安排的结果客观上也使得我国现行民诉法上的勘验笔录更多地类似于报告文书，而不同于大陆法系民诉立法中的勘验笔录。因为如前所述，在大陆法系民事诉讼中，勘验一般由庭审法官亲自实施，由书记官根据法官所谕示之勘验结果制作勘验笔录，作为证据资料使用的乃法官已形成的关于勘验标的物之认识及在此基础上的事实判断本身，勘验笔录更多地起着固定保存证据资料的作用，甚至如一位日本学者所言，勘验，乃以法官直接认识对象事物进行事实判断为核心，在勘验标的物无变质、灭失之虞的场合，因法官可随时认识勘验标的物，关于勘验的结果实不必记载于笔录中。即使受诉法院成员变更而须更新辩论亦无此必要，因为新加入的法官若能直接认识勘验标的物，反而更忠实勘验之目的。毋宁认为，在勘验标的物有灭失、变质之可能时，将勘验结果记载于笔录始真正有其必要。参见 ［日］门口正人编集代表：《民事证据法大系》（第5卷），青林书院2005年版，第125页。

所有的物证。当然，如此一来，物证便仅为勘验标的物了，勘验笔录亦仅为勘验结果的固定与保存方式而不再具有独立证据类型的意义。

第二节　勘验协力义务之范围

勘验，乃法官直接感知勘验标的物以获得证据资料之证据调查方式，故举证人申请法院勘验时应将勘验标的物提示给法院或向法院表明已做好接受勘验的准备。不过，勘验标的物若为举证人之对方当事人或当事人以外的第三人持有或占有的场合，即须仰赖对方当事人或第三人之协力，法院之勘验始能真正实施。在诉讼理论上，当事人所负将其所持有的勘验标的物提交给法院之义务称之为勘验标的物提出义务，在勘验标的物之提出于事实上处于不能或有困难时，当事人负有在其所在场所容忍法院为勘验之义务则称之为勘验容忍义务，二者合称勘验协力义务。[①] 不负举证责任之当事人与当事人以外之第三人应于何种范围内负有勘验协力义务，在德国、日本民诉法，我国台湾地区"民诉法"，以及我国现行民诉法中有不同之规范，下面分而述之。

一、德国

依德国民诉法第 371 条第 2 款之规定，其民诉法第 422 条、第 423 条关于文书提出义务范围之规范于勘验协力义务准用之。据此可以得知，在德国民事诉讼中，勘验若依举证人申请而开始时，持有勘验标的物之当事人在下列两种场合负勘验协力义务：其一，当事人在诉讼中为举证而引用勘验标的物；其

---

① 参见［日］斋藤秀夫：《注解民事诉讼法》（5），第一法规出版株式会社1983 年版，第 264 页。

二，持有勘验标的物之当事人对举证人负有私法上的提出或交付义务。持有勘验标的物之第三人在对举证人负有私法上的提出或交付义务时负有勘验协力义务。依德国民诉法第 144 条第 1 款之规定，法院依职权进行勘验时，举凡为对方当事人或第三人所持有的勘验标的物，法院均可命其提出，只要其不涉及住宅的侵入。依同条第 2 款之规定，第三人持有勘验标的物时，其仅在提交勘验标的物对其是不可期待的或者勘验标的物关涉第 383 条至第 385 条所定之证人拒绝证言事项时，始可拒绝提交勘验标的物。依德国学者所举之例子，如果举证人仅是为证明廉价的油画复制件具有细小瑕疵并据此主张可稍稍降低其买价而让距法院甚远的博物馆将其所收藏的价值连城的珍贵油画提交给法院，对其即属于不可期待。私人性质之照片的提交对持有人同样属于不可期待。①

二、日本

在日本，无论其旧民诉法还是新民诉法，对于勘验协力义务之范围均未作出明确规定，学界关于勘验协力义务的范围亦存在不同之见解。

1. 关于勘验协力义务范围之学说②

（1）实体法义务说。此说认为，在民事诉讼中，当事人或第三人应协力法院勘验的公法上义务并不存在，对方当事人及第三人有无勘验协力义务应取决于实体法上其对举证人关于勘验标的物有无交付义务。也即仅在举证人对勘验标的物之持有人享有提出或交付的私法上的请求权时，勘验标的物持有人始

---

① Gehrlein, Zivilprozessrecht nach der ZPO-Reform 2002, s. 147, 2001.

②　参见［日］斋藤秀夫：《注解民事诉讼法》（5），第一法规出版株式会社 1983 年版，第 265—268 页。

负勘验协力义务。此说以法律保留原则为其依据，认为公法法规上对国民课以任何义务均须由法律明文规定，无明确的法律上的根据，则不能承认公法上义务之存在。民诉法既未明确规定不负举证责任之当事人及第三人应负勘验协力义务，此义务在民事诉讼中即不存在。学者对该说的批评是，公法法规课国民以公法上的义务，除以明示的方式规定外，还可通过设一定的制裁规范达到课国民公法上义务之目的，民诉法既已对不服从法院勘验标的物提出命令之人设定有制裁规范（民诉法第232条第1款关于准用第224条当事人违背文书提出义务效果之规范、第2款关于第三人违反勘验标的物提出命令之制裁规范），即可认协力勘验之公法上义务实属存在，盖制裁罚则总是以先行义务之存在为前提，先行义务虽未明定，但其实已蕴含于罚则规范中，因此不能以法无明文规定而认为民诉法未对国民课以勘验协力义务这一公法上的义务。

（2）诉讼法律关系义务说。此说认为举证人与持有勘验标的物之对方当事人之间存在着诉讼上的法律关系，与第三人则不存在任何诉讼上的法律关系，故不负举证责任之当事人无范围限制地负有勘验协力义务，第三人则不负有任何勘验协力义务。此说以诉讼法律关系为根据而导出不负举证责任之当事人无限制地负有勘验协力义务并不妥当，因为诉讼法律关系并非实定法上的概念，此外认为第三人不负勘验协力义务明显带有实体法义务说之痕迹，实体法义务说所不能合理说明之处于该说同样存在。

（3）文书提出义务类推说。勘验协力义务应类推适用文书提出义务的规定，在文书提出义务之范围内，不负举证责任之当事人及第三人负有勘验协力义务。该说之不当之处在于，类推适用乃以应予类推之事项在法律条文中没有明文规定为前提条件，勘验协力义务若于法律中无任何规范，类推适用文书提出义务自为正当，问题是民诉法第 232 条已规定有勘验协力义务规范，故类推适用文书提出义务范围实不合乎法理。

（4）一般义务说。此说认为，但凡服从国家裁判权之人，即负有一般的公法上的义务，故与证人所负出庭陈述证言义务一样，勘验标的物持有人无论其为当事人还是第三人均一般性地负有协力义务，且无正当理由者，不能免除此项义务。一般义务说乃日本之通说。该说以民诉法第 232 条为依据，认为依第 232 条准用第 224 条之结果及第 232 条第 2 款之规定，若当事人不服从勘验物提出命令或勘验忍容命令，法院即能认举证人关于勘验标的物之主张为真实，第三人无正当理由不服从此项命令时，法院则可裁定对其处 20 万日元以下之罚款。从中可以看出，在日本现行法上，勘验协力义务应被理解为一般公法上的义务，有正当理由时，始能免除此项义务。①

2. 正当理由之界定

依日本学者之通说，勘验协力义务为一般公法上的义务，仅存在正当理由时，勘验标的物持有人始不负勘验协力义务已如上述，何谓正当理由仍有进一步界定之必要。日本学说及日本实务上一般均认为以下两种情形可被认为存在不负勘验协力义务之正当理由：其一，从事件的性质上看，进行勘验属于不可期待的，如检查病人病室，将给病人病情的恢复带来不良影响时，拒绝接受法官入室勘验即应属于有正当理由。日本大阪地方法院于昭和46 年（1971 年）11 月 15 日针对大阪国际机场公害诉讼中所作

---

① 参见 ［日］门口正人编集代表：《民事证据法大系》（第 5 卷），青林书院2005 年版，第 102—105 页。学者认为，又由于勘验仅以勘验标的物之性质、状态等物理上的状态为内容而不关涉人的思想或报告，故即便在文书提出义务仅为限定义务之旧法时代，勘验协力义务之范围在解释上亦较文书提出义务宽泛，其应一如证人义务，具一般性义务性质。参见 ［日］伊藤真：《民事诉讼法》（第 3 版），有斐阁 2004年版，第 392 页。

之裁判认为，举证人申请法院命令作为第三人的报道机关将其放映的胶片提出进行勘验，于该第三人是不可期待的，因为其将对报道机关今后的取材活动带来很大的影响，故驳回了举证人之申请。日本东京高等法院于平成 11 年（1999 年）12 月 3 日所作之裁判亦持同一见解，认为报道机关可以不提交录像带。① 其二，存在民诉法第 196 条、第 197 条所规定之证人拒绝证言事由时。勘验协力义务既与证人义务同为一般性义务，证言拒绝权亦可类推适用于勘验协力义务。也即勘验标的物持有人，若为当事人以外之第三人，于其提交勘验标的物或忍受勘验将可能使其或与其具有第 196 条所定亲属关系的近亲属遭受刑事诉追或有罪判决时，或者勘验标的物涉及公务秘密或职务上知晓的秘密、技术、职业秘密时，可视为存在正当理由，勘验标的物持有人可拒绝协助勘验。② 日本大阪高等法院于昭和 58 年（1983 年）2 月 28 日所作之裁判也认为，勘验协力义务虽为一般性义务，但证人证言拒绝权应类推适用于勘验，与学说上将证言拒绝事由作为勘验协力义务之例外的正当理由之见解一致。③

三、我国台湾地区

依我国台湾地区"民诉法"第 367 条之规定，其"民诉法"

---

① 参见［日］梅本吉彦：《民事诉讼法》，信山社 2002 年版，第 815 页；［日］高桥宏志：《重点讲义民事诉讼法》（下），有斐阁 2004 年版，第 184 页。

② 参见［日］门口正人编集代表：《民事证据法大系》（第 5 卷），青林书院 2005 年版，第 106 页。在日本也有学者认为，证言拒绝权之规范不能类推适用于所有勘验而只能作有限的适用，比如，勘验标的物若为人的身体状况，因其关系到人格利益，应有相应保护之必要，故民诉法第 196、197 条关于证言拒绝权的规定应予类推适用。参见［日］松本博之、上野泰男：《民事诉讼法》（第 4 版），弘文堂 2005 年版，第 440 页。

③ 参见［日］伊藤真：《民事诉讼法》（第 3 版），有斐阁 2004 年版，第 392 页。

第 344 条关于当事人文书提出义务范围之规范，第 348 条关于第三人文书提出义务范围之规范，于勘验均准用之。据此可得知，在我国台湾地区的民事诉讼中，在具有与文书提出义务相同的原因时，当事人或第三人负有将其所持有之勘验标的物提示给法院以供调查之义务，若该勘验标的物不能移转占有，当事人则负有准备随时忍受勘验之义务。具体讲来，于不负举证责任之当事人而言，举凡勘验标的物涉及与本件诉讼有关之事项者，均应提出于法院。当事人之间在实体上及程序上的法律关系、争点、攻击或防御方法均属与本件诉讼有关之事项。为保障当事人或就勘验标的物之使用有利害关系之第三人之隐私或业务秘密，避免其因勘验标的物之提出而遭受重大损害，勘验标的物若涉及当事人或第三人之隐私或业务秘密，如予公开有致其受重大损害之虞时，当事人可以拒绝将其提出（第 367 条准用第 344 条）。于第三人而言，其所负勘验协力义务范围较当事人为小，除前述当事人可拒绝协助法院进行勘验的理由外，勘验标的物涉及第 306 条、第 310 条所定证言拒绝事项亦可作为第三人拒绝协助勘验的正当理由。

四、我国现行民诉法

我国现行民诉法虽未明定不负举证责任之当事人及当事人以外之第三人负有将其所持有的勘验标的物（物证）提交于法院或忍受法院勘验之义务，但民诉法第 64 条第 2 款"当事人及其诉讼代理人因客观原因不能自行收集的证据……人民法院应当调查收集"以及第 65 条第 1 款"人民法院有权向有关单位和个人调查取证，有关单位和个人不得拒绝"之规定实际上已昭示了勘验协力义务之存在。从该两项规范之反面解释可以推论，不负举证责任之当事人或第三人所持有之勘验标的物只要为举证人作为证据方法予以援用，且在客观上不能由举证人依己之力获取时，其持有人即负有将其作为证据方法提出于法院之义务。至于该勘验标的物是否涉及文书持有人之个人隐私、商业秘密等秘匿利益则在所不问。《证据规定》第 17 条"符合下列条件之一的，当事人及其诉讼代理人可以申请人民法院调查收集证据：……（二）涉及国家秘密、商业秘密、个人隐私的材料……"之规定即足以佐证上述论断之成立。此与我国现行民诉法所定文书提出义务之范围完全同一。毋庸讳言，我国现行法将勘验协力义务设定为绝对性的一般义务，认为勘验标的物作为证据方法只要对法庭之证据调查有所助益，其持有人即负提出义务。这样固然可以最大程度地保证案件真实与法院裁判之适正作出，唯显而易见的是，在某些情形下，上述利益之确保必将会在一定程度上牺牲勘验标的物持有人之秘密利益，故其正当性委实值得怀疑。依《证据规定》第 75 条："有证据证明一方当事人持有证据无正当理由拒不提供，如果对方当事人主张该证据的内容不利于证据持有人，可以推定该主张成立"之规定，似可推知该项司法解释承认持有勘验标的物之当事人（持有勘验标的物第三人不包含在内）在例外情形下也即具有正当理由时可不负勘验协力义务。不过，笔者认为，此处的"正当理由"断不能与域外民诉法中不负勘验协力义务之正当理由作同一解释。因为如上所述，在德国、日本及我国台湾地区民诉立法或学说中，可拒绝协助勘验之正当事由之布设或承认，乃是基于避免勘验标的物持有人因协助勘验而蒙受难以忍受的不利益之考量，意图衡平裁判真实之追求与秘匿利益之保护这两种对立利益之间的冲突，故与我国现行民诉法关于勘验协力义务之设定迥异其趣。在证言拒绝权尚未被承认的我国现行民诉法上，勘验协力义务只能被定位为绝对性的一般义务。循此而言，该项司法解释所规定的可拒绝提交勘验标的物的"正当理由"仅能解释为勘验标的物持有人非因可归责于己之事由致使勘验标的物灭失这一情形。当然，若将来修正民诉法时承认了证言拒绝权，则不负勘验协力义务之正当事由必较前项解释更为宽泛自无待多言。

第三节　勘验协力义务存否之审理与裁判

勘验与书证因在性质上同属于物的证据方法，仅在具体证据调查方法上存在差异（在勘验，乃由法官依五官作用直接感知检查对象而获得证据资料。在书证，乃法官经由阅览文书而获知证据资料），故在德国、日本及我国台湾地区等大陆法系国家或地区民诉法中，对于勘验而言，除特有规则外，类多准用民诉法关于书证之规范，勘验协力义务存否之审理与裁判亦复如是（参见德国民诉法第 371 条第 2 款、日本民诉法第 232 条第 1 款、我国台湾地区"民诉法"第 367 条）。[①]

一如文书提出义务之履行，在德国、日本及我国台湾地区等大陆法系国家或地区的民事诉讼中，当事人或第三人履行勘验协力义务通常也系由举证人向法院申请勘验标的物提出命令而启其端绪。法院须审查举证人之申请是否正当从而据此裁判勘验标的物持有人是否应负勘验协力义务并在此基础上裁定是否发布勘验

---

① 依德国、日本及我国台湾地区民诉法之规定，于勘验不能准用的关于书证的规范，一般为关于文书形式证据力判断的规范及为确定文书是否具有形式证据力而命核对笔迹的规范。因为关于勘验，严格讲来并不存在类似于文书的形式上的证据力，能推定文书具有形式证据力的经验法则亦属欠缺。在日本，除此以外，不能准用于书证的规范还有：第 220 条关于文书提出义务范围的规范。因为在日本，勘验协力义务一般被理解为类似如证人义务的一般性义务；第 222 条关于文书特定之规范。因为于勘验标的物无须为特定而作特别的规定；第 225 条关于第三人不提出义务文书之制裁规范，因为其民诉法第 232 条第 2 款为第三人不服从勘验标的物提出命令单独设置了制裁规范。参见［日］高桥宏志：《证据调べについて》（十一），载《法学教室》，2001 年，第 12 期；［日］高桥宏志：《重点讲义民事诉讼法》（下），有斐阁 2004 年版，第 181 页。

标的物提出命令①（勘验标的物为不能提示于法院的不动产或现场时，其为勘验容忍命令，勘验标的物为人的身体状态时，其为出庭或到场命令，尽管具体名义不同，但性质上应属同一）。

一、申请应表明之事项

举证人向法院申请勘验标的物提出命令时，应表明勘验标的物、应行勘验之事项及应证明的事实（德国民诉法第 371 条、日本民诉法第 180 条、日本民诉规则第 150 条、我国台湾地区"民诉法"第 364 条，此外，我国《证据规定》第 18 条亦可参照）。具体来讲，举证人关于勘验标的物提出命令之申请须具体表明下列事项：（1）勘验标的物之名称，若其不能移动占有，应具体表明其坐落于何处。（2）勘验标的物之性质或状态。其与勘验标的物之名称相结合即能使标的物持有人应予提出的勘验标的物特定化。（3）勘验标的物的持有人，即对勘验标的物有支配权或处分权的主体，具体指能基于自己的意思与判断决定勘验标的物提出之人。（4）勘验标的物所应证明的事实，即能从勘验标的物之性质、状态中合理推认出的事实。勘验标的物所应证明的事实与前项即勘验标的物的持有人相结合便成为法院判断该勘验标的物作为证据方法是否具有证据重要性及证据调查有无必要性之根据。

---

① 在德国，法官根据其民诉法第 144 条可以依职权发布勘验标的物提出命令而不待举证人之申请，为避免不合法之摸索证明，法院仅在举证人之陈述具有正当且充分之基础之情形下始发勘验标的物提出命令。在日本，勘验一般不能由法院依职权进行，须由举证人向法院申请而开始。但土地境界确定诉讼，可由法院依职权行之。此外，作为阐明处分之勘验，因其乃法院诉讼指挥行为之一种，能由法院依职权行之（日本民诉法第 151 条第 1 款）。不过，作为阐明处分之勘验在性质上并非证据调查。其目的在于法院理解、进一步明了当事人主张的内容或把握事案全貌，明了诉讼关系。在我国台湾地区，勘验除法院因阐明或明确诉讼关系或因使言词辩论易于终结而认有必要进行勘验时，可依职权进行勘验程序外（我国台湾地区"民诉法"第 203 条第 4 款、第 269 条），通常亦须依当事人之申请而为之。

（5）勘验标的物提出义务之原因，即勘验标的物持有人对该勘验标的物负提出义务之根据。在德国及我国台湾地区，勘验标的物提出义务之原因为复数，故为方便法院判断勘验标的物提出义务是否存在，举证人应具体表明勘验标的物持有人乃是基于何种根据负提出义务。不过，在日本，勘验标的物提出义务被解释成类似证人义务之一般性义务，除正当理由外，持有人均负提出义务，故举证人不须表明勘验标的物提出义务之原因。

二、勘验标的物提出义务证明（释明）责任之承担

在德国、日本及我国台湾地区的民事诉讼中，法院发布勘验标的物提出命令须以勘验协力义务之原因事实存在为前提。关于该事实之证明（释明）责任乃由举证人承担还是由勘验标的物持有人承担，对当事人诉讼活动有重大影响因而有探讨的必要。依德国民诉法第 371 条第 2 款准用第 424 条第（五）项后段及第 430 条之规定，举证人应对当事人或第三人负勘验标的物提出义务之原因事实予以释明。依德国民诉法第 144 条第 2 款之规定，持有勘验标的物之第三人若以勘验标的物之提出对其属于不可期待的为由拒绝提出勘验标的物时，则举证人须释明第三人提出所持有之勘验标的物于其并非不可期待。若第三人以勘验标的物涉及证言拒绝事项作为拒绝提出之事由，依德国民诉法第 144 条准用第 386 条、第 390 条之规定，第三人应对此原因事因之存在予以释明。依同条之规定，法院依职权命令当事人提出所占有之勘验标的物时，当事人并不享有类如第三人之勘验标的物提出拒绝权，故举证人申请法院依第 144 条命令对方当事人提出勘验标的物时，似并不涉及勘验标的物提出义务原因事实之释明。日本民诉法就勘验标的物提出义务原因事实之证明责任由谁承担并未作出规定，由于勘验协力义务在日本被理解为类如证人义务之一般性义务，故其与证人义务具有同一性质。因此，关于勘验标的物

提出义务原因事因之不存在（也即正当理由之存在）应可准用其民诉法第 198 条证人应就拒绝证言之事由予以释明之规定，由勘验标的物持有人负证明责任。在我国台湾地区，根据其"民诉法"第 367 条准用第 342、347 条之规定，举证人应对当事人或第三人负勘验标的物提出义务的原因事实尽释明之责。持有勘验标的物之当事人或第三人以勘验标的物涉及其"个人隐私或业务秘密"为由拒绝提出勘验标的物时，举证人应对该事由之不存在予以释明。依第 367 条准用第 348 条进一步准用第 306 条至第 310 条之规定，持有勘验标的物之第三人若以勘验标的物涉及证言拒绝事项为由拒绝提出勘验标的物时，则第三人应对此事由之存在负释明责任。

在我国的民事诉讼中，依民诉法第 64 条第 2 款之规定，当事人因客观原因不能自行收集的物证（勘验标的物），物证持有人皆负提出义务。故一如书证之提出，不在举证人手中之物证是否为法院依举证人申请而进行调取之对象，仅依该物证是否属于当事人不能自行收集的物证而判断。故举证人申请法院调取物证，不仅应表明物证须由法院调查收集的原因，且对该原因事实的存在承担证明责任，此从《证据规定》第 18 条之反面解释中亦可推断出这一结论，这与书证之提出乃为相同。

三、勘验标的物提出义务存否之判断程序

与文书提出命令相同，在德国、日本及我国台湾地区民事诉讼中，法院所发布之勘验标的物提出命令虽以"命令"之文义指称之，但其在性质上乃属法院所作证据裁定之一种，故法院判断勘验标的物提出义务是否存在应依裁定程序行之。又勘验标的物提出与否对当事人的诉讼活动有重大影响，故应保障勘验标的物持有人于法院裁判之前有陈述意见进行辩论之机会。依德国民诉法第 371 条第 2 款准用第 426 条之规定，勘验标的物持有人若对

举证人勘验标的物提出命令之申请提出异议，法院应对其进行讯问，以保障勘验标的物持有人之辩论权。法院须在听取勘验标的物持有人陈述的基础上判断勘验标的物提出义务是否存在。依日本民诉法第 232 条第 1 款准用第 223 条第 1 款之规定，勘验标的物持有人若为当事人时，法院判断勘验标的物提出义务是否存在应践行言词辩论程序；依同条第 2 款之规定，勘验标的物持有人为第三人时，法院必须讯问该第三人，并在此基础上作出裁判。在我国台湾地区，根据其"民诉法"第 367 条准用第 343、347 条规定之结果，法院裁判勘验标的物提出义务是否存在时，应保障当事人或第三人有进行辩论或陈述意见的机会。

因法院判断勘验标的物提出义务是否存在并非践行证据调查，故法院不能命令勘验标的物持有人提出勘验标的物以为判断之资料，法院仅能基于举证人与勘验标的物持有人所分别主张的勘验标的物提出义务之原因事由与证据，作出勘验标的物提出义务存否之判断。

不过，在日本民事诉讼中，依其民诉法第 232 条准用第 223 条第 6 款之规定，为判断一般性义务文书除外事由是否存在而设的インカメラ程序（即秘密审理程序）可准用于勘验标的物提出义务存否之判断。依该程序，法院可以要求勘验标的物持有人出示该勘验标的物，在此场合，包括举证人在内的任何人均不能要求出示该勘验标的物，仅由法官直接勘验标的物以审查持有人是否应负提出义务。

一如书证调查之申请，就举证人关于法院调查收集物证之申请，法院应依何种程序予以审查，我国现行民诉法亦未作出明确规定。依《证据规定》第 19 条第 2 款"人民法院对当事人及其诉讼代理人的申请不予准许的，应当向当事人或其诉讼代理人送达通知书"之规定，不难推断，在我国民事诉讼中，法院对当事人调查物证之申请同对书证调查之申请一样，也仅乃单方书面审查而非依裁定程序予以审理并作出判断，故物证持有人（即被调查人）无论为对方当事人还是第三人均未赋予陈述意见进行辩论之机会。此种处置不仅难以确保法院作出适正之决定，与物证持有人程序参与权之保障更是失之周全，自非妥适。因此应当借鉴域外立法之规定，使法院在审查判断是否应依申请调取物证时，赋予持有该物证之当事人或第三人陈述意见的机会。

四、勘验标的物提出义务存否之裁判及其救济

依德国、日本民诉法及我国台湾地区"民诉法"关于书证规范准用于勘验之结果，在这些国家或地区的民事诉讼中，法院经由对举证人之勘验标的物提出命令之审查，若认勘验标的物提出义务存在时，即以裁定命勘验标的物持有人提出勘验标的物或指定举证人提出勘验标的物之期间（德国民诉法第371条第2款准用第425、428条，日本民诉法第232条第1款准用第232条，我国台湾地区"民诉法"第367条准用第343、346条）。若认勘验标的物提出义务不存在时，即裁定驳回举证人之申请。法院关于勘验标的物提出义务存否之裁定，在性质上也属于诉讼指挥之裁判，举证人与勘验标的物持有人均不能独立提出抗告声明不服，而仅可于对判决上诉时对其一并予以责问。不过，依日本民诉法第232条第1款准用第223条第7款之规定，为求勘验标的物提出义务存否之争执能够迅速得到解决，当事人就勘验标的物提出义务之裁判能够提出即时抗告，具体来讲，法院若以勘验标的物提出义务不存在为由裁定驳回举证人之申请，举证人能提出即时抗告。法院若以勘验标的物提出义务存在为由裁定许可举证人之申请，作为勘验标的物持有人之当事人或第三人可以举证人为相对人提出即时抗告。

就我国民事诉讼而言，依《证据规定》第19条第2款之规定，一如书证调查之申请，法院认为举证人关于物证调查之申请

没有根据的，也应以通知书之形式驳回举证人之申请。对法院所作决定不服的，举证人及其诉讼代理人可以在收到通知书的次日起三日内向受理申请的人民法院书面申请复议一次。从该项司法解释之内容来看，其虽允许举证人就法院所作决定寻求进一步救济，但如前所述，在诉讼法理上，法院准许驳回当事人之证据调查申请而作之决定具有诉讼指挥之性质，故并不能由举证人以及相对人对其独立表示不服。即便日本民事诉讼法承认举证人或勘验标的物持有人对法院所作裁判享有即时抗告权，其亦仅以勘验标的物提出义务存否之判断作为抗告之事项。我国《证据规定》第 19 条不区分事案类型一律允许举证人能对法院之决定申请复议，诚非妥适。

第四节　勘验协力义务不履行之效果

一如文书提出义务，勘验协力义务亦乃勘验标的物持有人对代表国家之法院所尽公法上之协力义务，而非对举证人之私法上义务，故勘验标的物持有人不依勘验标的物提出命令向法院提交勘验标的物时，举证人不能以勘验标的物提出命令作为执行名义申请法院对勘验标的物持有人强制执行。为确保勘验标的物提出义务之切实履行，使勘验标的物提出命令制度能发挥其实效，并因应勘验标的物提出义务之公法义务性质，德国、日本及我国台湾地区等大陆法系国家或地区民诉立法殆皆规定不履行勘验标的物提出义务之勘验标的物持有人应遭受一定公法上的制裁。此种公法上的制裁因勘验标的物持有人为当事人还是第三人而异其内容。我国现行民诉法所定物证提出义务虽然于具体履行方式上与大陆法系民诉立法之规定有所不同，但并不能否认其所具有的公法上义务之性质，故物证持有人不向调取证据的法官提交物证时，法院亦不能对其予以强制执行（亦无执行依据）。从民诉法

第 103 条及相关司法解释的规定来看，在我国民事诉讼中，物证持有人不履行物证提出义务所生之诉讼法上效果基本上与域外立法之通例同一。

一、当事人不履行勘验标的物提出义务之效果

就当事人而言，由于其违反证据协力义务不提出勘验标的物殆乃为谋求裁判上的不正当利益，故为发挥制裁之实效并借以调整当事人间证据利益之归属，一如文书提出义务，德国、日本等大陆法系国家或地区民诉立法殆亦将当事人对勘验标的物提出义务之违反视为妨害证明行为之一种，规定由法院直接课以该当事人裁判上的不利益（准用文书提出义务违反之效果）。此种裁判上的不利益通常表现为法院认定举证人关于勘验标的物的主张为真实（德国民诉法第 371 条第 2 款准用第 427 条，日本民诉法第 232 条第 1 款准用第 224 条第 1 款，我国台湾地区"民诉法"第 367 条准用第 345 条）。所谓关于勘验标的物的主张为真实，乃指举证人关于勘验标的物之性质或状态的主张为真实。至于能否依其推断作为证明主题的要件事实存在，则由法官依自由心证，根据案情具体情况作出判断。持有勘验标的物之当事人违反勘验标的物提出义务所受之证据评价上的不利益之所以一般应仅止于由法院认定举证人关于勘验标的物本身的主张为真实而不及于其所证明之事实，主要是为了防止举证人取得超过勘验标的物若被提出所得之利益，反致当事人间产生新的不公平。盖勘验标的物持有人若依命令提出其所持有之勘验标的物，法院对其进行证据调查之结果并不一定认为举证人所主张的以该勘验标的物作为证据方法而证明之事实为真实。若法院直接认定应证明之要件事实为真实，于举证人而言在客观上将会造成，勘验标的物不被提出比勘验标的物被提出对其更为有利之不合理结果，此自难谓妥适。值得注意的是，日本新民诉法及我国台湾地区 2000 年修正

后的"民诉法"为因应证据偏在性诉讼纠纷合理解决之需要，在将文书提出义务一般义务化之同时，均将当事人不履行文书提出义务所受之不利益扩张至法院于一定情形下可以推认文书所应证明的要件事实本身为真实这一层面（日本民诉法第224条第3款，我国台湾地区"民诉法"第345条）。而依日本民诉法第232条第1款、我国台湾地区"民诉法"第367条之规定，其民诉法第224条第3款、第345条关于文书提出义务效果之规定于勘验准用之。据此，我们可以得出结论，在日本及我国台湾地区，当事人违反勘验协力义务时，在一定情形下，法院可以拟制勘验标的物所应证明的要件事实为真实，以确保勘验标的物提出命令能得以切实履行，发挥制裁应有之机能。依日本民诉法第232条第1款准用第224条第3款之规定，法院拟制作为证明主题的勘验标的物应证明之事实为真实须同时满足两项条件：其一，举证人关于勘验标的物所涉信息内容为具体的主张存在显著的困难。其二，举证人依其他证据证明该勘验标的物所证明之事实有显著的困难。

根据我国台湾地区"民诉法"第367条准用第345条之结果，法院对违反勘验协力义务之当事人虽可对其课以认定举证人关于勘验标的物应证之事实为真实之证据法上的不利益，但并未如日本法那样，同时规定法院课持有勘验标的物之当事人此一证据评价上的不利益所须具备之要件，而是仅规定"法院得审酌情形"而断。

我国现行民诉法虽然间接昭示了当事人应负一般性物证提出义务，但并未同时规定当事人不提出物证于法院所应遭受之后果，使得当事人的物证提出义务沦为道德性的义务，相关规范亦仅具训示意义。《证据规定》第75条以司法解释的形式规定了拒不提交物证应受之制裁。其内容是："有证据证明一方当事人持有证据无正当理由拒不提供，如果对方当事人主张该证据的内容不利于证据持有人，可以推定该主张成立。"对于该项司法解释的理解，以下几点有必要予以说明：其一，依该项司法解释后段之规定，法院课不提出物证的当事人以裁判上的不利益仅止于拟制举证人关于物证本身的主张为真实，法院不能直接推认该物证所应证明的事实为真实。根据前面的论述，此种证据评价上的不利益于举证人未参与证据作成过程，客观上不能具体地知晓物证所反映的信息等证据偏在性诉讼，难期发挥制裁实效，因此，将来进一步修正民诉法时，应在立法上明定当事人拒绝法院调取物证之后果，日本法上的规定可堪借鉴；其二，法院课当事人此种裁判上的不利益时乃以物证持有人拒绝提交物证不存在"正当理由"为前提条件。如前所述，我国现行民诉法上的物证提出义务乃无除外事由或拒绝提出事由的绝对的一般性义务，与域外民诉法上的一般性勘验协力义务并不完全相同，故在解释上"正当理由"似应仅指物证持有人非因自己过失致使物证不再为自己所持有这一情形。但前面已指出，物证持有人，即便为对方当事人，其关于物证所载信息之私秘利益确实也不能漠视，其亦有得到相应保护之必要。因此，将来进一步修正民诉法时，亦应借鉴域外立法通例，规定物证持有人于一定情形下享有拒绝法院调取权。

如上所述，当事人违反勘验协力义务时，法院不能直接对勘验标的物予以强制执行，而仅可由法院课该当事人以裁判上的不利益以为制裁，故此种制裁仅为观念上的。例如，被告被命令于其工场内忍受法院对工场的机器进行勘验，被告不从该命令而将工场的大门锁住使得勘验之法官不能进入，于此情形下，法院强制开门进入工场是不被允许的。[①] 此外，在身份关系诉讼（人事诉讼）中，基于发现实体真实之特别考虑，当事人不履行勘验协

---

① 参见［日］高桥宏志：《重点讲义民事诉讼法》（下），有斐阁 2004 年版，第 183 页。

力义务时，法院不能将其作为证明妨害来处理，而应拟制对方当事人关于勘验标的物之性质或状态的主张为真实。例如，在认领诉讼与父子关系存否确认之诉中，作为被告的当事人拒绝接受抽血（作为血型鉴定与 DNA 鉴定之用）时，法院不能以被告不协力为理由直接在事实认定上课以被告不利益，而仅能将其作为言词辩论全部趣旨的一部分，结合当事人讯问所得之证据资料，由法官依自由心证进行事实上的认定。① 日本人事诉讼法第 19 条第 1 款明确规定其民诉法第 224 条关于文书提出义务违反之效果的规定不予适用（第 224 条于勘验则准用之）。② 日本东京高等法院于平成 7 年（1995 年）1 月 30 日针对确认父子关系不存在的诉讼中所作之裁判也明确指出，父子关系是否存在之证明，在民法第 772 条嫡出推定不能适用的场合，应以任何人亦不感觉怀疑的科学证据作为证明手段，被告拒绝接受抽血进行 DNA 科学鉴定时，民诉法第 232 条第 1 款（准用第 224 条）不能适用，同时亦不承认证明责任转换。③ 值得注意的是，依德国民诉法第 372 条之一的规定，在一定的身份关系诉讼中，法官可对作为勘验对象的人采取罚款、拘留等间接强制措施，以迫使其忍受勘验，甚至可对其直接进行强制。该条的内容是：（一）在民诉法第 1600 条之二与第 1600 条之四的情形，或在其他情形，有必要确定血

---

① 参见［日］中野贞一郎、松浦馨、铃木正裕：《新民事诉讼法讲义》（第 2 版），有斐阁 2004 年版，第 230 页。

② 日本学者认为，从拒不协力法院进行证据调查一事推认对方当事人关于证据之主张或关于要证事实的主张为真实并不具有高度的盖然性，因为当事人拒不协力证据调查的动机与形态多样。故人事诉讼法第 19 条从实体真实的观点出发，不规定法院从拒不协力证据调查一事拟制当事人主张为真实是合理的。不过，不负举证责任之当事人因为不协力法院进行证据调查而获得胜诉概率较高，实亦不合理。参见［日］高桥宏志：《证据调べについて》（十一），载《法学教室》2001 年第 12 期；［日］高桥宏志：《重点讲义民事诉讼法》（下），有斐阁 2004 年版，第 183 页。

③ 参见［日］梅本吉彦：《民事诉讼法》，信山社 2002 年版，第 816 页。

统时，不问何人均应接受检查，特别是为抽取血样以检查其血型。但以其检查符合公认之科学原理，足以阐明事实真相，且其检查方式及检查之结果，经斟酌受检查人或第 383 条第 1 款至第 3 款所定之近亲属所受之影响，该检查为受检查人所能接受，并且无害于其健康者为限。（二）前项情形准用第 386 条至第 390 条之规定，无正当理由再次拒绝检查时，可以直接予以强制，特别是为检查之目的可以命令拘传。[①]

二、第三人不履行勘验协力义务之效果

就持有勘验标的物之第三人而言，由于其并非民事纠纷主体，与法院裁判结果亦无直接利害关系，故民诉立法关于其违反勘验标的物提出义务所受之制裁的制度设计即不能与当事人违反勘验标的物提出义务所受之制裁相同。从各国或地区民诉法之规定来看，第三人不服从法院发布的勘验标的物提出命令提出其所持有之勘验标的物于法院或拒绝法院调取勘验标的物时，法院可

---

① 德国民诉法在当初制定该条文时曾有不同意见，有人认为，为了确定亲子关系，应该运用现代医学来解决诉讼中的争议问题。但也有人认为，将抽血检查（勘验）作为证据方法，涉及受检查人的人权问题，应该慎重对待。德国现行民诉法上的条文实乃折中的规定。因为第 372 条之一虽然规定当事人于血统确认有必要的场合，应容忍抽血检查（勘验），但亦规定了相当严格的条件以为约束。具体而言，当事人忍受勘验须以在为确认血统进行血型检查具有必要的限度内（检查必要性）；其检查必须受公认的科学原理的约束，具有解明事实关系的作用（解明可能性）；检查于被检查者而言能够被期待（容忍勘验的期待可能性）；不损及被检查人的健康（检查方法的相当性）为要件。在不符合上述四项要件时，当事人没有接受检查的义务，可以拒绝接受检查。此时准用第 386 条、第 390 条关于证人拒绝证言的规定，也即受检查人应向法院释明其有拒绝接受检查的理由，由法院以中间判决之形式作出裁判。不服此判决可以向上级法院提起即时抗告。被检查人若未提出理由或提出理由被判决驳回，判决确定后仍然拒绝接受检查，法院可对其采取罚款、违警拘留等措施以为制裁。受到制裁后再次拒绝时，法院可直接对其进行强制。参见谢怀栻译：《德意志联邦共和国民事诉讼法》，中国法制出版社 2001 年版，第 91 页；［日］高桥宏志：《重点讲义民事诉讼法》（下），有斐阁 2004 年版，第 181 页。

对其处以罚款、拘留等间接强制措施以为制裁乃为通例，此与第三人违反文书提出义务所生之效果相同。

在德国，第三人不履行勘验协力义务所生之效果因其所违背的是举证人申请法院发布的勘验标的物提出命令还是法院依职权裁量性发布的勘验标的物提出命令而有所不同。依德国民诉法第371条第2款准用第429条之规定，第三人不遵从勘验标的物提出命令提出其所持有的勘验标的物之时，法院并不能直接强制第三人提出或对其处以公法上的制裁，而仅能由举证人以该第三人为被告向有管辖权之法院提起物之给付诉讼，待取得确定给付判决后再申请法院对第三人进行强制执行以获取该勘验标的物。为此，举证人向法院申请勘验标的物提出命令时，须同时申请法院指定其经由另一诉讼获取第三人所持有的勘验标的物之期间。若举证人对第三人之勘验标的物给付之诉被法院判决驳回诉讼请求，或虽然胜诉但强制执行无效果时，举证人以第三人所持有之勘验标的物作为证据方法之证据声明行为即归于失败。与上述处置不同的是，第三人不服从法院依第144条依职权所发出之勘验标的物提出命令则会遭受公法上的制裁。依第144条第2款后段第三人不履行勘验标的物提出义务准用第390条证人强制作证的规范之规定可以推知，第三人违背勘验标的物提出命令时，法院可裁定对其处以罚款。第三人不能缴纳罚款时，法院则可裁定对其处以违警拘留以为制裁。对于该项裁定，第三人可以提起即时抗告。

依日本民诉法第232条第2款之规定，第三人无正当理由不遵从勘验标的物提出命令提出勘验标的物或忍受勘验时，法院可裁定对其处以20万日元以下之罚款。依同条第3款之规定，第三人不服法院所作之罚款裁定，可以提起即时抗告。

根据我国台湾地区"民诉法"第367条准用第349条之规定，第三人无正当理由不服从勘验标的物提出之命令时，法院可以裁定对其处以新台币 3 万元以下之罚款（罚锾）。此外，于必要时，法院可以裁定命对第三人进行强制处分，该项强制处分，准用其"强制执行法"关于物之交付请求权执行之规定而为执行。对于法院所作之裁定，第三人若有不服，可以提起抗告。

　　在我国民事诉讼中，与第三人拒绝协助法院调取其所持有的书证（文书）所产生的法律效果一样，第三人拒绝法院调取其所持有之物证或拒绝协助法院进行勘验所产生的法律效果也由民诉法第 103 条规范。该条规定："有义务协助调查、执行的单位有下列行为之一的，人民法院除责令其履行协助义务外，并可以予以罚款：……有关单位拒绝或者妨碍人民法院调查取证的；……人民法院对有前款规定的行为之一的单位，可以对其主要负责人或者直接责任人员予以罚款；对仍不履行协助义务的，可以予以拘留；并可以向监察机关或者有关机关提出予以纪律处分的司法建议。"据此可以得知，在我国民事诉讼中，第三人拒绝法院调取其所持有的物证或拒绝协助法院进行勘验，与第三人拒绝法院调取其所持有之文书相同，也乃妨害民事诉讼行为的一种。法院对拒不协助法院调查的第三人可采取的措施有二：一为责令第三人履行协助义务，也即令第三人交出其所持有之物证；另一为对该持有物证之单位处以罚款，并可采取拘留措施。从法条所用"并"之字眼来看，上述两种措施可以同时适用。不过，"法院责令第三人履行协助义务"并不具有强制性，因勘验协助义务乃公法义务，故法院并不能经由目的性扩张解释从"责令其履行协助义务"之文义中得出法院可直接对第三人所持有之物证予以强制执行之结论。盖法院强制扣押第三人所持有之物证从某种意义上讲乃对第三人财产权之干预，依法律保留原则，其须有法律之明确授权始可为之。另依民诉法第 105 条之规定，法院采取罚款、拘留等强制措施以决定之形式为之。第三人对法院所作之罚款、拘留决定若有不服，可以向上一级法院申请复议一次以为救济。不过，民诉法第103条所定罚款、拘留之适用对象仅及于作为物证持有人之"单位"，于同为物证持有人之"个人"则并无适用余地，立法作如此安排，着实令人费解。盖持有物证之第三人，或为"单位"或为"个人"，主体虽然不一，然其对法院所应负之勘验协力义务在性质上并无不同。民诉法第65条既然规定有义务协助法院调取证据之主体包括"单位"和"个人"，作为该项义务履行之保障措施，法院对违反此项义务之人处以罚款、拘留等间接强制措施以为制裁，在适用对象上即应一并及于"单位"和"个人"。民诉法第103条所作之安排不仅有违平等原则，亦会损及勘验协力义务履行之效果，故在日后修正民诉法时，实宜将违反勘验协力义务应受制裁之义务人扩张至所有的义务主体。

第五章　证人义务

第一节　证人之内涵与能力

一、证人之内涵

证人乃法定证据方法之一，作为人证之一种，其具体是指于他人之间的诉讼受法院之命，就过去所体验的事实向法院报告的当事人及法定代理人以外之第三人。[①] 证人受法院讯问所作之陈述即称为证人证言。欲正确理解证人之内涵，应把握以下两个方面。

1. 证人系对于过去所经历之事实向法院报告其体验结果之人

证人供证据之用，在于就自己观察具体事实所得之结果（也即依五官作用观察所得之事实判断）向法院作陈述，使法院借以确定事实。故为证人所感知之事实，必为过去发生之

---

① 参见［日］斋藤秀夫：《民事诉讼法概论》，有斐阁 1982 年版，第 311 页；［日］新堂幸司、铃木正裕、竹下守夫：《注释民事诉讼法》（6），有斐阁 1995 年版，第 236 页。在德国古代法中，证人乃宣誓当事人之主张为真实的人。法院依据法定方式，视证人对于当事人之主张是否宣誓其为真实而决定诉讼之胜败。此种情形下，证人之人格及人数对于诉讼之胜败即具有极大之关系。而在罗马法中，证人则为促使法官确信当事人之主张为真实的证据方法之一，故证人之宣誓，并非对当事人之主张真实为之，而是对法院之讯问为之，法院判断证人之陈述是否可信，以决定诉讼之成败。近代诸国民事诉讼法中所谓之证人，实皆滥觞于罗马法。参见［日］松冈义正：《民事证据论》，张知本译，中国政法大学出版社 2004 年版，第 136 页。

具体事实（该事实发生于证人受法院讯问之前即为已足，不以发生于诉讼成立之前为限）。现实的事实或状态则为法院以勘验或鉴定等方法进行证据调查之事实，并不属于证人感知之对象，此其一。其二，证人仅就其体验之事实结果向法院报告，并非就确定之事实陈述其关于该事实之判断意见。若基于特别的学识经验陈述关于某事实之判断意见，则其人为鉴定人而非证人。证人体验过去发生的具体事实虽有时需基于特别专门知识，但只要其乃报告所体验之事实结果，仍不失为证人。例如，医生于事故现场诊察被害人之伤情，并就其观察所得向法院报告，该医生仍为证人，因此类证人之陈述乃基于特别之学识经验，故在大陆法系民诉法中一般称之为鉴定证人。关于对鉴定证人之讯问，适用证人之规定。譬如，德国民诉法第 414 条规定，如果要证明过去的事实或情况，而对其之认识需要特殊的专门知识时，讯问这种具有专门知识的人，适用关于人证的规定。日本民诉法第 217 条规定，对基于特别的学识经验而知晓事实之人所行之讯问，依证人讯问之规定。我国台湾地区"民诉法"第 339 条规定，讯问依特别知识得知以往事实之人者，适用关于人证之规定。我国现行民诉法中虽无类似德国、日本民诉法及我国台湾地区"民诉法"的上述规范，但在适用时作与上述规范内容相同之解释应无疑义。

2. 证人为当事人、法定代理人以外之第三人

证人系就他人之间的诉讼，陈述自己所体验的事实结果，故证人必为当事人以外之第三人。从客观上讲，当事人与证人虽均知晓事实之具体经过，但在大陆法系民事诉讼中，当事人与证人乃属于两种独立的证据方法，当事人讯问与证人讯问相应地亦为两种不同的证据调查方式。也即当事人以及代替当事人追行诉讼的法定代理人（法定代理人虽以当事人名义实施诉讼行为，但享

有实质上的诉讼实施权，故可与当事人同视），法人及其他团体的代表人及管理人由法院依照或者准用当事人讯问程序进行证据调查，因此，这些人不能在诉讼中作为证人被讯问。从我国现行民诉法第 63 条将当事人陈述与证人证言作为两种独立的证据类型予以规范可知，在我国民事诉讼中，证人亦应被解释为当事人（法定代理人）以外之第三人。通常认为，在共同诉讼的场合，各共同诉讼人对有利于己之共通事实固不得作为其他共同诉讼人之证人，惟就与自己无关或非有利于己之事实，仍不妨作为其他共同诉讼人之证人。①

二、证人能力

证人能力，一称证人资格，乃指某人作为证人被法院讯问并以其之陈述作为证据资料之资格。如前所述，证人乃就其过去所体验之事实向法院报告体验结果之人，故证人具有不可替代性。亦正因如此，大陆法系民诉立法对证人能力并未设有何种限制。任何人，只要其非本案之当事人以及代替当事人追行诉讼行为因而与当事人同视之法定代理人，在民事诉讼中皆具有证人能力。②此外，在大陆法系的民事诉讼中，采自由心正主义，证言是否可采，乃一任法院依据经验法则与论理法则（即逻辑法则）自由判断，故对于证人之资格亦无须加以限制。因此，无论其年龄大小、智力状况、精神状态如何、与诉讼结果有无利害关系，皆不影响其作为证人之资格。证人之年龄、智识、精神状态等仅为法院判断证人陈述之证言的证据价值或证据力之大小所应考虑的因

---

① 参见［日］斋藤秀夫：《注解民事诉讼法》（5），第一法规出版株式会社1983 年版，第 5 页；王甲乙、杨建华、郑健才：《民事诉讼法新论》，台湾三民书局2002 年版，第 370 页。

② 参见［日］藤原弘道：《民事裁判と证明》，有信堂 2001 年版，第 140 页。

素，而与证人能力无涉。① 此外，作为证言内容之事实是由偶然体验之（如证人目睹车祸发生之经过）还是由在场体验之（如证人被邀见证买卖合同之成立），是由自己亲身体验之还是得自他人之传闻，皆不影响其作为证人之资格。② 笔者认为，在证人

---

① 我国现行民诉法第 70 条第二款规定："不能正确表达意志的人，不能作证。"此自反面可以推论，在我国民事诉讼中，证人能力之享有须以正确表达意志为前提。且不说该项规范在逻辑上所犯的倒果为因之错误（因为能否正确表达意志须在证人经由法院讯问陈述证言后始能作出判断），即就本身之内容而言，亦有显然失当之处。因为证人的作证行为仅为事实报告之观念表示，而非能引起诉讼法上效果的诉讼行为。证人作证不以其具有意思能力为要件，证人有表达能力即为已足，而其能否正确表达仅为法院判断证人所陈述证言的证据价值大小应予斟酌之因素。故年长者、年幼者、精神不健全者只要具有将所感知之事实予以表达之能力即可作为证人陈述证言，也即具有证人能力。由此观之，该项规范从本质上讲乃是对证人能力的一种不当限制，客观上将证人能力与证言之证据价值混为一谈，殊失允当。《证据规定》第 53 条第 2 款规定，待证事实与其年龄、智力状况或者精神健康状态相适应的无民事行为能力人、限制民事行为能力人，可以作为证人。相比于民诉法第 70 条之规定，其对证人之能力作了扩张解释，值得肯定。

② 在诉讼理论上，未亲自体验事实，而仅从他人处得知事实经过并向法院作陈述之人，被称为传闻证人。在英美法中，因事实认定的主体是不谙法律之陪审团，且对传闻证人所陈述之证言进行证据力评价乃相当微妙之作业，非为职业法官之陪审团成员一般难以合理操作，故原则上不承认传闻证人具有证人能力，仅例外情形下容许其具有证据能力。而在大陆法系民事诉讼中，事实认定者乃职业法官，传闻证据排除法则所赖以建立的制度基础即陪审制并不存在，故而立法上并无限制传闻证人的证人能力之规范，即便战后引进美国交互讯问制之日本（日本法中证人讯问之构造不同于德国法），其民诉法亦不否认传闻证人之证据能力。日本最高法院亦持同一立场，其于昭和 30 年（1955 年）12 月 16 日所作之判例认为，民诉法第 294 条（旧法）虽采交互讯问制，其不过是为保障诉讼当事人的主体地位，保障当事人权利所作之制度设计，基于不负举证责任当事人反对讯问权之行使，证人证言的证据力固能得到充分的审酌，但交互讯问制下，必须否定传闻证据的证据能力从理论上讲并非必要。因此，以私人间纷争之解决为目的的民事诉讼中，传闻证言是否可采，应委诸法官依自由心证进行判断。该判例关于传闻证人的证人能力之态度一直为日本实务所接受。参见〔日〕野村秀敏：《证言の证据能力と证据力》，载《民商法杂志》（第 98 卷）1988 年第 5 期。征诸民诉法第 70 条第 1 款的规定可知，在我国民事诉讼中，只要知晓案件情况即具有证人之适格性，至于其知晓案件情况乃是基于其之直接认识还是从他人之处获知则在所不同，也即即便传闻证人亦具有证人能力。不过，从《证据规定》第 57 条前段："出庭作证的证人应当客观陈述其亲身感知的事实"之规定来看，最高人民法院似采不承认传闻证人具有证人能力之见解。

能力之判断上，需要进一步注意以下几个方面。

1. 证人以向法院报告其所体验之事实结果为其特质，故仅具有体验、报告能力之自然人始具有证人能力，非自然人之法人及其他团体，均无证人能力。从我国现行民诉法第 70 条第一款"凡是知道案件情况的单位和个人都有义务出庭作证"之规定来看，在我国民事诉讼中，除自然人外，单位亦具有证人之资格。但显而易见的是，承认单位有证人能力根本有违一般常识，盖证人作证之过程实乃证人就其过去所感知之事实依凭记忆经由法院讯问而进行陈述之过程，此一过程乃人之感知、记忆、表达等生物属性综合作用之结果，不具有这些生物属性的非自然人之单位无论如何也实现不了这一过程。

2. 证人能力之有无，应以受法院讯问之时为基准予以判断。[①] 因此，当事人为证据声明申请法院传唤某人作为证人时，其人当时虽有证据能力，但若于受法院讯问之时失去证人能力，则不能依证人讯问程序对其进行讯问，而只能依当事人讯问程序进行讯问。例如，董事代表作为当事人的股份公司，虽然在诉讼中可以作为证人被采用，但于法院受讯问时，其已就任该公司的代表董事成为该公司的法定代表人，在该诉讼中，其即不能作为证人被法院讯问。相反，于当事人证据声明时其人虽无证据能力，但于受法院讯问时具有了证人能力之场合，则应依证人讯问程序对其进行讯问。例如，作为股份公司的代表的董事（法定代表人）于该诉讼中应准用当事人本人讯问程序受法院讯问，但于受法院讯问时，其已退任董事，此种场合，其即应作为证人受法院讯问。[②] 不过，由于证据调查之程序规范很多并非属于强行法

---

① 参见 ［日］斋藤秀夫：《注解民事诉讼法》（5），第一法规出版株式会社 1983 年版，第 5 页。

② 参见 ［日］门口正人编集代表：《民事证据法大系》（第 3 卷），青林书院 2006 年版，第 6—7 页。

规范，特别是证人讯问与当事人讯问在程序上具有很多相似性，因此，法院即使误将当事人或其法定代理人依证人讯问程序予以讯问，或者相反误将第三人依当事人讯问程序进行讯问，只要被讯问人不拒绝，或者当事人（尤其对方当事人）不陈述异议，该违背讯问程序而生之瑕疵即因当事人责问权的丧失而治愈。其结果，法院不妨将讯问所得之证据资料作为依正确程序所得之证人证言或当事人陈述采纳为裁判之基础。①

第二节　到场义务

证人出庭陈述证言之目的，在于向法院提供证据资料以协助法院基于证据调查之结果而为裁判，故证人义务乃对代表国家之法院所尽之公法上义务，并非对当事人所负之诉讼法上义务。此外，负证人义务者仅以服从国家裁判权者为限，享有治外法权之人不负证人义务。② 又但凡服从国家裁判权之人，不问其国籍、年龄、智力、精神状态，皆负有接受法院讯问，报告其所感知的事实之义务。故证人义务乃第三人对国家所负之一般性公法义务。依德国、日本及我国台湾地区等大陆法系国家或地区民诉立法之通例，证人义务具体包括到场义务、宣誓或具结义务、证言义务。在我国民事诉讼中，证人义务包括出庭义务、陈述义务两个方面，宣誓或具结义务并未为现行法所规定。

---

①　参见［日］新堂幸司、铃木正裕、竹下守夫：《注释民事诉讼法》（3），有斐阁1993年版，第329—331页。

②　不过，日本最高法院于昭和24年（1949年）7月9日所作之判例认为，享有治外法权之人若愿意出庭陈述，法院亦能对其进行讯问，并可以其所陈述之证言作为证据资料。参见［日］斋藤秀夫：《注解民事诉讼法》（5），第一法规出版株式会社1983年版，第12页；［日］小室直人等：《新民事诉讼法》（Ⅱ），日本评论社2003年版，第168页。

一、到场义务之内涵

因证据调查原则上乃由受诉法院于公开法庭行之，故证人到场一般是指证人遵法院之命于证据调查期日出庭。但某些特殊诉讼如土地境界确定诉讼，基于事实真相发现之必要性考虑，证人于现场接受法官讯问可能更为妥适。此种场合，证人到场乃指证人遵法院之命到当事人之间所生事端之现场。依德国、日本民诉法之相关规定，证人虽一般性地负有到场义务，但若证人身份特殊（如其为国家元首）①或存在特殊事由（如证人身患重病无法到庭、证人出庭显违费用相当性等），法院应抵证人之所在对其进行讯问。此种情形下，证人虽负证言义务，却不存在到场义务，是为特例（参见德国民诉法第 375 条，日本民诉法第 195 条，我国现行民诉法对此虽未规定，但在适用时应作同一解释）。

二、违反到场义务之构成条件

证人到场既为其应尽之公法义务，违背此项义务即应遭受公法上之制裁。从德国、日本民诉法及我国台湾地区"民诉法"之相关规定来看，违反证人义务之构成要件为：（1）证人于讯问期日不到场。其乃指证人于讯问期日终了前未到场，开庭前未经许可中途退庭亦包括在内。至于讯问期日，举证人是否撤回对证人讯问之声明则在所不问。（2）证人受合法传唤或通知。依德国民诉法第 377 条之规定，对证人依传票之方式传唤，传票中应记载：双方当事人的姓名、受讯问之事项、应于期日按时到指定地点陈述证言、否则将依本法给予制裁等内容。依日本民诉法第 94

---

① 德国民诉法第 219 条第 2 款规定，联邦总统没有亲自到法院出庭的义务。同法第 375 条第 2 款规定，讯问联邦总统应在其住所讯问之。一国元首为证人不负到场义务主要是考虑到国家元首身负国家要务，应予尊崇，由法院传唤其出庭陈述证言，有失崇敬。

条之规定，对证人之传唤应采送达传票之方式。依日本民诉规则第 108 条之规定，传票应载明当事人的表示，出庭的日、时及场所，应受讯问事项及不出庭应受之制裁等内容。与德国、日本民诉法不同的是，我国台湾地区"民诉法"第 299 条规定，法院告知证人出庭采取通知书的方式，通知书应记载：证人及当事人，证人到场之日、时及处所，证人不到场时应受之制裁，证人请求日费及旅费之权利等事项。所谓合法之传唤或通知，乃指传票或证人通知书之制作与送达，均合乎法律之规定，并需酌留证人能到场的必要时间。若送达之时间与受讯问之期日距离过于短促者（如证人不在受诉法院所在地，在途期间尚需一日，而传票或通知书于讯问前一日始行送达之情形）即应为不合法。① 日本民诉法第 94 条第 2 款规定，不经正式传唤程序传唤证人到场，证人即便不出庭，亦不能对其课以制裁。日本民诉规则第 108 条第 3 款甚至规定，传票即便正式送达给证人，只要传票未记载不出庭所受之法律上的制裁，同样不能对不出庭的证人课以制裁。（3）证人不到场并无正当理由。所谓正当理由，乃指证人不到场非因故意或过失者而言。证人患有致不能出庭程度之重病、执行迫不得已之紧急任务、出现天灾或其他不可避免之事故等，在解释上均可认为具有正当理由之情形。② 依德国民诉法第 381 条之规定，证人若因正当理由不能到场应当及时、充分地向法院说明，若迟延解明，须释明其迟延解明无过错。其解明或释明可以书面为之，也可以口头向书记处为之，由书记官做成笔录。依日本民诉规则第 110 条之规定，证人有正当理由不到场，应预先（除不得已之场合外，不得迟滞于讯问期日）向法院申请不到场

---

① 参见王甲乙、杨建华、郑健才：《民事诉讼法新论》，台湾三民书局 2002 年版，第 383 页。

② 参见〔日〕门口正人编集代表：《民事证据法大系》（第 3 卷），青林书院 2006 年版，第 10 页。

并释明理由。如在病伤之场合，还应添附医生开具的不宜到场的意见诊断书。

依我国现行民诉法第 122 条之规定，人民法院审理民事案件，应当在开庭三日前通知证人到庭。依《适用意见》第 155 条之规定，人民法院采通知书形式通知证人到庭，证人若在外地，应留有必要的在途时间。由此可知，在通知证人到庭这方面，现行法所定之程式基本上与德国、日本等大陆法系民诉法相同，即亦强调证人履行出庭作证义务须以其受法院合法通知为前提。

三、对证人违反到场义务之制裁

我国民诉法第 70 条虽然明确规定了证人应负出庭义务，但与德国、日本及我国台湾地区等大陆法系国家或地区民诉立法对无正当理由不到场作证的证人设有明确的制裁规范不同的是，现行法对证人无正当理由不出庭作证并未设置任何制裁规范。这或许是我国民事审判实践中证人出庭率极低的最为根本的原因。为求证据调查直接原则之贯彻与裁判真实，借鉴域外立法例，明确规定证人违背到场义务所受之公法上的制裁洵属必要。依德国民诉法第 380 条，日本民诉法第 192、193、194 条，我国台湾地区"民诉法"第 203 条之规定，证人无正当理由不到场所受之公法上的制裁有以下几个方面。

1. 证人须负担因其不到场所生之诉讼费用（德国民诉法第 380 条第 1 款前段，日本民诉法第 192 条第 1 款前段）。证人因不到场而生之诉讼费用包括：传唤证人所需费用、当事人及其诉讼代理人出庭而耗之旅费、误工损失、住宿费等。法院命证人负担因其不到场所生之诉讼费用，主要是为了赔偿当事人及其诉讼代理人因证人不到场而空跑一趟所带来的损失。

2. 罚款。依日本民诉法第 192 条第 1 款后段之规定，证人无正当理由不到场时，法院除可裁定命其负担由此产生的诉讼费用外，可对其并处 10 万日元以下罚款（过料）。依日本学者之通说，法院命证人负担诉讼费用与对证人处以罚款这两种制裁措施，由法院裁量采取，任采其一亦可。日本少数说则认为，这两种制裁须并罚，法院对其之适用并无裁量之余地。[1] 依我国台湾地区"民诉法"第 203 条第 1 款之规定，证人受合法之通知，无正当理由而不到场者，法院可以对其处以新台币 3 万元以下之罚款（罚锾）。依同条第 2 款之规定，证人已受前项处罚，经再次通知，仍不到场者，可以再对其处以新台币 6 万元以下之罚款。

3. 罚金或者拘留。依德国民诉法第 380 条第 1 款后段之规定，对受合法传唤而不到场之证人，除由法院命其负担诉讼费用外，可同时处以违警罚款，证人不能缴纳罚款时，则对其科以违警拘留。依同条第 2 款前段之规定，证人再次不到场，可对其再次处以违警制裁。罚款与违警拘留这二者均为秩序罚，违警罚款数额与违警拘留之期间以及前者向后者之转化适用德国刑法施行法（EGSTGB）第 6—8 条之规定。[2] 依日本民诉法第 193 条第 1 款之规定，证人无正当理由不到场时，将被法院处以 10 万日元以下之罚金或拘留，依学者之解释，证人不出庭情节恶劣时，罚金与拘留可以并处。[3] 在日本，罚金与拘留因具有刑事罚之性质，甚至可认为乃刑罚之一种，故受诉法院自身不能直接作出关于罚金与拘留之本案裁判，须待侦查机关告发（日本刑诉法第 239 条）后适用通常刑事诉讼程序予以处理。与日本民诉法第 192 条所规定的罚款措施仅为秩序罚性质不同的是，其民诉法第 193 条所规定的罚金乃刑事罚。在罚款与罚金的适用上，日本学者间有

---

[1]　参见［日］小室直人等：《新民事诉讼法》（Ⅱ），日本评论社 2003 年版，第 172 页。

[2]　Musielak, Grundkurs ZPO, s. 248, 5. Aufl, 2000.

[3]　参见［日］小室直人等：《新民事诉讼法》（Ⅱ），日本评论社 2003 年版，第 171—172 页。

争议的问题是，罚款与罚金能否并处。少数学者认为，罚款与罚金由于性质、目的及适用的程序均有所不同，其之同时适用并不违反一事不两罚之精神。多数学者则认为，罚款与罚金均为经济上之制裁，两者并科属于一事两罚，违反宪法上的禁止重复处罚之精神。日本实务界（日本最高法院于昭和 39 年所作之判例）持前一种见解。[①]

4. 拘传。证人具有不可替代性，上述几种制裁措施仅属对证人之间接制裁，有时难以奏效，为迫使证人作证，德国、日本等大陆法系国家或地区民诉法殆皆规定法院可直接强制不到场之证人到庭作证，此即为拘传。依德国民诉法第 380 条第 2 款后段之规定，如证人受制裁后再次不到场，法院可以命令拘传证人。日本民诉法第 194 条第 1 款规定，法院对于无正当理由不到场之证人，可以命令拘传（勾引）。同条第 2 款规定，刑诉法关于拘传的规定准用之。我国台湾地区"民诉法"第 303 条第 2 款后段规定，证人已受 3 万元以下罚锾之裁定，经再次通知，仍不到场者，可拘提之。同条第 3 款规定，拘提证人，准用刑诉法关于拘提被告之规定。因拘传具有很强的人身强制性，故对其之适用十分严格，从域外法的上述规范来看，拘传一般是作为对证人制裁的最后一种手段予以适用的。

依德国、日本及我国台湾地区民诉法之相关规定，对证人所处之制裁，除刑事罚外，皆由法院以裁定形式作出，法院不待当事人之申请便可依职权作出裁定。依日本民事执行法第 224 条第四款之规定，法院命证人负担诉讼费用之裁定可作为执行名义加以执行。关于罚款（过料）之裁定，待确定后，基于检察官的执行命令执行（日本民诉法第 189 条第 1 款）。证人对所受之制裁，

---

① 参见［日］新堂幸司、铃木正裕、竹下守夫：《注释民事诉讼法》（6），有斐阁 1995 年版，第 278 页。

除拘传外，若有不服可以向上级法院提起即时抗告或抗告，[①] 若裁定乃由受命法官或受托法官作出，证人对其不服只能向受诉法院提出异议，对受诉法院就异议所作之裁判可以提起即时抗告或抗告（参见德国民诉法第 380 条第 3 款、第 576 条，日本民诉法第 192 条、第 329 条，我国台湾地区"民诉法"第 303 条第 4 款、第 385 条）。

第三节　宣誓(具结)义务

一、确立宣誓（具结）义务之意义

证人陈述证言时，应确切保证其之陈述真实且完全。此项保证之方法因一国或地区是否具有宗教信仰传统而不同。在有宗教信仰背景的国家如德国、日本，其民诉法所规定的确保证言真实之方法为宣誓，德国民诉法于 1974 年增订第 484 条，规定宣誓义务人若向法院说明其由于信仰上的原因不愿宣誓时，可以具结代替宣誓，具结具有与宣誓相同之效力。而在我国台湾地区，因为固有之文化习惯，其"民诉法"所采确保证言真实之方法为具结。无论宣誓还是具结，皆为证人向法院所作的认其陈述之证言为真实之表示，其目的皆在于保证证言之真实性。在上述国家或地区宣誓或具结之意义不仅仅在于心理上（或依据宗教信仰，或

---

　　① 德国、日本民诉法所定证人不服裁定之救济手段为即时抗告，我国台湾地区"民诉法"所定证人不服制裁裁定之救济手段为抗告。在大陆法系民事诉讼法中，抗告乃不服法院判决以外裁判（裁定、命令等）而向上级法院寻求救济的一种手段。抗告分为通常抗告与即时抗告。二者之区别除即时抗告在法律上均定有较短之不变期间外（如德国法为两周，日本法为一周），另一重要之区别在于提起即时抗告具有停止原裁判执行之效力，而通常抗告则无此效力。我国台湾地区"民诉法"未规定即时抗告制度，其所定之抗告期间为十日，抗告后是否停止执行取决于个别法之规定。依其"民诉法"第 303 条第 4 款之规定，证人提起抗告后原裁定停止执行。

依据良心）强制证人真实陈述证言，更重要的在于宣誓或具结乃成立刑法上伪证罪要件之一（参见德国刑法第 154 条、日本刑法第 169 条、我国台湾地区"刑法"第 168 条），也即证人作虚伪陈述，情节严重构成伪证罪者，尚须满足证人于作证前进行了宣誓或具结这一前提要件。从某种意义上讲，宣誓或具结义务与刑法上的伪证罪互相作用，目的在于借此进一步强制证人之心理，迫使证人不敢作虚伪之陈述，俾能确保证言之真实。①

　　依我国现行民诉法第 70 条之规定，在我国民事诉讼中，证人仅负到场义务与证言义务，而不负宣誓或具结义务。不过，依最高人民法院 1998 年发布的《关于执行〈中华人民共和国刑事诉讼法〉若干问题的解释》第 142 条第 2 款之规定，证人作证前，应当在如实作证的保证书上签名。此项保证证言真实性之做法在形式上与具结相类似。不过，我国刑法上的伪证罪并不以证人已在如实作证的保证书上签名为构成要件之一，故此种保证手段似仅具有形式上的象征意义。在民事诉讼中，即便类如此种形式意义上的保证证言真实性之做法亦未被民诉法及相关司法解释所采。此外，刑法第 306 条所定之伪证罪仅以刑事诉讼中的证人为其适用对象，在民事诉讼中，证人若作虚伪陈述，后果无论如何严重亦不构成伪证罪。结合以上几个方面的因素综合考量，笔者认为，探讨在我国民事诉讼中是否应一如域外立法例规定证人负宣誓或具结义务，仅强调宣誓或具结所具有的心理强制力是远远不够的，更多的应考虑刑法上的伪证罪适用对象是否应扩张及于民事诉讼中的证人，以及伪证罪是否应以证人于作证前进行了宣誓或具结为构成要件之一，唯有如此，方能对我国民事诉讼中应否规定证人负具结义务作客观、平允的论证。

---

　　① 参见陈荣宗、林庆苗：《民事诉讼法》（中），台湾三民书局 2006 年版，第 505 页。

值得注意的是，在德国的民事诉讼实践中，关于证人之宣誓规定极少适用，这不仅仅是因为依德国民诉法第 391 条之规定，宣誓并非是证人陈述证言之前必须的一个环节，① 也不仅是因为法官怀疑宣誓所具有的迫使证人提高真实陈述的意向这一心理强制效果（毫无疑问的是，强制宣誓肯定无助于提高证人感知能力、记忆能力之欠缺，至于宣誓所具有的迫使真实陈述之心理强制效用乃一既不能证实亦不能证伪之命题），而更重的是因为依德国刑法第 153 条之规定，对于未经宣誓而故意为虚伪陈述之证人亦可对其处以刑法上的制裁，从而使得对证人可课以伪证罪之惩罚在很大程度上失去了加强宣誓的效力。② 当然，这并不妨碍我们对德国、日本民诉法及我国台湾地区"民诉法"上的宣誓（具结）义务规范之适用作进一步的分析，毕竟将来修正民诉立法时若考虑设证人宣誓或具结义务，域外法上的成熟规范可足资借鉴。

二、宣誓（具结）程序

如上所述，在德国民事诉讼中，是否命证人宣誓由法院自由裁量，当事人双方亦可舍弃宣誓。在日本，负宣誓义务的证人必须宣誓，法院不享有是否要求证人宣誓的裁量权，也不允许当事人放弃证人宣誓。依日本民诉法第 372 条第 1 款的规定，简易法院适用小额诉讼程序时，法官可不让证人宣誓而直接对其进行讯问。在我国台湾地区，负具结义务的人于作证前必须具结，当事

---

① 从理论上讲，在德国的民事诉讼中，证人于陈述证言前应予以宣誓，但法官对于是否应让证人宣誓享有较大的自由裁量权，法官仅在考虑到证言之内容对裁判的形成具有重要性，特别是在考虑到争讼对双方当事人的重要性，宣誓在根本上适于真实证言之形成的情形下始让证人宣誓。此外，在德国民事诉讼中，当事人双方可舍弃证人之宣誓。

② Jauernig, Zivilprozeβrecht, s. 207ff, 25. Aufl, 1998.

人亦无舍弃证人具结之权。

依德国民诉法第 392 条之规定，证人宣誓应在接受法官讯问后为之。誓词中应表明证人应按照自己的良心作真实的陈述，毫不隐瞒。依同法第 480 条之规定，证人于宣誓前，法官应将宣誓的意义以适当的方式告知证人，并告知证人，其可以按宗教的方式，也可以不按宗教的方式宣誓。依第 481 条之规定，证人为数人时，可以同时宣誓，但誓词应由每个证人个别陈述。依第 398 条第 3 款之规定，法院对证人再次讯问或补行讯问时，可以命证人不再宣誓，而引用原来的宣誓以确保其证言之正确性。

在日本的旧民诉法（第 285—288 条）中，规定有宣誓之时期、方式及其他事项，新法颁行时，将旧法中关于宣誓的技术规范移由民事诉讼规则规定，不过其内容未作任何变更。依日本民事诉讼规则第 112 条第 1 款之规定，证人宣誓原则上应在受法院讯问之前进行，通常在法院对证人进行了人别讯问（即法官为辨明证人身份的讯问）后进行。曾经被法院采用之证人于最初讯问期日宣誓后，就同一证言事项于续行期日受法院讯问时无须再行宣誓，受诉法院成员中途变更时亦同。不过，若经过了很长时间证人才被法院续行讯问，为求宣誓目的之彻底贯彻，于续行讯问期日证人应重新宣誓。[1] 依同款后段之规定，在有特别事由存在时，证人可于受法院讯问后宣誓。依学者之解释，特别事由一般是指证人宣誓义务有无不明以及对享有拒绝宣誓权的证人进行讯问等情形。在这些场合，法院根据讯问之结果始能正确判断宣誓义务之有无以及免除宣誓是否正当。[2] 依同条第 2 款之规定，证人宣誓应起立严肃行之。于同一期日有数个证人受法院讯问时，日本实务中的做法是法院对全体证人顺次进行分别讯问并于其后同

---

① 参见［日］门口正人编集代表：《民事证据法大系》（第 3 卷），青林书院 2006 年版，第 23 页。

② 同上书，第 26 页。

时宣誓。同条第 3 款规定，证人宣誓时，审判长命证人朗读宣誓书，且须署名押印。证人署名有困难时，书记官附记其旨。证人不能朗读宣誓书时，审判长须让书记官代为朗读。宣誓书应记载：发誓依良心真实陈述，未隐瞒任何事项，也未添加任何事项（民事诉讼规则第 112 条第 4 款）。宣誓前，审判长应向证人说明宣誓之目的且告知作伪证应受之处罚（民事诉讼规则第 112 条第 5 款）。审判长所作之说明以及罚则告知欠缺的场合，是否成立刑法第 169 条之伪证罪乃解释上的问题，但在民事诉讼上，这一瑕疵亦因当事人责问权之不行使而治愈。①

依我国台湾地区"民诉法"第 312 条第 1 款之规定，审判长应于讯问证人前命证人具结，命证人具结前应先调查其是否有免除具结义务之情形，证人应否具结有疑义者，审判长可于讯问后行之。数个证人于同一期日受讯问，应分别具结。同条第 2 款规定，审判长于证人具结前，应郑重其仪式，告知证人应负具结义务及作伪证之处罚，使其知所谨慎而为据实陈述。依同"法"第 313 条之规定，证人具结，应于结文内记载当据实陈述，其于受法院讯问后而具结时，应于结文内记载系据实陈述，并均须在结文中记载绝无匿、饰、增、减，如有虚伪陈述，愿受伪证之处罚等语。证人应朗读结文，如不能朗读者，由书记官朗读，并说明其意义。结文应命证人签名，其不能签名者，由书记官代书姓名，并说明其理由，命证人盖章或按手印。

三、宣誓（具结）义务的免除与拒绝

如前所述，在德国、日本及我国台湾地区，证人宣誓（具结）乃成立伪证罪之要件之一，证人一旦宣誓（具结）而作虚

---

① 参见［日］门口正人编集代表：《民事证据法大系》（第 3 卷），青林书院 2006 年版，第 27 页。

伪陈述，即可能构成伪证罪。于通常情形，证人均负宣誓（具结）义务，唯有时证人有特殊原因而不宜使其负伪证罪责，故若仍命证人宣誓（具结），于其实为过苛。为此，其民诉立法皆有例外情形下免除证人宣誓义务之规定。证人宣誓（具结）义务之免除有绝对免除与相对免除两种类型。日本民诉法于宣誓义务之免除外，另规定有证人于一定情形下可以拒绝宣誓。

1. 绝对免除

所谓绝对免除，乃指证人绝对的无宣誓（具结）义务。依德国民诉法第393条、日本民诉法第201条第2款、我国台湾地区"民诉法"第314条第1款之规定，于受法院讯问时未满16周岁的证人，或者因精神障碍、智能欠缺或者薄弱而不能理解宣誓（具结）效果或意义的人，法院不得令其宣誓（具结）。这些人虽有证人能力，但即便宣誓（具结）亦不能期待担保其证言之真实性，以定伪证罪予以处罚为背景，对其进行讯问亦不相当，故这些人无宣誓（具结）义务。无宣誓（具结）义务的人于宣誓（具结）后陈述证言之场合，其所为之宣誓（具结）乃为无效，证人即便作伪证，亦不能对其处以伪证罪。但是证言内容本身，以法院认为非虚伪陈述为限，不妨作为证言采用。对于受讯问时未满16周岁之人，即便其理解宣誓（具结）的意义或效果，法院亦不许令其宣誓。①

2. 相对免除

所谓相对免除，乃指证人应否宣誓（具结）概由法院审酌情形定之，证人不享有绝对的宣誓（具结）义务免除的权利。依日本民诉法第201条第3款之规定，法院讯问不行使第196条所定证言拒绝权的证人，不得使其宣誓。法院作出免除宣誓之裁定，乃依职权行之，证人无免除宣誓申请权，即便其申请法院免除宣

---

① 参见［日］门口正人编集代表：《民事证据法大系》（第3卷），青林书院2006年版，第26页。

誓义务，也不过为促使法院依职权作出裁定之手段。证人以及当事人对法院所作之裁定均不能表示不服。不享有证言拒绝权的人被法院免除宣誓进行讯问虽为违法之举，但在当事人不及时地陈述异议时，该程序上的瑕疵即因责问权的放弃而得以治愈，所得之证言仍可采纳作为证据资料。当然被免除宣誓义务的人由于不经由宣誓而被法院讯问，故其证言之证据价值一般较低，由法官依据个案之具体情况，基于自由心证而作评价。① 依我国台湾地区"民诉法"第 314 条第 2 款之规定，以下列之人为证人者，法院可以不令其具结：其一，有第 307 条第 1 款第（一）项至第（三）项所定证言拒绝权情形而不拒绝证言者。其二，当事人之受雇人或同居人。这是因为，当事人之受雇人或同居人与当事人关系密切，在某种情形下，强令其具结陈述证言，亦非人情之常，故法院可不令其具结。所谓受雇人，指其受雇有继续之性质而言，若受雇为一时可毕之行为，则非此处之受雇人。所谓同居人，亦以共同生活者为限。其三，就诉讼结果有直接利害关系者。证人既与诉讼结果有直接利害关系，则强令证人宣誓并陈述真实证言有时未免不近人情，故其可不经宣誓而受法院讯问。又与诉讼结果有直接利害关系之证人所陈述之证言，其证据力虽极薄弱，但其证言并非完全不可置信，故仅在具结义务上作例外之规定。所谓与诉讼结果有直接利害关系，以法律上的利害关系为限。如因诉讼裁判之效力及于证人，致证人之权利义务受其影响者，固得认为有直接利害关系。作为诉讼标的之法律关系所体现之权利义务为证人所共同享有或负担者，亦可认就诉讼结果有直接利害关系。② 德国民诉法虽未规定宣誓之相对免除，但德国的

---

① 参见［日］小室直人等：《新民事诉讼法》（Ⅱ），日本评论社 2003 年版，第 172 页。

② 王甲乙、杨建华、郑健才：《民事诉讼法新论》，台湾三民书局 2002 年版，第 381 页。

主流观点认为享有证言拒绝权的证人可以不经过宣誓而陈述证言。[1]

3. 宣誓之拒绝

依日本民诉法第 201 条第 4 款之规定，证人受讯问之事项若为与证人或同证人有第 196 条所定关系之人（即配偶、四亲等之血亲、三亲等之姻亲或曾有此关系的人、存有监护人与被监护人关系的人）有显著利害关系的事项时，能够拒绝宣誓。依学者之解释，显著利害关系不以法律上的利害关系为限，经济上的、社会上的利害关系亦属之。利害关系是否显著，应依社会通念予以判断。[2] 依日本民诉法第 201 条第 5 款之规定，证人拒绝宣誓，准用民诉法第 198、199 条之规定。因此，拒绝宣誓的人，必须释明受讯问事项专乃与自己或同自己有第 196 条所定关系之人存在显著利害关系的事项。证人拒绝宣誓是否正当，由受诉法院于讯问当事人后，以裁定方式作出判断。对此裁定若有不服，当事人与证人均能提起即时抗告。

四、违背宣誓（具结）义务所受之制裁

宣誓（具结）既乃证人对法院所尽之公法上义务，违背此项义务时理应遭受制裁。依德国民诉法第 390 条之规定，证人无正当理由拒绝履行宣誓程序，法院不待当事人之申请，即可命证人负担因其拒绝宣誓而生之诉讼费用。同时对证人处以违警罚款，证人不能缴纳罚款时，对其处以违警拘留。依日本民诉法第 201条第 5 款之规定，第 192、193 条关于证人不到场所受处罚之规定准用于证人拒绝宣誓。据此可知，在日本，证人无正当理由

---

① Jauernig, Zivilprozeβrecht, s. 208, 25. Aufl, 1998.

② 参见［日］门口正人编集代表：《民事证据法大系》（第 3 卷），青林书院2006 年版，第 28 页。

（法院关于证人拒绝宣誓无理由之裁判确定后）拒绝宣誓时，法院可裁定命令证人负担由此而产生的诉讼费用，并对其处 10 万日元以下之罚款。证人对于该项裁定可以提起即时抗告。情节严重的，法院可裁定处以 10 万日元以下罚金或者拘留，根据情形，二者可以并处。我国台湾地区"民诉法"第 315 条规定，第 311 条之规定，于证人拒绝具结时准用之。因此，在我国台湾地区，证人不陈明具结之原因、事实而拒绝具结时，或者法院所作证人拒绝具结为不当之裁定已经确定而仍拒绝具结时，法院可以决定处以 3 万元新台币以下之罚款。对于该项裁定，证人可以向上级法院提起抗告。抗告中应停止执行。

第四节　证言义务

　　证言义务，又称陈述义务（在我国民事诉讼法上，称为作证义务，参见第 70 条、第 124 条），乃指证人所负的于证据调查期日，在法官面前陈述其体验之事实结果之义务。证人之陈述在性质上属于事实报告之观念表示，而非意的表示。[①] 因证人作为证据方法之目的在于将其所陈述之证言作为法院认定事实之证据资料，故证言义务乃证人义务之核心。

一、证人陈述之方式

　　基于证据调查中言词原则之规制，又基于证人作为证据方法之内在要求（即证人陈述时，法院不仅要从证人证言的内容本身，而且要从证人陈述时的态度、表情、行为举止等方面判断证言之证明力，从而，口头陈述乃对证人作证之本质要求），

---

　　① 参见 [日] 斋藤秀夫：《注解民事诉讼法》（5），第一法规出版株式会社1983 年版，第 5 页。

证人陈述证言，原则上须以口头方式为之（即使从形式上看为口头陈述，如证人朗读书面记载之内容，亦非口头陈述）。日本民诉法第 203 条前段关于证人不得基于文书进行陈述之规定，我国台湾地区"民诉法"第 318 条第 2 款前段关于证人之陈述，不得朗读文件或用笔记代之的规定，均为对此一原则的正面宣示。我国现行民诉法第 124 条第 2 款中"告知证人的权利义务，证人作证，宣读未到庭的证人证言"之规定，实际上也昭示了这一原则。

　　证人陈述证言虽以口头陈述为原则，但在例外的情形下仍可以书面方式进行陈述，此在学理上称为对证人的书面讯问。依德国民诉法第 377 条第 3 款之规定，如果考虑到证人作证中问题的内容与证人的人格，法院认为由证人提出书面回答即为已足，即可以命令证人提出书面回答。德国学者认为，这仅在证人适于从书面资料中回答逐项证明主题时方为正当。例如，原告主张因遭受某一事故而受伤，申请为其诊治的医生作为证人出庭作证（依民诉法第 385 条第 2 款，原告须解除作为证人的医生之守密义务），在此种情况下，医生可以根据书面的诊断资料回答作为证明主题的病情问题。① 依德国民诉法第 377 条第 3 款后段之规定，证人提出书面回答时，应同时表示，其可以接受法院传唤以备讯问。如果法院认为有必要命证人就作证中的问题作进一步陈述时，法院可以命令传唤证人。依日本民诉法及民诉规则之相关规定，在下列情形下，证人可以提出书面回答：其一，审判长许可证人基于文书进行陈述（日本民诉法第 203 条后段）。其二，法院认为证人书面回答乃为相当且当事人双方对此均未提出异议，可以让证人提出书面回答代替到场接受讯问（日本民诉法第 205 条）。此种情形实际上同时免除了证人之到场义务，与证人到场

---

① Schilken, Zivilprozeβrecht, s. 301, 3. Aufl, 2000.

基于文书而陈述不尽相同。该项规定乃为谋求案件审理之迅速化与诉讼经济原则之贯彻而设。根据日本学者之解释，相当性之判断乃属于法院诉讼指挥权范围内之事项，由法院依案件具体情形作出判断。证人因年龄、病伤及其他身体上的理由在法院出庭不可能或显著困难，从证人与当事人之间的关系及受讯问事项来看，预定能够作正确的供述，没有必要特意进行嘱托讯问与临床讯问的场合，可解释为符合相当性。[①]笔者认为，之所以强调当事人双方对证人书面回答均未提出异议，乃是因为以提出书面回答代替证人讯问毕竟为代用之证据调查方式，与作为民事诉讼基本原则的直接言词原则之趣旨实属不合，于当事人一方或双方反对时若仍强行为之，势必难以取得良好之社会效果。其三，证人存在听觉等障碍之场合（日本民事诉讼规则第 122 条）。证人既然存在听觉等障碍，在法院接受法官讯问必存在显著困难，故可以提出书面回答代替接受法官讯问。

　　我国台湾地区"民诉法"并未设类如德国民诉法第 377 条第 3 款、日本民诉法第 205 条所规定的书面讯问制度，依其"民诉法"第 318 条第 2 款后段之规定，在审判长许可之情况下，证人可以朗读文件或用笔记代替陈述（此与日本民诉法第 205 条后段规定相同）。学者认为，审判长许可仅因事实上之需要始可为之。如证人陈述契约上之文字，陈述某处之地势，报告账目收支情形，非朗读文件或用笔记代之，为事实上所难能者，自得许可之。[②]

　　根据我国现行民诉法第 70 条第 1 款后段之规定，在我国民

---

① 参见［日］松本博之、上野泰男：《民事诉讼法》（第 4 版），弘文堂 2005 年版，第 402 页。

② 参见王甲乙、杨建华、郑健才：《民事诉讼法新论》，台湾三民书局 2002 年版，第 387 页。

事诉讼中，证人确有困难不能出庭的，[1] 经人民法院许可，可以提交书面证言。该项规定与德国民诉法第 377 条第 3 款、日本民诉法第 205 条所规定的书面讯问制度基本相同。但在适用条件上未如后者严格，只要证人于出庭作证确有困难即可提交书面证言以代出庭作证。而从德国、日本民诉法及我国台湾地区"民诉法"的规定来看，证人有困难不能出庭时在很多场合下乃是由受命法官或受托法官到证人所在场所对证人进行讯问。即便依据前面的解释，证人确有困难不能出庭可被解释成由法院进行书面讯问为相当之情形，也尚不足以引起书面讯问之适用，而须同时满足当事人双方对书面讯问未提出异议始足当之。因此，在适用民诉法该项规定时，应严格解释证人确有困难不能出庭而致须提交书面证言之文义，尽可能地减少证人提交书面证言的适用，俾证据调查之直接言词原则最大限度地得到贯彻，从而确保裁判真实。

二、证人讯问之方法

对证人之证据调查采用对证人进行讯问之方式。经由讯问，证人以口头方式陈述自己关于所见闻的具体事实之认识，法院以其陈述内容作为认定事实的证据资料。在大陆法系民事诉讼中，对证人讯问一般由法院为之，当事人对证人之发问仅为辅助性的。但日本于第二次世界大战后受美国法的影响，于昭和 23 年（1948 年）修正其民事诉讼法，对证人讯问改采交互讯问制，在此讯问制度下，当事人为讯问的主体，法院对证人之讯问仅为辅

---

[1] 依《证据规定》第 56 条之解释，民诉法第 70 条所规定的证人确有困难不能出庭乃指：（一）年迈体弱或者行动不便无法出庭的；（二）特殊岗位确实无法离开的；（三）路途特别遥远，交通不便难以出庭的；（四）因自然灾害等不可抗力的原因无法出庭的等情形。

助性或补充性的。① 日本民诉法第 202 条规定，讯问证人，依申请讯问该证人的当事人、对方当事人、审判长的顺序进行。审判长认为必要时，在听取当事人的意见后，可以变更前项所规定的讯问顺序。该项规定为日本民诉法 1996 年修正时所新设，其目的主要是使诉讼程序能适切地推进。因为日本不采律师强制代理，在本人诉讼中，由当事人对证人进行适切地讯问并不能被充分期待，也即由当事人讯问证人，于立证事项多不能充分地引导出证言。因此，在照顾当事人程序上的利益之同时，对交互讯问制度下讯问的顺序进行变更十分有必要。② 无论是法院的依职权讯问还是当事人之交互讯问，关于证人之讯问基本上均受以下几个方面之规制。

1. 人别（人定）讯问

所谓人别（人定）讯问，乃指法院为识别证人之身份而进行之讯问。人别讯问之目的在于调查证人有无错误，并为判断证言是否可采提供必要的辅助性资料。德国民诉法第 395 条规定，开

---

① 日本明治 23 年（1890 年）的旧民诉法第 315 条禁止当事人对证人进行发问。大正 15 年（1926 年）的日本旧民诉法修正了该项规定，允许当事人经审判长许可后对证人进行发问。日本于第二次世界大战后对证人讯问改采交互讯问制。交互讯问制下，证人陈述证言乃采一问一答之方式，与大陆法系传统的法院依职权讯问制度下证人陈述方式迥不相同。在后者，证人应遵法院之命连续地、完全地陈述具体事实之经过。日本学者对其民诉法采交互讯问制多持批评态度，认为交互讯问制实乃陪审制下之产物并以事证开示制度为配套措施。交互讯问方式乃与弹劾敌对性证人相适应而生成的证人讯问之方法。在欠缺事证开示手段以及中立证人的场合，还是由法院依职权讯问证人较为适当。此外，一问一答方式之讯问，所获情报量虽多，但在正确性方面多不能得到保障，而物语式（连续陈述）之讯问，所获情报量虽相对较少，但其在正确性方面显然具有优势。参见［日］小野寺规夫：《21 世纪にぉける证据调べの课题——裁判官の心证のとり方と真实发现》（上、下），载《判例タィムス》，No. 1019（2000 年 3 月）、No. 1021（2000 年 4 月）；［日］门口正人编集代表：《民事证据法大系》（第 3 卷），青林书院 2006 年版，第 107 页。

② 参见［日］伊藤真：《民事诉讼法》（第 3 版），有斐阁 2004 年版，第 350 页。

始讯问时，应讯问证人的姓名、年龄、身份、职业与住址。必要时，应就证人在该案中的信用情况向之发问，特别应就其与当事人的关系发问。我国台湾地区"民诉法"第 317 条规定，审判长对于证人，应先讯问其姓名、年龄、职业及住、居所；于必要时应讯问证人与当事人之关系及其他关于证言信用之事项。

2. 隔别（离）讯问

所谓隔别（离）讯问，乃指在同一证据调查期日，证人为复数时，对证人之讯问应个别进行。讯问某一证人时，其他证人不能在场，隔别（离）讯问之目的在于避免先前受讯问证人陈述的证言对后讯问之证人造成不当影响，也即防止证人受污染，俾能发现真实。德国民诉法第 394 条第 1 款规定，对各证人应个别讯问，讯问时不能使以后要讯问之证人在场。我国台湾地区"民诉法"第 316 条第 1 款前段规定，讯问证人，应与其他证人隔别行之。日本民事诉讼规则第 120 条"审判长，于认为有必要时，能许在后讯问之证人在法庭"之规定实际上亦蕴含了隔别（离）讯问之原则。我国《证据规定》第 58 条"证人不得旁听法庭审理，讯问证人时，其他证人不得在场"之规定亦昭示了此一意旨。

3. 对质讯问

对证人进行讯问，虽以隔别讯问为原则，但在数证人对同一事实所陈述的证言相互矛盾之情形下，为确保证人讯问之效果，审判长可以使证人同时在场互相对质。譬如，德国民诉法第 394 条第 2 款规定，证言互相矛盾的几个证人，可以使之互相对质。日本民事诉讼规则第 118 条第 1 款规定，审判长，在认为有必要时，可命令证人与其他证人进行对质。我国台湾地区"民诉法"第 316 条后段规定，审判长认为必要时，得命证人与其他证人或当事人对质。我国现行民诉法虽未规定对质讯问，但《证据规定》第 58 条后段则规定了对质讯问，其内容是：人民法院认为有必要的，可以让证人进行对质。从上述规范的内容中不难看出，对质讯问乃证人讯问之特别方法，乃在一般讯问后法院认为有必要时进行。在解释上，"有必要之情形"通常指证人证言相互矛盾之情形。是否使证人对质，乃审判长裁量决定之事项，当事人之申请仅具有促使法院依职权发动对质讯问之意义。

4. 当事人之发问

在采交互讯问制之日本，当事人固为讯问证人之主体之一，但在采法院职权讯问制之德国和我国台湾地区，当事人亦有权向证人进行发问。如德国民诉法第 397 条第 1 款、第 2 款规定，为了阐明案件或证人的各种关系，当事人在认为适当时，有权向证人发问，在当事人的律师要求时，应准律师直接向证人发问。我国台湾地区"民诉法"第 320 条规定，当事人得申请审判长对于证人为必要之发问，或向审判长陈明后自行发问。我国现行民诉法亦规定了当事人向证人的发问权，其第 125 条第 2 款规定，当事人经法庭许可，可以向证人发问。与审判长向证人发问一般在于使证人阐明不明了之事实关系所不同的是，[①] 当事人对证人之发问往往具有质问、诘问之意味。为避免当事人对证人进行不正当之发问，域外法上对当事人之发问方式多设有限制。如依日本民诉规则第 115 条第 1 款、第 2 款之规定，当事人对证人质问之限制有以下几个方面：第一，当事人不得就与立证事项无关的事实进行质问或重复质问；第二，当事人不得进行一般性的、抽象的质问，而应个别地就具体事项进行质问；第三，当事人质问证人时，不得有侮辱证人或使证人难堪之情形；第四，不得诱导寻

---

① 因在法院讯问制下，证人一般乃连续陈述证言，审判长仅在使证人的证言明了且完全时，始对证人发问，如德国民诉法第 396 条第 2 款规定，为使证人的证言明白而且完全，并且为了查考证人的知识来源，必要时应予以发问。我国台湾地区"民诉法"第 319 条第 1 款规定，审判长因使证人之陈述明了完足或推究证人得知事实之原因，得为必要之发问。

问。依同条规定，违反上述准则进行讯问时，审判长能依对方当事人之申请或依职权对此进行限制。依日本民事诉讼规则第117条之规定，当事人对审判长所作之限制，有权陈述异议。对此异议，法院应直接以裁定方式裁判。我国台湾地区"民诉法"第320条第3款规定，当事人之发问，若属与应证事实无关、重复发问、诱导发问、侮辱证人或有其他不当情形，审判长得依申请或依职权限制或禁止之。同条第4款规定，关于发问之限制或禁止有异议者，法院应就其异议为裁定。德国民诉法虽未明定当事人发问于何种情形下为不合法，但依其第397条第3款之规定，当事人有权就当事人发问是否合法向法院陈明异议，就此异议，法院应作出裁判。在我国民事诉讼中，依《证据规定》第60条之规定，当事人对证人发问时，若采用威胁、侮辱及不适当引导证人的言语和方式即为不合法。不过，与前述域外法之规定不同的是，无论是民诉法还是《证据规定》均未规定当事人就向证人发问是否合法向法院陈明异议之权利，于当事人发问权之保障似嫌不够周全。①

---

①　日本民事诉讼规则第121条规定，审判长在认为证人于特定的旁听人面前感到威压，不能作充分的陈述时，在听取当事人的意见后，于证人陈述时，可以命该旁听人退庭。我国台湾地区"民诉法"第321条第2款也规定，法院如认为证人在特定旁听人前不能尽其陈述者，得于其陈述时命该旁听人退庭。证人于陈述时，法院责令特定旁听人退庭（尽管其并未实施扰乱庭审秩序之行为）的目的在于保证证人能作充足的陈述。我国台湾地区"民诉法"第321条第3款甚至规定，法院如认为证人在当事人前不能尽其陈述时，可于其陈述时命当事人退庭。但证人陈述毕后，审判长应命当事人入庭，告以陈述内容之要旨。这主要是基于保障证人作真实陈述之考量所作之规定，因为证人有时乃为不利于当事人之陈述，在该当事人面前，恒不能尽情为之，故可让当事人于证人陈述时临时退庭。德国民诉法虽未有于证人陈述证言时让当事人退庭的规定，但学者认为如果当事人在场不能让证人作出忠于事实真相的陈述，可类推适用刑诉法第247条的规定让一方当事人退庭。命旁听人与当事人于证人陈述时退庭从某种意义上讲是对公开审理主义与当事人在场权的修正。参见［德］罗森贝克、施瓦布、戈特瓦尔德：《德国民事诉讼法》（下），李大雪译，中国法制出版社2007年版，第868页。

三、公务员作为证人讯问之特则

为避免国家机密因证人陈述证言而泄露，致损害国家之安宁秩序或其他重大利益，调和公务员之守密义务与证人义务之间的内在冲突，德国、日本及我国台湾地区等大陆法系国家或地区民诉法一般对公务员作为证人之讯问设有特则规范，规定法院以公务员或曾任公务员之人作为证人讯问其职务上应守秘密事项时，应经监督官厅之同意。在监督官厅同意之前，证人可以拒绝接受讯问（因证人拒绝证言不取决于其意愿，故不能称之为证言拒绝权）。譬如，德国民诉法第 376 条规定，以法官、公务员或其他从事公务的人作为证人时，讯问关于其职务上应守秘密的事项，以及许可作证的问题，适用公务员法里的特别规定。德国《联邦公务员法》第 61 条规定，公务员，对于遂行职务活动之时知晓的事项负默秘义务，在公务关系终了之后亦然。公务员，若未得监督官厅的许可，无论是裁判上还是裁判外，均不能就上述事项陈述证言或进行陈述。同法第 62 条规定，监督官厅对证人陈述证言的许可，仅限于证人若陈述证言将给联邦或州的福祉产生不利益或者有可能危及公务之履行时，始可以拒绝。[①] 日本民诉法第 191 条第 1 款规定，公务员或曾任公务员之人作为证人关于职务上的秘密受讯问之场合，法院应取得监督官厅的许可。第 2 款规定，除损害公共利益或者对公务遂行产生显著障碍之虞外，监督官厅不得拒绝。我国台湾地区"民诉法"第 306 条规定，以公务员或曾为公务员之人为证人，而就其职务上应守秘密之事项讯问者，应得该监督长官之同意。前项同意，除经释明有妨碍"国家"之利益者外，不得拒绝。我国现行民诉法就公务员作为证人

---

　　① 参见［日］三个月章：《各国民事诉讼法参照条文》，信山社 1995 年版，第 335 页。

受讯问并未如上述域外立法例设有特则规范，2005 年 4 月 27 日通过的《公务员法》第 12 条第（六）项虽规定公务员负有保守国家秘密和工作秘密的义务，但就公务员能否就职务上知晓的这些秘密事项受法院讯问并未作出规定，而依民诉法第 66 条"对涉及国家秘密……的证据应当保密，需要在法庭上出示的，不得在公开开庭时出示"之规定，可推认公务员就公务上知晓的国家秘密事项受讯问时不能拒绝。此种立法安排显然未处理好公务员守密义务与证人义务之内在紧张关系，甚不合理。

四、证言之附随义务

证人陈述证言，乃是陈述自己过去体验的仍在记忆中的事实结果。若关于讯问事项证人不能具有充分的记忆，则所作之陈述势必难保完全真实，此与证人陈述证言应真实且完全之意旨实不相合。为唤起证人之记忆，保障证人尽可能正确地陈述，证人有时须借助日记、备忘录、其他资料之查阅进行陈述。此种场合，证人便负有于出庭日期携带有助于其正确陈述的资料之义务，因该项义务乃为确保证言之真实性而设，故称之为证言之附随义务。德国民诉法第 378 条对此项证言附随义务作了明确的规定，其内容是：为了便于就所知悉的事实作出证言，证人在认为可能并必要时，可以将有关的文件和其他资料于期日里带来查阅。证人不按照法院的命令履行前款规定的义务时，法院可以依第 390 条之规定对证人进行制裁。日本民诉法及民事诉讼规则虽然未如德国民诉法那样规定此项附随义务，但认为此项义务之存在乃学者一致之见解，不过学者同时也认为，证人纵然违反此项义务，亦不得对其处以公法上的制裁，[①]这种解释与德国法上的规定有所不同。

---

① 参见［日］小室直人等：《新民事诉讼法》（Ⅱ），日本评论社 2003 年版，第 168 页。

五、违背证言义务所受之制裁

依德国民诉法第 390 条之规定，证人无正当理由拒绝陈述证言时，法院不待当事人之申请即可依职权命证人负担因其拒绝证言而生的诉讼费用。同时可对证人处以违警罚款，不能缴纳罚款时，则处以违警拘留。证人若再次拒绝陈述证言，法院可以命令拘留证人，以强制其陈述证言。但拘留不能超过在该审级中诉讼终结之时刻，此项拘留在性质上并不属于违警拘留，而是准用强制执行程序中关于拘留之规定予以执行。此外，此项拘留须待当事人申请方可为之，法院不能依职权为之，此亦为不同于违警拘留之处。依同条第 3 款之规定，证人不服法院所作之制裁的裁定，可以提起即时抗告。依日本民诉法第 200 条准用第 192、193 条之规定，证人无正当理由拒绝陈述证言时，法院可以裁定命令证人负担由此产生的诉讼费用，并对证人处以 10 万日元以下之罚款。对于此项裁定，证人若有不服可以提起即时抗告。此外，法院对于无正当理由拒绝陈述证言之证人，可处以 10 万日元以下罚金或拘留。根据证人拒绝陈述证言之情形，法院可并处罚金与拘留。依我国台湾地区"民诉法"第 311 条之规定，证人不陈明拒绝之原因、事实而拒绝证言，或法院所作证人拒绝证言为不当之裁定已确定而仍拒绝证言时，法院可裁定对其处以新台币 3 万元以下之罚锾。证人不服此项裁定可以提起抗告；抗告中应停止执行。[①]

---

① 证言义务为公法上的义务，但无论是德国还是日本，在学说上一般均承认证人基于故意或过失违反证人义务作虚伪证言而使当事人遭受损害时，当事人能依民法第 823 条（德国）、第 709 条（日本）以侵权为由要求证人进行损害赔偿。参见 Musielak，Grundkurs ZPO，s. 249，5. Aufl，2000；[日] 斋藤秀夫：《注解民事诉讼法》(5)，第一法规出版株式会社 1983 年版，第 13 页；[日] 新堂幸司、铃木正裕、竹下守夫：《注释民事诉讼法》(6)，有斐阁 1995 年版，第 255 页；[日] 小室直人等：《新民事诉讼法》(Ⅱ)，日本评论社 2003 年版，第 168 页。

第五节 证言拒绝权

如前所述，在民事诉讼中，证人义务乃一般性公法义务，但凡服从国家裁判权的人，除当事人及法定代理人外，均负有作为证人接受法院讯问之义务。证人义务所具有的一般性义务之特质固然有助于最大限度地发现真实，确保裁判的公正作出。唯在一定情形下，相比于证人作证所带来的真实发现之裁判上利益，证人因拒绝作证而生之利益，更值得重视与保护。在此种场合，若强迫证人作证，或有违人情而不合人伦上的价值，或不近事理而损及证人之重大利益。因此，德国、日本及我国台湾地区民诉法皆规定证人于一定场合，可以拒绝向法院陈述证言（参见德国民诉法第 383—389 条，日本民诉法第 196—199 条，我国台湾地区"民诉法"第 307—310 条），证人所享有的此种权利在学理上即称为证言拒绝权。我国现行民诉法由于绝对强调裁判之真实故并不承认证人证言拒绝权的存在，但不可否认的是，域外法上证言拒绝权得以确立的基础情形或事由在我国并非不存在。因此可以认为，现行民诉法不设证言拒绝权制度，纯采片面追求实质真实而忽视其他更值得保护或起码需要作同等保护的利益之立法政策所致。客观上讲，此种立法政策实与现代法治国理念不合，将来民诉立法若作进一步修正，应考虑设立证言拒绝权制度以调和裁判真实利益之追求与其他利益的维护之内在冲突。在具体制度设计上，德国、日本等大陆法系国家的立法例可资借鉴。

一、证言拒绝权之性质

一般来讲，证言拒绝权乃以公法上的证人义务之存在为前提而为实定法上所承认的公法上的抗辩权。① 理解证言拒绝权之性质，应注意以下几点：

其一，证言拒绝权乃实定法上的权利，其于何种情形下存在须依法定之，基于私人间的契约所设定之新的证言拒绝权（即法律所未明文规定的证言拒绝权）为法所不许而无效。②

其二，证言拒绝权乃民诉法赋予证人之抗辩权，证人能自由决定该项权利是否行使。证人若不行使证言拒绝权而向法院陈述证言，其证言当然具有证据能力，在此情形下证人所陈述的证言之证据价值由法官依自由心证进行判断。

其三，证言拒绝权，不过为证人能够拒绝陈述证言的消极的权利，证人若不行使此项权利，于作证时积极地、虚伪地陈述则并不允许。因而，即便讯问事项乃证人可行使证言拒绝权的对象，证人若不行使证言拒绝权而作虚伪陈述，仍可能构成刑法上的伪证罪。③

二、证言拒绝权之类型

证言拒绝权，乃作为一般的证人义务之例外而为法律所承认之权利。其存在之根据在于宁愿牺牲诉讼中的真实发现，也要保护一定的社会价值不被侵蚀（此与一般的证据法则不同。一般证

---

① 参见［日］新堂幸司、铃木正裕、竹下守夫：《注释民事诉讼法》（6），有斐阁1995年版，第253页。

② 参见［日］斋藤秀夫：《注解民事诉讼法》（5），第一法规出版株式会社1983年版，第34页。日本有少数学者认为，基于私人间的契约设定新的证言拒绝权固不应允许，但以不行使证言拒绝权为内容的私人间契约仍然有效。其原因在于，不行使证言拒绝权之契约，并不违反公序良俗，作为私法上的契约应为有效。证人违反该契约行使证言拒绝权时，仅生实体法上的损害赔偿问题，该契约对于法院就证言拒绝当否之裁判具有拘束力。参见［日］门口正人编集代表：《民事证据法大系》（第3卷），青林书院2006年版，第54页。

③ 参见［日］小室直人等：《新民事诉讼法》（Ⅱ），日本评论社2003年版，第174页。

据法则之设立多以排除妨碍真实发现的资料为目的，而证言拒绝权之设立乃以牺牲真实发现为代价）。因此，应予保护的社会价值之内容，取决于反映社会价值观的政策上的判断。从立法政策上看，证言拒绝权基本上可分为两种类型。其一，以应作为证人的人与当事人之间存在一定的身份上的关系为理由，不问讯问事项内容如何而承认证言拒绝权；其二，根据讯问事项的性质而承认证言拒绝权。德国和我国台湾地区民诉立法所规定的证言拒绝权包括上述两种类型，日本民诉法则仅规定了第二种类型的证言拒绝权。①

1. 基于与当事人之间存在一定的身份关系而享有之证言拒绝权

依德国民诉法第 383 条第 1 款第（一）项之规定，证人为当事人一方的未婚配偶（指订有合法婚约者）、配偶（包括婚姻关系已经不存在的）、现在是或者过去是当事人一方的直系血亲或直系姻亲、或三等亲以内的旁系血亲、二等亲以内的旁系姻亲，有权拒绝作证。根据我国台湾地区"民诉法"第 307 条第 1 款第（一）项之规定，证人为当事人之配偶、前配偶、未婚配偶或四等亲内之血亲、三等亲内之姻亲或曾有此关系者，可以拒绝证言。与当事人存在上述身份上的关系之证人之所以能拒绝证言，乃是因为证人陈述证言之结果，不仅有害亲属间关系之和谐，而且若证人陈述不利亲属之证言，终为人情所不忍，强使为之，自有违反善良风俗及陈述不实之弊害，故法律承认此类证人具有证言拒绝权。②

---

① 日本于大正 15 年（1926 年）修正前的民诉法所规定的证言拒绝权与德国法相同，也包括第一种类型的证言拒绝权。

② 参见［日］松冈义正：《民事证据论》，张知本译，中国政法大学出版社 2004 年版，第 158—159 页。

2. 基于讯问事项之性质而享有之证言拒绝权

为维护证人之重要利益，避免证人因真实陈述证言而产生良心上的冲突与遭受损害，德国、日本及我国台湾地区民诉法皆规定证人于下列情形下可以拒绝证言。

（1）证人陈述证言可能使证人或与其存在一定身份关系的人遭受刑事诉追或使其名誉受损。德国民诉法第384条第2款规定，对于某些问题的回答，如果将会对证人或对第383条第1款第（一）项至第（三）项所列的证人的亲属，引起不名誉或使其因犯罪或违警行为有受诉追的危险，证人可以拒绝作证。日本民诉法第196条规定，证人对于使其或使与其有下列关系的人受刑事诉追或受有罪判决之虞之事项，能够拒绝证言，证言若关涉损害这些人名誉的事项，亦同。其一，配偶、四亲等内的血亲、三亲等内之姻亲，或曾有此等关系者。其二，监护人与被监护人的关系。我国台湾地区"民诉法"第307条第1款第（二）项规定，证人所为证言，足致证人或与证人有第（一）款关系或有监护关系之人受刑事诉追或蒙耻辱者，证人可以拒绝证言。此项证言拒绝权之根据在于，强迫证人陈述证言，不仅有违人情，且易诱发证人为不真实之陈述，误导真相而使得真实证言之确保难以被期待。[①] 在解释上，受刑事诉追或受有罪判决之事项乃指以证人证言内容为线索有发觉犯罪事实或犯罪嫌疑人之可能性之事项，或已被起诉的被告有受有罪判决可能性之事项，均不要求其必须确实。[②] 损害名誉之事项（我国台湾地区"民诉法"上的

---

① 日本有学者认为，此项证言拒绝权毋宁认为乃基于与宪法上的强迫自证其罪之禁止相类似之趣旨而设，目的在于保护证人自身的基本人权。该学者同时认为，将证人与当事人之间存在监护人与被监护人之关系亦纳入证言拒绝之范畴，范围过宽，有重新检讨之必要。参见［日］伊藤真：《民事诉讼法》（第3版），有斐阁2004年版，第347页。

② 参见［日］小室直人等：《新民事诉讼法》（Ⅱ），日本评论社2003年版，第174页。

"蒙耻辱"内涵应与其相同，日本旧民诉法第 280 条即为"蒙耻辱"一语），乃指使人格的社会评价降低（也即使其人遭到社会上的、道德上的非难以致很难保持原有的社会上的地位）之事项，是否符合此事项，应依社会通念决定之。例如在认领关系诉讼中，原告以其母亲作为证人，要求法院讯问其与他人同居或私通之事实，此事项即应认为乃损害证人名誉之事项。①

（2）证人陈述证言将使证人或与证人存在一定身份关系的人遭受财产上的直接损害。德国民诉法第 384 条第 1 款规定，对某些问题的回答，如果将会对证人或与证人有第 383 条第 1 款第（一）项至第（三）项所列各种关系的人，直接发生财产权上的损害，证人可以拒绝作证。我国台湾地区"民诉法"第 307 条第 1 款第（二）项规定，证人所为证言，于证人或与证人有前款关系之人，足生财产上直接损害者，得拒绝证言。日本民诉法未规定此项证言拒绝权。证人陈述证言，若足使自己或其亲属等蒙受直接财产之损害，仍强使证人陈述证言，实有悖人情，此即为该项证言拒绝权存在之依据。证人行使此项证言拒绝权以若陈述证言足生财产上的直接损害为限，间接损害则不包括在内。所谓遭受财产上之直接损害，乃指人因陈述证言而使自己或其亲属成为债务人、保证人、侵权行为人，而有受请求履行债务或赔偿损害之虞之情形。若证人陈述证言，依法院裁判之结果仅使作为第三人（相对于证人、被告而言）的原告胜诉，从而减少作为债务人之被告的支付能力，或因其陈述证言，使证人或其亲属等与当事人一方在交易上之关系蒙受损害之虞时，因此种情形只能使证人或其亲属蒙受财产上的间接损害，故证人不得拒绝证言。例如，证人系某公司之股东或债权人，因其陈述证言致公司受败诉

---

① 参见［日］小室直人等：《新民事诉讼法》（Ⅱ），日本评论社 2003 年版，第 174 页。

之判决而使得证人之股利分配受损或债权不能受偿，此种损害仅为财产上的间接损害，证人不能拒绝陈述证言。[1]

（3）证人若陈述证言将泄露其技术上或职业上的秘密。德国民诉法第 384 条第 3 款规定，对于某些问题，证人非将其技术上或职业上的秘密公开于众就不能回答的，可以拒绝作证。日本民诉法第 197 条第 1 款第（三）项规定，证人，关于技术或职业上的秘密事项受讯问之场合，可以拒绝证言。我国台湾地区"民诉法"第 307 条第 1 款第（五）项规定，证人非泄露其技术上或职业上秘密不能为证言者，得拒绝证言。此项证言拒绝权之所以设立，目的在于保护证人技术或职业上的秘密。证人若陈述证言，将使得其技术或职业上的秘密被公开，从而导致拥有该技术的社会价值降低使得职业遂行之维持产生困难，故法律规定，证人受讯问事项关涉其技术秘密或职业秘密时，可以拒绝证言。[2] 所谓技术秘密，乃指该秘密若被公开，将使得技术秘密持有人以其为基础而进行的追求利润的活动及其他的社会活动不可能或产生困难之技术，至于该技术是否拥有财产上的价值，则在所不问。因而，技术秘密不仅包含技术上的秘诀，而且包括文化艺术及体育运动上的秘密等。但是，仅拥有者主观上将其作为秘密管理并具有秘密保持的意思尚为未足，还须在客观上确实具有秘密保持之利益，若其被公开将对社会上的活动造成不利益始足当之。职业上的秘密，指秘密若被公开将对职业产生深刻的影响，以其为基础的职业活动之维持或遂行乃不可能或有困难者。制造方法、作

---

① 参见［日］松冈义正：《民事证据论》，张知本译，中国政法大学出版社2004 年版，第 168 页；陈计男：《民事诉讼法论》（上），台湾三民书局 2002 年版，第 167 页。

② 参见［日］小室直人等：《新民事诉讼法》（Ⅱ），日本评论社 2003 年版，第 178—179 页。

业手段、顾客名单、企业情报取得路径等皆属职业上的秘密。①
在日本裁判实务上，为裁判例所承认的符合证言拒绝事项的职业
秘密有：特定商品生产所需职业劳务费及贩卖所需的贩卖费用数
额（大阪高等法院昭和 48 年也即 1973 年 7 月 12 日所作之裁
判），公司的人事部门所掌握的希望辞职而被公司挽留的人之姓
名（东京地方法院昭和 51 年也即 1976 年 7 月 28 日所作之裁
判），隐名合伙中隐名合伙人之姓名（东京地方法院昭和 53 年也
即 1978 年 3 月 3 日所作之裁判），新闻记者新闻取材源（札幌高
等法院昭和 54 年也即 1979 年 3 月 30 日所作之裁判）。而律师与
委托人之间所约定的报酬数额则不属于证言拒绝权事项之职业秘
密（东京高等法院昭和 59 年也即 1984 年 7 月 3 日所作之裁
判）。②

　　日本地方法院裁判例及学者通说均认为，并非所有的技术、
职业秘密均可作为证言拒绝之对象，仅值得保护的秘密始足当
之。是否值得保护应当在衡量该项秘密由于公开而使得秘密归属
主体所遭受的不利益与证人不拒绝证言而所得之促进真实发现与
裁判公正之利益的基础上作出判断。此际，事件公益性的程度，
该项证言的重要性，代替证据的有无以及证明责任之所在等，均
应作为判断之因素。③ 但亦有少数学者对此持批评之见解，认为
上述见解与该项证言拒绝权之本质并不相容。因为此项证言拒绝
权之本质在于以牺牲真实发现为代价，以保护秘密。而前述"比
较考量说"难以解释的是，为何在事件具有公益性质以及替代证
据不存在等场合，法律上本应予保护的技术、职业秘密就欠缺必

---

① 参见［日］门口正人编集代表：《民事证据法大系》（第 3 卷），青林书院
2006 年版，第 76 页。

② 同上书，第 76—77 页。

③ 参见［日］松本博之、上野泰男：《民事诉讼法》（第 4 版），弘文堂 2005 年
版，第 398 页。

要保护，并且，依此说，即使同一种类的情报，其是否需要保护将因诉讼之种类、性质及证据状态之不同而异其结果，这将使秘密归属主体对其所持有之秘密是否应值得保护丧失预测可能性，从而损害保护秘密之法律的目的。因此，法院应仅从秘密的客观性质本身考虑其是否符合技术或职业秘密，而无须基于各种不同利益之考量作出判断。①

（4）因负守秘义务而享有之证言拒绝权。德国民诉法第 383 条第 1 款第（四）项规定，教会的人员就在教会工作中受人信赖而被告知的事项有权拒绝作证；同款第（五）项规定，由于职业上的原因，现在从事于或过去曾从事过定期刊物编辑、出版或发行工作，或广播工作的人，关于文稿和资料的著作人、投稿人或提供材料的人的个人情况，以及关于这些人的活动的内情，有权拒绝作证；同款第（六）项规定，由于职务、身份或职业上的关系，而知悉一定事项的人，关于从事情的性质上或依法律规定应保守秘密的事项，有权拒绝作证。日本民诉法第 197 条第 2 款规定，医师、牙科医师、药剂师、医药品贩卖业者、助产师、律师、代办人、辩护人、公证人、从事于宗教、祈祷或祭祀职业的人或曾从事此职业的人，就职务上知晓的应负默秘义务的事实受讯问时，可以拒绝陈述证言。我国台湾地区"民诉法"第 307 条第 1 款第（五）项规定，证人就其职务上或业务上有秘密义务之事项，得拒绝证言。从事医师、律师、宗教等职业的人，依职业性质，在进行职务活动时，多半知晓病人、委托人、信徒之秘密，在法律上赋予这些人以证言拒绝权，能确保开示秘密之人对其之信赖，此即为该项证言拒绝权存在之基础。该项证言拒绝权之对象乃从事专门职业的人职务上知晓的应负默秘义务之事实。

---

① 参见［日］松本博之、上野泰男：《民事诉讼法》（第 4 版），弘文堂 2005 年版，第 398—400 页。

所谓职务上知晓的事实，乃指基于患者、委托者、信徒等本人之委托，依职务处理之结果而知晓的事实，其不限于听取本人直接陈述而得之事实，即间接从第三人处听取的事实以及从文书中知晓的事实亦被包括在内。又作为证言拒绝权对象的事实，仅为职务上知晓的事实尚为不足，还须同时具备应予默秘之内涵，也即从事专门职业的人对于此项事实负有默秘义务。至于该默秘义务乃基于法令、当事人间之契约还是习惯法则在所不问。所谓应予默秘之事实，乃指一般人不知晓的事实，通常仅基于信赖关系才予以知晓。并且，若对其予以秘匿，将于其本人有一定的利益，相反，其若被公开，对本人将造成名誉、信用等社会上的、经济上的不利益。① 日本最高法院于平成 16 年（2004 年）11 月 26 日所作之判例认为，关于秘匿之利益，必须为从客观上看有对本人值得保护的利益存在始足当之。法官应基于生活经验，综合考虑社会通念、本人之正当期待、该事实与其他事实之关联程度、讯问的时期等因素，判断本人对于秘匿是否具有值得保护的利益。②

由于该项证言拒绝权所保护的秘密归属主体为患者、委托人、信徒等本人，而非从事专门职业之人，故在秘密归属主体放弃利益的场合，即不能承认证言拒绝权之存在。如德国民诉法第 385 条第 2 款即规定，第 383 条第 1 款第（四）、（六）两项所列的人如果已被免除保密义务时，不能再拒绝作证。日本民诉法第 197 条第 2 款规定，前款之规定，于证人默秘义务已被免除的场合，不适用。我国台湾地区"民诉法"第 308 条第 2 款亦规定，证人虽有前条第 1 款第（四）项之情形，但如果其之守秘责任已

---

① 参见［日］小室直人等：《新民事诉讼法》（Ⅱ），日本评论社 2003 年版，第 178 页。

② 参见［日］松本博之、上野泰男：《民事诉讼法》（第 4 版），弘文堂 2005 年版，第 397—398 页。

经免除者，不得拒绝证言。秘密归属主体免除守秘义务之程序并未为德国、日本及我国台湾地区民诉法所规定。在解释上，免除守秘义务，可于诉讼前或诉讼中对证人或当事人为之，或在诉讼中对于法院为之。例如，当事人指定对自己负有守秘义务的人为证人，就其应予以默秘之事项而申请法院讯问即为守秘义务之免除。① 日本福冈高等法院于昭和 52 年（1977 年）9 月 17 日所作之裁判认为，免除守秘义务除明示的意思表示外，于秘密归属主体就应予秘匿之事项向法院提起损害赔偿诉讼之场合，可视为默示的放弃秘匿利益而免除证人之守秘义务。②

　　负守秘义务之人尽管享有此项证言拒绝权，但依德国民诉法第 383 条第 3 款之规定，即便其不行使证言拒绝权，法院对于证人不违反其守秘义务即不能明确提供证言之事项，法院也不许对其进行讯问。该项制度为日本及我国台湾地区民诉法所无。在日本学说上，基于默秘义务而能拒绝证言之人，于不行使证言拒绝权而陈述证言时，该证言不能作为证据资料，其理由是，证人不行使证言拒绝权而陈述证言乃违反其应负之守秘义务之行为，具有可罚性，甚至可能构成刑法第 134 条的秘密漏示罪。此种违法行为与违法收集证据的行为相类似，故除存在特定的违法阻却事由外，其证言不能作为证据资料。多数说则认为，违反守秘义务之行为乃证人之行为，而违法收集证据的行为乃举证人之行为，二者不具有可比拟性，故以违法收集的证据欠缺证据能力作为解释之基础不具有正当性。此外，从秘密归属主体之角度观之，既然对证人讯问时其秘密已被开示，其后在诉讼中不管是否将之用作事实认定的证据资料，通常即与秘密归属主体的利害无任何关

---

① 参见［日］松冈义正：《民事证据论》，张知本译，中国政法大学出版社2004 年版，第 161 页。

② 参见［日］伊藤真：《民事诉讼法》（第 3 版），有斐阁 2004 年版，第 344页。

系，基此考量，显然欠缺必须否定证言之证据能力之理由。①

三、证言拒绝权之例外

如前所述，证言拒绝权制度本乃基于以牺牲诉讼中的真实发现为代价而维持证人与其亲属间之情谊或维持其他重要的社会价值而设立的。唯若绝对贯彻此项原则，有时无法解决作证之实际需要，显非适宜。故德国及我国台湾地区民诉法皆规定具有证言拒绝权之证人，就特殊事项仍不得拒绝证言。德国民诉法第385条第1款规定，在第383条第1款第（一）项至第（三）项和第384条第1款之情形，对下列事项，证人不得拒绝作证：（1）关于他自己曾经作为证人参与过的法律行为的成立与法律行为的内容；（2）关于家庭成员的出生、婚姻或死亡情况；②（3）关于因家庭关系而发生的财产情况；（4）他自己曾经作为一方当事人的前权利人或代理人而就争执的法律关系所为的行为。我国台湾地区"民诉法"第308条亦规定，证人有第307条第1款第（一）项或第（二）项之情形，关于下列事项，仍不得拒绝证言：（1）同居或曾同居人之出生、死亡、婚姻或其他身份上之事项；（2）因亲属关系所生财产上之事项；（3）为证人而知悉之法律行为之成立及其内容；（4）为当事人之前权利人或代理人，而就相争之法律关系所为之行为。

从德国与我国台湾地区民诉法关于证言拒绝权之例外情形的规定来看，无论是主体还是适用对象殆皆大体相同。我国台湾地区学者认为，同居或曾同居之人之出生、死亡、婚姻或其他身份

---

① 参见［日］松本博之、上野泰男：《民事诉讼法》（第4版），弘文堂2005年版，第401页。

② 此处家庭成员，系指事实上与证人家属共同生活者，并非限于法律意义上之家属。参见［日］松冈义正：《民事证据论》，张知本译，中国政法大学出版社2004年版，第159页。

上之事项，证人知之最详而外人不易知悉，且难另觅其他强有力之证据，故证人不得拒绝证言。所谓同居，乃指营造共同生活者，仅同屋而居而不营造共同生活者不包括在内。因亲属关系所生财产上之事项，系指作为诉讼标的之权利义务关系系基于亲属关系所生者，如继承之承认、抛弃、夫妻财产制契约或扶养权利义务等，至于非因亲属关系所生之财产上事项，如亲属之间因买卖、合伙而成立之财产上关系以及虽因亲属关系而生，但非属财产上之事项，如终止收养等，则不在此限。证人对前述事项之所以不得拒绝证言，乃由于此等关系，非亲属不易证明，也即除证人能为证言外，别无适当之证据。对于法律行为成立时在场之证人，其之所以不得拒绝证言，乃此等证人原系预期他日作证之用，其对于法律行为之成立及内容乃为最适当之证人，除此以外，很难再求其他确切之证据。证人既为当事人之前权利人或代理人，其对于相争之法律关系所为之行为自较局外人知之更详，实为最适当之证据方法，故不许其拒绝证言。[1]

四、拒绝证言之程序

依德国民诉法第 386 条和第 387 条、日本民诉法第 198 条和第 199 条、我国台湾地区"民诉法"第 309 条和第 310 条之规定，证人拒绝证言之程序大体上经历以下两个环节。

1. 证人之释明

为防止证人滥用证言拒绝权，证人行使证言拒绝权必须向法院陈明证言拒绝权之原因、事实并释明理由。[2] 此项释明可于讯

---

[1]　参见姚瑞光：《民事诉讼法论》，大中国图书出版公司 1981 年版，第 306 页。

[2]　依德国民诉法第 386 条第 2 款之规定，证人于其职务上应负守秘义务之事实拒绝证言时，可以援引职务上宣誓以代释明，以免证人因释明证言拒绝权之原因而泄漏秘密。我国台湾地区"民诉法"第 309 条第 1 款后段亦规定，法院可酌量情形，令证人以具结代替释明。

问期日前任一阶段为之，证人亦可于讯问期日向法院释明。证人若于期日前已进行了释明，则其于讯问期日不出庭即属有正当理由（参见德国民诉法第 386 条第 1、3 款，日本民诉法第 198 条及我国台湾地区"民诉法"第 309 条第 1、2 款）。证人释明后，法院书记官应将拒绝证言之事由，通知当事人，使当事人有陈述证人拒绝证言是否正当之机会。

2. 法院之裁判

对于证人拒绝证言是否正当，须由受诉法院于讯问到场之当事人后作出裁判。此项裁判在德国乃以中间判决之形式为之，在日本及我国台湾地区则皆以裁定之形式为之。对于此项裁判，证人与当事人若有不服均可提起及时抗告或抗告（参见德国民诉法第 387 条第 1、3 款，日本民诉法第 199 条，我国台湾地区"民诉法"第 310 条）。法院所作的关于证人拒绝证言为不正当之裁判确定后，证人仍不出庭陈述证言者，则应认其违反了证言义务而须对其课以制裁。法院若认为证人拒绝证言乃属正当，待裁判确定后，该证人即免除了证言义务。依德国、日本学说中的主流观点，受诉法院不能将证人拒绝陈述这一事实状态作为言词辩论的全部意旨，纳入证据评价之范畴，并从中推知应证事实是否存在。①

---

① Schilken, Zivilprozeβrecht, s. 299, 3. Aufl, 2000. 参见［日］门口正人编集代表：《民事证据法大系》（第 3 卷），青林书院 2006 年版，第 87 页。

第六章 鉴定义务

第一节 鉴定概述

一、鉴定的内涵

在民事诉讼中，受诉法院作出关于诉讼标的的权利或法律关系是否存在的本案判决，从逻辑上讲，实际上乃受诉法院以应予适用的实体法规范为大前提，以构成实体法上的法律要件的法律事实之具体事实（要件事实）为小前提，并从中得出该法规所确定的具体法律效果（也即权利或法律关系发生、变更、消灭）是否存在的三段论过程。[①] 此外，法官对法律要件事实所作之判断（Tatsachurteil）实际上亦乃以经验法则为大前提，以各种间接事实为小前提，并从中得出结论的三段论过程。[②] 对须作出本案判决之法官而言，因其通常具备职业上所必须的法律素养与学识经验，故在判决作出过程中若仅涉及国内成文法与包括法官在内的一般人均应知晓的普通的经验法则[③]之适用时，法官依凭自己之力即能作出适正的判断。但在有些案件中，法官作出本案判决须

---

① 参见［日］中岛弘道：《举证责任の研究》，有斐阁1957年版，第81页。

② 参见［日］大江忠：《要件事实民事诉讼法》（下），第一法规出版株式会社2000年版，第165页。

③ 所谓经验法则，乃指从各个经验当中归纳得到的关于事物的性状与因果关系的知识与法则，一般常识固然属之，自然科学、商业交易、文学艺术、职业上的技术等专门领域内的法则亦包含在内。经验法则并非具体的事实，而是事实判断前提的知

涉及外国法或习惯法或特殊的专门经验法则的适用，由于对这些专门知识之掌握于法官而言并非其职业上所必须（要求法官通晓外国法、习惯法，精通社会生活各个领域的专门知识实在是强人所难）。故此种情形下，法官往往并不能仅基于自己之学识与经验即能对案件作出适正的判断，而须仰赖掌握这些知识的专家之协力始能对其作出正确的判断。这种场合即涉及鉴定之适用。所谓鉴定，乃指为补充法官的判断能力，拥有特别学识经验的当事人、法定代理人以外之第三人被命在法庭向法官陈述相关专门知识或基于该专门知识所作的事实判断之证据调查。该第三人即为鉴定人。[①]鉴定人向法院所作的关于鉴定事项判断之陈述即为鉴定意见，我国现行民诉法上称之为鉴定结论。

从鉴定的内涵中可以看出，鉴定乃是作为法官判断的辅助手段而存在的，具有补充法官判断能力不足之重要作用。随着社会的进步、科学技术的发展，当事人之间纷争的内容愈来愈呈现高度技术化、专门化的特征。近年来，医疗责任诉讼、产品责任诉讼、公害诉讼、专利侵权诉讼等专门知识为必要的诉讼显著增加即为明证。在这些需要专门知识的诉讼中，鉴定更显示出其重要性。

识或者法则。经验法则在法官的事实判断中具有两个方面的机能：其一，在依直接证据认定主要事实之场合，借助于经验法则可以判断证据的证据力。其二，在直接证据不存在或者其证据力不充分的场合，借助于经验法则能从间接事实推认主要事实是否存在。参见雷万来：《民事证据法论》，台湾瑞兴图书股份有限公司1997年版，第33页；[日] 伊藤滋夫：《经验则の机能》，载《ジュリスト》1999年增刊。

　① 参见 [日] 斋藤秀夫：《注解民事诉讼法》（5），第一法规出版株式会社1983年版，第110页；[日] 伊藤真：《实验对象讲座民事诉讼法》，弘文堂2005年版，第365页。为了加强对鉴定人和鉴定机构的管理，适应司法机关和公民、组织进行诉讼的需要，保障诉讼活动的顺利进行，2005年2月28日第十届全国人大常委会第十四次会议通过了《关于司法鉴定管理问题的决定》（以下简称《鉴定决定》），对鉴定人与鉴定机构的管理问题作了原则性规范。其中第一条对鉴定的内涵作了界定，认为司法鉴定是指在诉讼活动中运用科学技术或者专门知识对诉讼涉及的专门性问题进行鉴别和判断并提供鉴定意见的活动。

　　鉴定作为证据调查方式之一种，其本质特征在于鉴定人受法院之命令向法官报告专门知识或者将该项专门知识适用于具体事件所得之判断意见。但在实践中，当事人经常于诉讼前或诉讼系属中私下委托对于当事人间之争点事项具有专门知识的专家，向其报告专门知识以及该项专门知识适用于具体事实所得之判断（也即听取专家的意见），并将于自己有利的意见以"鉴定书"之形式向法院提出。此种未受法院命令私下接受委托向当事人提供关于专门事项判断意见的活动在学理上称为"私鉴定"。从性质上讲，私鉴定并非鉴定，在私鉴定中专家所出具之"鉴定书"亦非鉴定意见，这一点毋庸置疑。值得讨论的是，私鉴定在证据法中究竟处于何种地位。在德国，认为私鉴定并不具有任何证据意义，而仅能作为当事人陈述的一部分（Bestandteil des Parteivor-bringen）予以评价乃为通说。当事人若因此而需要支出费用，其亦仅为当事人准备诉讼而支出的费用，并不能作为诉讼费用的一部分。① 因此，对方当事人对私鉴定书若提出异议，则意味着双方当事人就私鉴定书所涉事实判断发生争议，提交私鉴定书的当事人必须收集证据对其作出证明，法院也可以命鉴定人出具鉴定意见对其予以证明。② 德国联邦法院亦认为，当事人的或私人的鉴定意见，并非民诉法第355条及其之后几条意义上的证据方法（也即鉴定），而是属于当事人陈述的文书式的证明部分。不过，联邦法院同时认为，私人鉴定意见在双方当事人同意的情况下可作为鉴定人的鉴定意见使用。③

　　① Stein/donas/Bork, ZPO, §91, Rdnr. 60, 21. Aufl, 1996. 转引自［日］酒井一:《科学裁判における鉴定》，载《ジュリスト》1999年增刊。
　　② 参见［德］汉斯-约阿希姆·穆泽拉克:《德国民事诉讼法基础教程》，周翠译，中国政法大学出版社2005年版，第261页。
　　③ 参见［德］奥特马·尧厄尼希:《民事诉讼法》，周翠译，法律出版社2003年版，第288页；［德］罗森贝克、施瓦布、戈特瓦尔德:《德国民事诉讼法》（下），李大雪译，中国法制出版社2007年版，第910页。

　　在日本，学说上关于私鉴定之地位一直存在争议。多数说认为，私鉴定应作为当事人提出的书证予以处理，日本实务上亦采纳这一见解，将私鉴定书作为书证对待。① 但一些学者对此提出了尖锐的批评，认为将私鉴定书作为书证处理，法院依书证程序对私鉴定书进行证据调查，其结果，对方当事人仅能对私鉴定报告书是否真正成立有争执之余地，而对于私鉴定中专门家的中立性无争执之可能，这不仅使当事人丧失了质证权、申请回避权等程序性权利，且不能确保法院正确把握私鉴定意见的内容。故对于私鉴定报告书，应将其作为当事人言词辩论中陈述的一部分看待，而不能当然地作为证据方法。不过，若双方当事人存在合意，则可允许将私鉴定意见与裁判上鉴定人的鉴定意见作同样对待。此种合意，乃当事人之间就诉讼上的系争事实确定证据方法的合意，也即属于证据契约的一种。从而，私鉴定报告书在形式上即便作为书证提出，法院也不应就其真正成立与否询问对方当事人，而应询问其有无将之作为裁判上鉴定意见的意思。若对方当事人对此提出异议，即不能将私鉴定报告书作为书证处理，而仅能将其作为当事人陈述的一部分。当然，法院就私鉴定意见的内容，可以作为鉴定是否有必要进行之依据。此外，即便将私鉴定意见作为当事人陈述的一部分，法院亦不妨将其作为言词辩论全部意旨的一部分在本案判决作出时斟酌是否予以利用。②

　　在我国，《证据规定》对私鉴定在证据法中的地位作了间接的规范，其第 28 条规定：“一方当事人自行委托有关部门作出的鉴定结论，另一方当事人有证据足以反驳并申请重新鉴定的，人

---

　　① 参见［日］新堂幸司、铃木正裕、竹下守夫：《注释民事诉讼法》（6），有斐阁 1995 年版，第 420 页；［日］门口正人编集代表：《民事证据法大系》（第 5 卷），青林书院 2005 年版，第 8 页。

　　② 参见［日］中野贞一郎编：《科学裁判と鉴定》，日本评论社 1988 年版，第 53 页。

民法院应予准许。"揆诸该项司法解释的内容，不难看出，其实际上蕴含着以下几层意思：其一，私鉴定并非当然地能获得与裁判上鉴定同等的位置，也即并非法定证据方法之一种。其二，对方当事人未就私鉴定结论提出异议时，其可以作为正式的鉴定结论被法院采用。其三，对方当事人若就私鉴定意见提出异议时，并不能仅就其是否作为裁判上鉴定提出不同意见，而是应就其内容提出证据以证明其不成立。从这里可以推断，该项司法解释关于私鉴定之定位既不同于德国将其作为当事人陈述之一部分予以处理的做法，也不同于日本实务中所采取的将其作为正式的鉴定意见予以处理之态度。

二、鉴定的类型

依作为鉴定对象的鉴定事项不同，① 鉴定大体可以分为两种

---

① 鉴定事项乃指需要鉴定人依专门知识作出判断意见的事项。德国民诉法第403条、日本民事诉讼规则第129条第1款、我国台湾地区"民诉法"第325条均规定，当事人申请鉴定，应表明应鉴定的事项。不过，当事人所表明的鉴定事项对于法院并无绝对的拘束力。法院在采用鉴定之际，应检视当事人于申请鉴定书中所记载的作为鉴定主题的鉴定事项对于该事案的解决是否适切。鉴定事项如果单纯并且当事人对鉴定的前提事实亦无争执，法院即可依当事人之申请命行鉴定。但是在鉴定事项较为复杂的场合，若法院也仅依当事人之申请而确定鉴定事项，由于鉴定事项未能得到整理，焦点亦尚未确定，在此情形下所行之鉴定，徒耗时间与费用，并不能期待其对于纷争的迅速且适正的解决发挥作用。因此，法院在命鉴定人进行鉴定前，有必要召集双方当事人，听取他们关于鉴定事项的意见，以决定是否对当事人申请的鉴定事项予以修正或追加，在此基础上最终确定与该纷争解决相适宜的鉴定事项。日本民事诉讼规则第129条即规定，当事人申请鉴定时，原则上应同时提出记载鉴定事项的书状，并直接将其送付给对方当事人，对方当事人关于鉴定事项有意见时，应将该意见以书面形式向法院提出。法院在经过上述程序后，最终确定鉴定事项，并将其记载于书面，送付鉴定人。日本最高法院于平成15年（2003年）修正其民事诉讼规则第129条，增加了后述规定：法院为有效地进行鉴定程序，可以召集当事人及鉴定人协商确定鉴定事项。该规定之目的即在于避免法院及双方当事人因专门知识的欠缺而不能充分、适切、妥当地确定鉴定事项。另外，因鉴定事项需要鉴定人运用专门知识作出判断，故法院应以鉴定人容易作出适切、妥当判断的形式确定鉴定事项。鉴定事项

基本类型：第一种类型为鉴定人向法官报告其所不知晓的外国法、习惯法；①第二种类型为鉴定人向法官提供专门领域里的经验法则或者适用专门经验法则对于具体事实所得之判断意见。例如，在当事人就医生是否存在过失进行争执的医疗事件中，鉴定人根据病人症状与勘验（检查）的结果及医生的诊断情况，对医生实施诊疗方案是否适当进行鉴定；又如在当事人就受害人因伤害事故是否存在后遗症而争执的事案中，鉴定人就受害人后遗症的有无、程度及其对劳动能力的影响进行鉴定；再如，在因建筑物瑕疵而引起争执的事案中，鉴定人就建筑物瑕疵的有无、状态

除须加以简洁并且明确地记载外，还应以质问要点的形式体现出来，在鉴定事项为数个时，应以时间、逻辑上的顺序分项载明。由于法的判断属于法院固有之职责，故法院在确定鉴定事项时，应注意避免采取"法律上要件之有无"之形式，这实际上已超出鉴定人仅能作出事实判断之应有鉴定范围，殊失妥当。如在过失、正当事由等规范的法律要件是否存在成为问题的事案中，法院应从已知之具体事实中进行"过失"、"正当事由"有无之法的判断，故不能将这些法的概念作为鉴定事项予以体现。以医疗事案之过失为例，鉴定人所要回答或者作出判断的仅乃从医学的角度出发该医疗行为是否存在过失，或者从当时医疗实践的角度看，作为被告的医师之诊断行为是否应予以非难。一言以蔽之，法院在确定鉴定事项时，应严格区别法官与鉴定人的作用，避免互相侵犯对方的职责领域范围。虽然从结果上看，并不能完全避免鉴定人所提供的鉴定意见几乎左右法官对法规的适用，但是法官须在充分斟酌鉴定人所提供的鉴定意见的基础上决定是否采用之，故法官应严格保持其固有职责乃属当然。参见［日］田村真弓：《民事诉讼における鉴定について》，载《同志社法学》（第53卷）2001年第4期。

① 外国法的存在及其内容在大多数情形下因为乃成文法的缘故而非常明确，法官不利用鉴定等法定证据调查方式而依嘱托外交官或外国官厅提供报告等非法定的证据调查方式反而能适正地认知外国法的存在，故对于外国法，允许采取自由证明之方式。譬如，德国民诉法第293条规定，法官调查外国现行法时，不以当事人所声明的证据为限。法官有权使用其他调查方法，为达此目的，法官有权发出必要的命令。从我国最高人民法院1988年发布的《关于贯彻执行〈民法通则〉若干问题的意见》第193条"对于应当适用的外国法律，可通过下列途径查明：（1）由当事人提供；（2）由与我国订立司法协助协定的缔约对方的中央机关提供；（3）由我国驻该国使领馆提供；（4）由该国驻我国使领馆提供；（5）由中外专家提供"之规定中，可以推知，在我国，亦允许依自由证明方式获得外国法。

及修补瑕疵所需费用进行鉴定。诸如此类，不一而足。

在鉴定的第二种基本类型中，又存在三种具体形态：第一种形态，鉴定人仅向法官提供经验法则，而不提供将其适用于具体事实所得之判断意见。此种鉴定形态的特征在于，鉴定人仅提供与具体事件无关的专门知识，至于其适用于具体事实所得之结论则由法官自己运用鉴定人所提供的专门知识依论理法则（即逻辑法则）导出。① 第二种形态，法官根据日常的经验法则，践行证据调查并根据其结果认定事实，将此项事实作为鉴定的前提事实提供给鉴定人，由鉴定人适用专门的经验法则导出对该项事实之判断意见并将其结果报告给法官。此种鉴定形态下，鉴定前提事实的决定权专属于法官，鉴定人关于鉴定事项的判断应受其拘束。第三种形态，鉴定前提事实涉及专门领域，法官由于专门知识的欠缺自己不能认定而是由鉴定人收集、认定，在此基础上，鉴定人依据专门的经验法则导出关于鉴定事项的判断意见并向法官报告其结果。此种形态的鉴定因仅乃作为专门家的鉴定人能够发现、认定鉴定前提事实，并在调查之基础上报告其判断结果，故学理上将其称之为"实验型、诊断型"的鉴定。② 当然，在实践中，鉴定样式往往是上述几种形态之鉴定的结合。例如，仅一部分鉴定前提事实为鉴定人作为专门家运用其技术始能发现认定的事实，另一部分则为法官依据日常经验法则认定的事实。此种场合所行之鉴定即乃第二种形态的鉴定与第三种形态的鉴定之结合。

---

① 依日本学者之通说，法官获知特殊的经验法则之方法与材料并无限制。法官利用鉴定这一法定证据调查方式固无不可，借诉讼之机自己调查相关文献而得专门知识亦可资利用。法院嘱托有关机构、学校、研究所、交易所及其他团体进行调查也即采自由证明方式获得专门知识亦未尝不可。参见［日］松本博之、上野泰男：《民事诉讼法》（第4版），弘文堂2005年版，第352页。

② 参见［日］田村真弓：《民事诉讼における鉴定について》，载《同志社法学》（第53卷）2001年第4期。

三、鉴定之开始

由于鉴定乃以补充法官之判断能力为其本质目的，故鉴定是否存在必要性完全取决于法官的自由裁量。从理论上讲，当事人申请鉴定的事项所涉专门知识若为法官所已知，法官以其为理由不采纳当事人的鉴定申请亦不违法。即便鉴定为唯一的证据方法亦然。① 不过，随着以专门知识之掌握为必要的诉讼的增加，仅依靠法官已知的专门知识解决此类纠纷的困难越来越大，并且利用专门知识作出判断若有不当反而会招致裁判错误与诉讼迟延。此外，法官对专门知识之持有乃属偶然，以其作为鉴定不采用的理由，并不能为当事人所充分理解，故一般认为，在前述以高度专门知识之掌握为必要的诉讼中，法官即便拥有专门知识，亦不许代替鉴定人之判断，而以采行鉴定为宜，② 借以确保事实认定之客观性。

与判断鉴定必要性相关联的一个问题是，法院在感到有鉴定必要的范围内能否依职权命令鉴定。在德国，其民诉法明确规定法院可依职权进行鉴定（参见德国民诉法第 144 条）。我国台湾地区"民诉法"虽未明确规定法院可依职权进行鉴定，但根据其"民诉法"第 288 条第 1 款"法院不能依当事人声明之证据而得心证，为发现真实认为必要时，得依职权调查证据"之规定可以推断，在我国台湾地区，法院也可依职权进行鉴定，尽管其仅是作为补充性的证据调查手段而存在。日本民诉法于昭和 23 年

---

① 日本有学者认为，关于法规与经验法则等法官作为判决的大前提事项需要鉴定的场合，即便鉴定为唯一的证据方法，在法院认为不必要时，驳回当事人的鉴定申请亦不违法，但是，在关于具体的事实判断上，鉴定为唯一的证据方法时，若法院驳回当事人之鉴定申请则属于违法。参见［日］兼子一等：《条解民事诉讼法》，弘文堂 1986 年版，第 1023 页。

② 参见［日］田村真弓：《民事诉讼における鉴定について》，载《同志社法学》（第 53 卷）2001 年第 4 期。

（1948 年）废除法院依职权调查证据的规定后，其民诉法仅明文规定了勘验中的鉴定与嘱托鉴定，作为阐明处分①的鉴定，法院可依职权进行。学说上对法院能否依职权进行鉴定存有争执，通说认为，鉴定作为证据方法虽有其特殊性，但本质上其仍属于证据调查之范畴，从严格遵守辩论主义的第三个基本原则（禁止法院依职权调查证据）出发，应认为法院不能依职权进行鉴定。②但亦有学者认为，从鉴定乃是为了补充法官专门知识之不足以辅助法官进行判断这一本旨出发，应承认法院可依职权命行鉴定。此外，在高度专门化的诉讼中，当事人间之争点由于涉及科学的、专门的事项，与一般的事件相比，进行鉴定的必要性更大，若按否定依职权进行鉴定的立场，即便法院认为为求事实之适切认定，而有鉴定之必要时，却因当事人不申请鉴定而不能进行鉴定，从而导致错误的事实认定。法院即便拥有行使阐明权以促使当事人申请鉴定这一手段，但在当事人不服从之场合即成问题。因为当事人在决定是否申请鉴定时，往往会考虑鉴定费用及因采行鉴定而致诉讼可能迟延等多种因素。在当事人不申请鉴定之情形下，法院只能依证明责任规范就当事人应负证明责任之事实作出不利益归属之认定。其结果很难保证裁判真实。故为求裁判之适正，法院不应完全恪守辩论主义之要求，而是可以依职权进行鉴定。③另有学者持折中之见解，认为在能否依职权鉴定这一问题上，法院应区分鉴定事项为法规、经验法则还是具体的事实判断而采取不同态度。在前者，法院应依职权进行鉴定，在后者，

---

① 所谓阐明处分，乃指法院为明了诉讼关系，并使言词辩论易于终结，于认为有必要时所作的各种处置，如命当事人本人或其法定代理人到庭，命行鉴定等。

② 参见［日］兼子一等：《条解民事诉讼法》，弘文堂 1986 年版，第 1022 页。

③ 参见［日］中野贞一郎编：《科学裁判と鉴定》，日本评论社 1988 年版，第 94—96 页。

则不应允许法院依职权进行鉴定。①

从我国现行民诉法第 72 条第 1 款"人民法院对专门性问题认为需要鉴定的，应当交由法定鉴定部门鉴定；没有法定鉴定部门的，由人民法院指定的鉴定部门鉴定"之规定中可以推知，在我国民事诉讼中，法院命行鉴定程序并不以当事人申请鉴定为必要，法院可依职权进行鉴定。笔者认为，鉴定虽然为证据方法之一种，但却同时具有补充法官判断能力不足之机能，从这一层意义上讲，应肯认法院能依职权进行鉴定，我国现行法所持之立场实属正确。不过依《证据规定》第 25 条第 2 款"对需要鉴定的事项负有举证责任的当事人，在人民法院指定的期限内无正当理由不提出鉴定申请或者不预交鉴定费用或者拒不提供相关材料，致使对案件争议的事实无法通过鉴定结论予以认定的，应当对该事实承担举证不能的法律后果"之规定，不难推断，该项司法解释似乎并不承认法院可依职权进行鉴定，这不仅与民诉法第 72 条之规定相悖，亦不合乎诉讼法理。

第二节　鉴定人

一、鉴定人的资格与地位

1. 鉴定人的资格

从鉴定的内涵中可以看出，鉴定人乃是为补充法官判断能力之不足而向法院报告专门知识或具体判断意见的第三人。从理论上讲，凡拥有鉴定所必要知识的人即有资格作为鉴定人。在德

---

① 参见［日］酒井一：《科学裁判における鑑定》，载《ジュリスト》1999 年增刊。

国，鉴定人仅限于自然人，[①] 在法国、日本及我国台湾地区，鉴定人并不以自然人为限，即法人或其他团体亦具有鉴定人的资格。在这些国家或地区，非自然人作为鉴定人乃以嘱托鉴定的形式被规范的（参见法国民诉法第 233 条、日本民诉法第 218 条、我国台湾地区"民诉法"第 340 条）。嘱托鉴定主要适用于鉴定事项适宜由拥有更高学识经验与先进科技设备的法人或其他团体作出之判断之场合，某种情形下，由法人或其他团体进行鉴定较之个人作出鉴定，在鉴定结果之正确性与让当事人之依赖程度上更值得期待，此外，嘱托鉴定相比于个人鉴定，多少亦能减轻鉴定担当人的心理负担，凡此皆为嘱托鉴定之优点。不过，就嘱托鉴定而言，因乃由团体而非自然人个人作为鉴定人，故用以保障鉴定中立、客观作出的回避制度即很难得到适用，从这个意义上讲，嘱托鉴定亦有其缺点。除此之外，因受嘱托鉴定之人非为自然人，法院进行证据调查时即不能像自然人作为鉴定人那样命其宣誓（具结）陈述，对其进行讯问。[②] 在证据调查程序上鉴定意见之信用性或可采性缺乏足够的检测，此亦为其弱点。[③] 从我国现行民诉法第 72 条第 1 款"人民法院对专门性问题认为需要鉴

---

① 在德国的审判实践中，为简化鉴定人的选任，允许将鉴定委托给医院或者鉴定人团体。此外，根据《专利法》第 23 条、《商标法》第 58 条、《实用新型法》第 12 条、《建筑法》第 192 条，机关、团体、委员会也可以作为鉴定人从事鉴定活动。学者认为，在此种情形下，民事诉讼法关于鉴定的重要规定都不能适用。如当事人不能因鉴定人有不公正之虞而申请其回避等。参见［德］罗森贝克、施瓦布、戈特瓦尔德：《德国民事诉讼法》（下），李大雪译，中国法制出版社 2007 年版，第 911 页。

② 依日本民诉法第 218 条第 2 款、我国台湾地区"民诉法"第 340 条第 1 款之规定，在嘱托鉴定，法院认为必要时，可以命受嘱托机构指定之人对鉴定书所示意见作出说明。不过，此被指定之人仅系被嘱托机构之代表，而非鉴定人。

③ 在嘱托鉴定场合，鉴定人虽负有协力义务，但无论在学说上还是实务上，均不承认其于不履行协力义务时应受公法上的制裁。参见［日］门口正人编集代表：《民事证据法大系》（第 5 卷），青林书院 2005 年版，第 7 页；陈计男：《民事诉讼法论》（上），台湾三民书局 2002 年版，第 485 页。

定的，应当交由法定鉴定部门鉴定；没有法定鉴定部门的，由人民法院指定的鉴定部门鉴定"之规定中可以看出，在我国，鉴定人似仅为鉴定机构，自然人不能作为鉴定人。从该条第 2 款"鉴定部门及其指定的鉴定人有权了解进行鉴定所需要的案件材料，必要时可以询问当事人、证人"中可以进一步认为，我国现行民诉法中虽有"鉴定人"的术语（包含鉴定人术语的在民诉法中还有第 45 条第 2 款、第 72 条第 3 款、第 125 条第 2 款），但其所谓之"鉴定人"在地位与内涵上殆皆与域外法上的嘱托鉴定中，由作为鉴定人的法人或其他团体向法院说明鉴定意见之人相当。

根据《鉴定决定》之精神，在我国，鉴定人与鉴定机构实行登记管理制度，[①] 在此项制度下，鉴定人与鉴定机构已成为类似于律师与律师事务所那样的社会服务人员与服务机构，鉴定也已成为一项法律职业被纳入司法行政管理之中。从《鉴定决定》第 7 条第 2 款、第 8 条、第 9 条、第 13 条的规定中可以清晰地看到这一点。《鉴定决定》第 7 条第 2 款规定："人民法院和司法行政部门不得设立鉴定机构。"第 8 条规定："各鉴定机构之间没有隶属关系；鉴定机构接受委托从事司法鉴定业务，不受地域范围的限制。鉴定人应当在一个鉴定机构中从事司法鉴定业务。"第 10 条规定："鉴定人从事司法鉴定业务，由所在的鉴定机构统一接

---

① 依《鉴定决定》第 2 条之规定，我国并未对所有从事司法鉴定业务的鉴定人和鉴定机构实行登记管理制度，而仅对从事下列司法鉴定业务的鉴定人和鉴定机构实行登记管理制度：（一）法医类鉴定，包括法医病理鉴定、法医临床鉴定、法医精神病鉴定、法医物证鉴定和法医毒物鉴定。（二）物证类鉴定，包括文书鉴定、痕迹鉴定和微量鉴定。（三）声像资料鉴定，包括对录音带、录像带、磁盘、光盘、图片等载体上记录的声音、图像信息的真实性、完整性及其所反映的情况过程进行的鉴定和对记录的声音、图像中的语言、人体、物体作出种类或者同一认定。（四）根据诉讼需要由国务院司法行政部门商最高人民法院、最高人民检察院确定的其他应当对鉴定人和鉴定机构实行登记管理的鉴定事项。从该条第（四）项规定的意旨来看，对鉴定人和鉴定机构实行登记管理已成为我国司法鉴定制度的发展趋势。

受委托。"第 12 条规定："鉴定人或者鉴定机构有违反本决定规定行为的，由省级人民政府司法行政部门予以警告，责令改正。鉴定人或者鉴定机构有下列情形之一的，由省级人民政府司法行政部门给予停止从事司法鉴定业务三个月以上一年以下的处罚；情节严重的，撤销登记：（一）因严重不负责任给当事人的合法权益造成重大损失的；（二）提供虚假证明文件或者采取其他欺诈手段，骗取登记的；（三）经人民法院依法通知，拒绝出庭作证的；（四）法律、行政法规规定的其他情形。"尽管我们不能否认将鉴定人作为一项法律职业对待并进行登记管理有其行政管理方面的优点，但同时亦应看到，此项制度之存在从某种意义讲实际上已经改变了作为证据调查的鉴定之构造。这表现为，作为司法鉴定人的自然人进行鉴定并非缘于法院委任或指定，而是基于其所在鉴定机构之指派，如 2005 年 9 月 29 日司法部根据《鉴定决定》第 16 条的规定发布的《司法鉴定人登记管理办法》（以下简称《管理办法》）第 22 条第（一）项即明文规定，司法鉴定人应受所在司法鉴定机构指派按照规定时限独立完成鉴定工作，并出具鉴定意见。不过，由于《鉴定决定》第 10 条明确规定，司法鉴定实行鉴定人负责制度。鉴定人应当独立进行鉴定，对鉴定意见负责并在鉴定书上签名或盖章。这也使得我国的鉴定人在作为证据方法履行鉴行义务这一层面与域外法之规定并无不同。

　　由于对鉴定人与鉴定机构实行登记管理制度，故《鉴定决定》第 4 条从正反两个方面对可以申请登记从事司法鉴定业务的资格也即成为鉴定人的资格作了明确的规定。根据该条第 1 款规定，自然人必须具备下列条件之一，才有资格作为鉴定人：（一）具有与所申请从事的司法鉴定业务相关的高级专业技术职称；（二）具有与所申请从事的司法鉴定业务相关的专业执业资格或者高等院校相关专业本科以上学历，从事相关工作五年以上；（三）具有与所申请从事的司法鉴定业务相关工作十年以上经历，具有较强的专业技能。同条第 2 款规定，因故意犯罪或者职务过失犯罪受过刑事处罚的，受过开除公职处分的，以及被撤销鉴定人登记的人员，不得从事司法鉴定业务。《管理办法》第 12 条、第 13 条对司法鉴定人的资格作了更为明确的补充规定。其第 12 条规定："个人申请从事司法鉴定业务，应当具备下列条件：（一）拥护中华人民共和国宪法，遵守法律、法规和社会公德，品行良好的公民；（二）具有相关的高级专业技术职称；或者具有相关的行业执业资格或者高等院校相关专业本科以上学历，从事相关工作五年以上；（三）申请从事经验鉴定型或者技能鉴定型司法鉴定业务的，应当具备相关专业工作十年以上经历和较强的专业技能；（四）所申请从事的司法鉴定业务，行业有特殊规定的应当符合行业特殊规定；（五）拟执业机构已经取得或者正在申请《司法鉴定许可证》；（六）身体健康，能够适应司法鉴定工作需要。"第 13 条规定："有下列情形之一的，不得申请从事司法鉴定业务：（一）因故意犯罪或者职务过失犯罪受过刑事处罚的；（二）受过开除公职处分的；（三）被司法行政机关撤销司法鉴定人登记的；（四）所在的司法鉴定机构受到停业处罚，处罚期未满的；（五）无民事行为能力或者限制行为能力的；（六）法律、法规和规章规定的其他情形。"因我国实行鉴定人职业制度，故《鉴定决定》及《管理办法》对从事这一职业的资格设定条件作为准入门槛乃理所当然之事。而在大陆法系，自然人，只要拥有与鉴定事项之判断相关之专业知识即有资格亦有义务作为鉴定人。故在德国、日本及我国台湾地区等大陆法系国家或地区并未就鉴定人之资格作出一般性、抽象性的规范。不过，在实行鉴定人名簿制的法国，对登录于鉴定人名簿的自然人之资格亦设有一般性限制。自然人登录鉴定人名簿的要件为：其一，未受一定刑罚处罚及未遭受破产；其二，具有该专门领域的职业活动经验；其三，没有从事与遂行裁判上鉴定任务所具有的必要独立性相冲突的活动。此外，鉴定人若属于法律上无能力之人，职业上存在重大过失，以违反诚实良俗为由而受有罪判决等，皆可以从名簿中将其涂销登记。① 在日本及我国台湾地区，立法虽未对鉴定人之资格作出一般性的规定，但在个案中，若鉴定人存在让其进行鉴定有诚实、公正疑问之虞时，便不能作为鉴定人，此称之为鉴定人欠格。依日本民诉法第212 条第 2 款之规定，与根据第 196 条所规定的可以拒绝证言的人，第 201 条第 4 款所规定的无宣誓能力的人，以及第 201 条第 2 款所规定的可以拒绝宣誓的人具有同一地位的人，不能作为鉴定人。我国台湾地区"民诉法"第 330 条第 1 款规定，有第 32 条第（一）项至第（五）项情形之一者（应回避的事由），不得作为鉴定人。不过，同款后段对鉴定人欠格之适用作了例外规定，也即尽管鉴定人存在欠格事由，但此案中所涉鉴定事项特殊，除该鉴定人外，法院并无其他鉴定人可以选任时，或者双方当事人合意指定其为鉴定人时，该鉴定人仍可从事鉴定。

2. 鉴定人的地位

在民事诉讼中，法官与鉴定人在立场上根本不同，法官乃公权力的持有者，鉴定人乃专门知识的持有者。法官的公权力乃是基于尽早地正确判断事案这一责任而行使。但是在专门知识为必要的诉讼中，法官被要求具有与专家同等的知识乃十分困难之事，故这些诉讼中仅由法官单独完成迅速地发现真实之任务实乃奢望。因而，需要鉴定人补充法官之知识以协助查明案件事实，

---

① 参见［日］田村真弓：《民事诉讼における鉴定について》，载《同志社法学》（第 53 卷）2001 年第 4 期。

就此而言，鉴定人乃居于法院辅助者或辅助机关之地位。大陆法系民诉立法关于鉴定之设计在很多方面即体现了这一点，如法官能在感到必要的范围内依职权命令鉴定，鉴定人乃由法院指定，鉴定人在具有与法官回避之同一事由时可以被当事人申请回避等。另一方面，我们也应看到，鉴定究为法院证据调查之一种，鉴定人在诉讼中向法院陈述关于鉴定事项的判断意见与证人陈述过去所体验之事实结果虽在内容、形式上皆有所不同，但鉴定人作为与证人相类似的人的证据方法之属性并未由此而改变。如同证人一样，鉴定人亦负有到场义务、陈述义务等，法官关于鉴定人所陈述的鉴定意见亦是在自由心证的范围内作出评价而不是完全受其拘束，也即鉴定人所出具的鉴定意见也仅为证据资料之一种。也正因为如此，德国、日本及我国台湾地区等大陆法系国家或地区民诉立法殆皆规定，关于证人之规范在性质许可之范围内于鉴定人准用之（参见德国民诉法第 402 条、日本民诉法第 216 条，我国台湾地区"民诉法"第 324 条）。我国现行民诉法对此虽未作出明确规定，但在适用上应作同一解释应无疑义。从上面的分析中，我们可以得出结论，鉴定人在证据法中所居之地位具有双重性质，其一，鉴定人为法院的辅助机关，其二，鉴定人为人的证据方法之一种。

二、鉴定人的选任

鉴定人与证人虽同为人的证据方法，但由于鉴定人具有法官辅助者之性质并且具有可替代性，故而当事人申请鉴定时，只须表明鉴定事项而无须同时向法院指定鉴定人，鉴定人乃由法院选任。此与当事人申请证人作证，除表明作证事项同时须向法院指定证人不同。譬如，德国民诉法第 404 条第 1 款规定，鉴定人的选定与其人数，均由受诉法院决定。受诉法院可以只任命一个鉴定人。受诉法院也可以任命另一鉴定人以代替先任命的鉴定人。

日本民诉法第 213 条规定，鉴定人，由受诉法院、受命法官或受托法官指定。[①] 我国台湾地区"民诉法"第 326 条第 1 款规定，鉴定人由受诉法院选任，并定其人数。同条第 3 款规定，已选任之鉴定人，法院得撤换之。我国现行民诉法第 72 条"人民法院对专门性问题需要鉴定的，应当交由法定鉴定部门鉴定；没有法定鉴定部门的，由人民法院指定的鉴定部门鉴定"之规定，亦表明了鉴定人乃由法院选任之意旨。尽管鉴定人以由受诉法院选任为原则，但在某些情形下，当事人往往拥有比法院更多的关于适合本案的鉴定人的信息，故为了能选任出适合本案的鉴定人，让当事人取得关于必要的专门家的情报并向法院提供实不失为良策。为此，德国及我国台湾地区民诉法皆规定，法院于选任鉴定人前可命当事人双方陈述意见，或让当事人向法院推举鉴定人。如德国民诉法第 404 条第 3 款规定，法院可以要求当事人指定适于为鉴定人的人。我国台湾地区"民诉法"第 326 条第 2 款前段规定，法院于选任鉴定人前，得命当事人陈述意见。日本民诉法对此虽未作出规定，但学者一般认为，法院于选任鉴定人之前，应让当事人提供关于鉴定人之情报信息或向法院推荐适于鉴定之人。[②]

依域外民诉法之规定或学者之见解，当事人虽能向法院推荐鉴定人，但此项推荐对于法院并无拘束力，法院仍应依自己之判断意见选任鉴定人。但当事人双方若合意以特定专家作为鉴定人时，情形则有所不同。依德国民诉法第 404 条第 4 款之

[①]　日本学者认为，鉴定人不以一人为限，法院于认为有必要时可指定数人为鉴定人，此外，法院于选任的鉴定人陈述鉴定意见之前，可以取消先前的鉴定人指定，而指定其他人作为鉴定人。参见〔日〕小室直人等：《新民事诉讼法》（Ⅱ），日本评论社 2003 年版，第 199 页。

[②]　参见〔日〕染野义信等：《口语民事诉讼法》，自由国民社 2004 年版，第 187 页。

规定，此项关于鉴定人之合意于法院有约束力，法院应依当事人之意见选任鉴定人，不过，法院可以限制当事人双方合意选任的鉴定人的人数。日本民诉法对此未作出规定，学者认为，当事人双方间达成的确定鉴定人的合意，法院一般应受其拘束，但法院于认为不适当时，仍可指定双方当事人合意特定的鉴定人以外之人作为鉴定人。① 我国台湾地区"民诉法"于2000 年修正前，对此也未作规定，学者一般认为，在解释上，法院选任鉴定人应尊重双方当事人之合意，以其合意选定之人为鉴定人。但鉴定人之人数，应由法院就具体事件斟酌决定。由此可知，我国台湾地区学说上关于当事人合意选任鉴定人之处理乃采取与德国立法相同之立场。② 我国台湾地区 2000 年修正后的"民诉法"第 326 条第 2 款后段规定，经当事人合意指定鉴定人者，应从其合意选任之。但法院认其人选显不适当时，不在此限。从该项规定中可以看出，我国台湾地区"民诉法"与德国民诉法虽均承认当事人双方关于指定鉴定人的合意对法院具有约束力，但在约束力的范围或程度上则有所不同。相比于德国法仅承认法官可限制当事人合意确定鉴定人之人数，我国台湾地区"民诉法"则赋予了法官很大的自由裁量权，允许法官根据案件情况决定是否承认双方当事人的合意，从而与日本学说所持之见解一致。笔者认为，当事人双方关于鉴定人选任所达成的合意从本质上讲乃证据契约之一种，基于证据契约在不损及法官自由心证之范围内应为有效之法理，此项合意应认为有效，从而对法院具有约束力，也即法官应依此项合意选任鉴定人。唯鉴定人毕竟属于法官的辅助者，而非纯

---

① 参见［日］小室直人等：《新民事诉讼法》（Ⅱ），日本评论社 2003 年版，第 199 页。

② 参见陈计男：《民事诉讼法论》（上），台湾三民书局 2002 年版，第 481页。

然的证据方法，若一任双方当事人之合意具有绝对的约束力，某些情形下反而无助于补充法官判断能力之不足与事案之解明，从而损害鉴定之本旨，就此而言，承认法官斟酌双方合意是否适当而决定是否受其拘束应属妥当。因此，我国现行民诉法及《鉴定决定》虽未明定双方当事人可以合意选任鉴定人，但日本学者之见解及我国台湾地区"民诉法"所作之规定，不妨在解释上作为实务中应持之立场。

三、鉴定人之回避

鉴定人并非单纯之人的证据方法，而为法院的辅助者，故对于鉴定人，显应强调其中立性。又鉴定人具有可代替性，因此在其存有妨害居于中立地位而客观、诚实地进行鉴定之情形时，将其排除而由法院另行选任鉴定人亦有可能。为此，各国或地区民诉法殆皆规定，在存在一定的事由时，允许当事人申请法院命鉴定人退出鉴定程序。此项制度，被称为鉴定人之回避（日本法称之为忌避，我国台湾地区"民诉法"称之为拒却）。

1. 鉴定人的回避事由

德国、日本及我国台湾地区等大陆法系国家或地区民诉法虽均强调鉴定人之法官辅助人地位，但在鉴定人回避事由之设计上，并不尽相同。德国及我国台湾地区民诉法由于更多地强调鉴定人之法官辅助人的地位，故规定鉴定人在具有与法官回避之同一事由时，应实行回避，唯一的例外是鉴定人在此案中作为证人被法院讯问时，并不回避。这是因为鉴定人曾作为证人尚不足以认为其有不诚实、公正地鉴定之虞。某人于诉讼中乃为证人，同时又被法院指定为鉴定人，学理上称之为"鉴定人兼证人"，其与鉴定证人并非同一内涵。如德国民诉法第 406 条第 1 款规定，鉴定人可以由于与法官回避的同一原因，而实行回避。但鉴定人曾作为证人而受讯问，不得为回避原因。① 我国台湾地区"民诉法"第331条规定，当事人得依申请法官回避之原因拒却鉴定人。但不得以鉴定人于该诉讼事件曾为证人或鉴定人为拒却之原因。② 我国现行民诉法与前述立法例相同，规定鉴定人与法官具有同一回避事由时可以被当事人申请回避，此观之民诉法第45条"审判人员有下列情形之一的，必须回避，当事人有权用口头或者书面方式申请他们回避：（一）是本案当事人或者当事人、诉讼代理人的近亲属；（二）与本案有利害关系；（三）与本案当事人有其他关系，可能影响对案件公正审理的。前款规定，适用于书记员、翻译人员、鉴定人、勘验人"之规定即可明了。与前述立法例不同的是，日本民诉法第214条第1款前段仅规定，鉴定人具有妨碍为诚实的鉴定之情形时，当事人可以申请其回

---

① 依德国民诉法第41条之规定，有下列情形之一时，法官得依法实行回避：（1）在该案件中，法官自己是当事人，或者法官与当事人间有共同权利人、共同义务人或偿还义务人的关系；（2）该案件是法官的配偶的案件，婚姻关系已解除时亦同；（3）该案件的当事人之一是法官的直系血亲或直系姻亲，或三亲等内的旁系血亲，或二亲等内的旁系姻亲；（4）在该案件中，法官现在或曾经受任为当事人一方的诉讼代理人或辅佐人，现在或曾经具有为当事人一方的法定代理人的权限；（5）在该案件中，法官曾经作为证人或鉴定人而受讯问；（6）在当事人提出不服的案件中，法官曾参与其前审或仲裁程序中的裁判，但仅执行受命法官或受托法官的职务者不在此限。德国民诉法第42条第1款规定，法官依法不得执行职务时，或法官有不公正的可能时，当事人可以申请其回避。

② 我国台湾地区民诉法第32条规定，法官有下列各款情形之一者，应自行回避，不得执行职务：（1）法官或其配偶、前配偶或未婚配偶为该诉讼事件当事人者；（2）法官为该诉讼事件当事人八亲等内之血亲或五亲等内之姻亲，或曾有此亲属关系者；（3）法官或其配偶、前配偶或未婚配偶，就该诉讼事件与当事人有共同权利人、共同义务人或偿还义务人之关系者；（4）法官现为或曾为该诉讼事件当事人之法定代理人或家长、家属者；（5）法官于该诉讼事件，现为或曾为当事人之诉讼代理人或辅佐人者；（6）法官于该诉讼事件，曾为证人或鉴定人者；（7）法官曾参与该诉讼事件之前审裁判或仲裁者。同"法"第37条规定，遇有下列各款情形，当事人得申请法官回避：（1）法官有前条所定之情形而不自行回避者；（2）法官有前条所定以外之情形，足认其执行职务有偏颇之虞者。

避。不过鉴定人若存在法官依法自行回避之原因时应予以回避，乃日本学者之通说。① 日本实务界一般认为，仅当事人主观地推测鉴定人有妨碍诚实鉴定的情形尚不足以作为鉴定人回避的事由，只有在客观上确实存在足以让当事人感到怀疑的不诚实鉴定情形才可以作为鉴定人回避之事由，而这必须从鉴定人与当事人的关系及鉴定人与事件的关系两个方面进行判断。②

2. 鉴定人回避之程序

（1）申请回避之时期。当事人申请鉴定人之回避若漫无限制，则诉讼必将迟延。为此，各国或地区民诉法对当事人申请回避之时期多设有限制，以促使当事人早日向法院提出回避申请。德国民诉法第406条第2款规定，申请回避，应在讯问鉴定人之前，由当事人向任命鉴定人的法院或法官提出，且至迟应在任命裁定宣告或送达

---

① 参见［日］松本博之、上野泰男：《民事诉讼法》（第4版），弘文堂2005年版，第407页。

② 参见［日］门口正人编集代表：《民事证据法大系》（第5卷），青林书院2005年版，第15页。日本东京地方法院于昭和53年2月30日、高知地方法院于昭和53年4月15日就被法院选任的鉴定人曾经在诉讼外为作为原告的患者（患者均为亚急性视神经症病人）作过诊断是否构成回避事由作出裁定（被告认为鉴定人曾经作为原告的私鉴定人而欠缺诚实鉴定基础，并以此为由申请回避），认为亚急性视神经病症研究人员欠缺代替性，并且鉴定人为原告所作诊断书与用药证明书，并未超出通常情形下基于医生与患者关系所作之文书范畴，并非私鉴定，被告所提申请回避事由并不存在，故而驳回了被告的回避申请。另外，日本有学者认为，在特定的场合，为保证法院能选任适于进行鉴定之人，鉴定人中立性之确保即应作出让步，因为鉴定人具有补充法官专门知识欠缺之辅助人之性质，在特殊的领域，专门家的人数本身就少，"与一方当事人存在密接的关系"或者"关于同一事项以前在裁判上或裁判外作过鉴定"均有可能，若以此为回避事由，将会导致所有专家均可能被回避，而无适格的鉴定人存在。因此，在适格的鉴定人非常欠缺的场合，回避事由是否存在不仅要考虑是否存在妨碍诚实鉴定的情形，更应考虑到鉴定人代替性之欠缺这一因素。因此，上述场合，法院选任鉴定人时，针对鉴定事项法院能获得最合适的专家的意见应作为第一考虑要素，而不应完全受鉴定人必须保持中立性的拘束。当然，法院斟酌采纳鉴定人意见时，应将影响鉴定人中立之情事作为言词辩论全部意旨之一环予以考虑。参见［日］田村真弓：《民事诉讼における鉴定について》，载《同志社法学》（第53卷）2001年第4期。

后两周内提出。超出此期限，申请人必须释明以前不能主张回避的理由不是由于其过错，才可以提出回避申请。日本民诉法第 214 条第 1 款规定，当事人应在鉴定人陈述鉴定事项前，向法院申请鉴定人回避。鉴定人回避事由发生于鉴定人陈述以后或当事人在此后才知道回避事由时，亦可于鉴定人陈述后申请回避。依日本民事诉讼规则第 130 条第 1 款之规定，除于言词辩论期日申请鉴定人回避外，当事人申请鉴定人回避必须采取书面形式。日本民诉法第 214 条第 2 款规定，当事人申请鉴定人回避，应当向受诉法院、受命法官或受托法官提出。我国台湾地区"民诉法"第 321 条第 2 款规定，鉴定人已就鉴定事项有所陈述或已提出鉴定书后，不得声明拒却。但拒却之原因发生在后或知悉在后者，不在此限。依同"法"第 322 条第 2 款之规定，此项事实应由当事人释明之。从前述立法例可以看出，德国、日本等民诉法殆皆以鉴定人已陈述鉴定意见与否作为当事人申请鉴定人回避之期间标准。依我国现行民诉法第 46 条第 1 款之规定，当事人申请鉴定人回避，应在案件开始审理时提出，回避事由在案件开始审理后知道的，可以在法庭辩论终结前提出。笔者认为，现行法关于当事人申请回避之期间基本上乃以法官回避为对象所作之设计，并未考虑鉴定人与法官之不同而作区分规范，在立法技术上并不完全科学，并且未考虑鉴定人回避事由若发生在鉴定人陈述鉴定意见后这一情形亦不妥当。鉴定人若已经陈述鉴定意见，若仍允许当事人申请回避，则当事人可视鉴定意见是否有利于己而作不同之选择，德国、日本等民诉立法关于当事人申请鉴定人回避期间所作之设计，即在避免当事人的取巧行为，值得借鉴。

（2）对回避申请之裁判。依德国民诉法第 406 条第 3 款之规定，当事人申请鉴定人回避，应释明回避原因，当事人不得以提出担保代替释明。同条第 2 款规定，关于申请回避，是否有理由，由法院以裁定程序行之。日本民事诉讼规则第 130 条第 1 款规定，当事人须释明鉴定人回避的事由。法院以裁定程序对申请有无理由作出裁判。我国台湾地区"民诉法"第 322 条规定，声明拒却鉴定人，应举其原因，向选任鉴定人之法院或法官为之。前项原因之事实，应释明之。同"法"第 333 条规定，鉴定人之回避申请是否有理由，由法院以裁定程序引之。不难看出，前述立法关于申请鉴定人回避之裁判具有两点共同特征：其一，当事人须向法院释明鉴定人回避之事由；其二，法院关于鉴定人回避之申请是否正当，乃以裁定程序行之。依我国现行民诉法第 46 条第 1 款之规定，当事人提出回避申请，应当说明理由，此与前述立法关于当事人申请回避应释明事由在解释上应具同一内涵。从同法第 47 条"其他人员的回避，由审判长决定"及第 48 条"人民法院对当事人提出的回避申请，应当在申请提出的 3 日内，以口头或者书面形式作出决定。申请人对决定不服的，可以在接到决定时申请复议一次"之规定中可以看出，关于回避申请是否正当，在现行法乃由法院审判长以决定形式作出，且只允许当事人向本级法院申请复议，在对当事人之程序保障上似乎不够周全，将来修法时实宜借鉴前述立法通例，由法院采行裁定程序对鉴定人回避之申请作出裁判，并且允许不服此项裁定之当事人可向上一级法院提出上诉。

（3）当事人不服裁判之救济。德国民诉法第 406 条第 5 款，日本民诉法第 214 条第 3、4 款，我国台湾地区"民诉法"第 233 条均规定，当事人对于法院所作之回避申请为正当或有理由之裁定不得声明不服，因此种裁定于双方当事人均无不利益存在，而对于法院所作的认申请无理由之裁定则允许当事人提起抗告。由于我国现行民诉法乃规定法院以决定形式对当事人的申请是否正当作出判断，故民诉法第 48 条规定，当事人对决定不服乃以向本级法院申请复议形式进行救济。从法条中亦看不出当事人是否可以对法院所作的认为当事人申请有理由之决定申请复议。在解释上，应认为当事人仅可对驳回申请之决定提起复议。

第三节　鉴定义务之特质与具体内容

一、鉴定义务之特质

鉴定人虽具有法官辅助者之属性，但其作为证据方法之地位并未由此而改变，故鉴定人亦负有协助法院进行证据调查之义务，该义务因亦乃确保裁判真实这一司法上的利益所负担之义务，故亦为公法上的义务。① 因鉴定人的义务为人的证据协力义务，故从德国、日本及我国台湾地区等民诉法的规定来看，其在义务形态上与证人义务相同，也即鉴定人亦负有到场义务、宣誓

---

① 参见［日］新堂幸司、铃木正裕、竹下守夫：《注释民事诉讼法》（6），有斐阁1995年版，第405页。鉴定义务，虽本为鉴定人向法院所负之义务，而非鉴定人对当事人所负的直接义务，但与鉴定活动相伴而生的是，鉴定人应负有不侵害当事人法益的配虑保护义务（关照义务）。从而鉴定人违反此项义务，出具错误的鉴定意见而使法院造成错误裁判之场合，应生有侵权行为法上的损害赔偿义务之可能性。但是，鉴定人具有法官的辅助者之性格，鉴定意见也须经过法官之自由评价后才能作为事实认定之根据，并且法官基于鉴定所为的错误事实认定于当事人有上诉、再审等途径予以更正之可能。故错误鉴定与损害之间的因果关系在认定上实在相当微妙。因此，关于鉴定人错误鉴定的损害赔偿责任是否存在及多大范围内存在一直有争议。德国联邦最高法院曾经试图从鉴定人之法官辅助人地位及必要的内部独立性出发而采取鉴定人对其任何职务过失皆免除责任之见解。但这一见解遭到联邦宪法法院的否定，后者认为，通过法官权利来排除对重大过失行为负责任是不合法的。2002年8月1日生效的《德国民法典》第839条之一新增了出具不正确鉴定意见的鉴定人的责任之规定。依该条之规定，因故意或者重大过失出具不正确鉴定书的鉴定人负有赔偿诉讼参与人由于该鉴定意见被法院采纳而作出错误裁判所生之损害之义务。参见［德］汉斯-约阿希姆·穆泽拉克：《德国民事诉讼法基础教程》，周翠译，中国政法大学出版社2005年版，第260页。日本学说上一般认为，应承认鉴定人于履行鉴定义务时负有不侵犯他人法益之配虑义务，但从鉴定意见乃经由法官自由心证作出评价这层考虑，应承认鉴定意见之作出仅在显著地违反公序良俗之违法场合，鉴定人才生损害赔偿责任。参见［日］中野贞一郎、松浦馨、铃木正裕：《新民事诉讼法讲义》（第2版），有斐阁2004年版，第311页。在我国，民事实体法并未对鉴定人因为过错履行鉴定职务而给当事人法益造成损失是否应负损害赔偿责任作出明确规定。不过，《管理

或具结义务以及陈述义务（鉴定人与证人具有不同之特质，故鉴定人义务与证人义务在履行的具体方式上有所差异）。不过，与证人义务乃服从国家裁判权之人对国家所负之一般协力义务不同的是，鉴定义务仅乃特定之人（即拥有鉴定所必要的专业知识的人）对国家所负之协力义务。此外，与证人不可代替不同的是，鉴定人具有可代替性（鉴定人乃基于其特别之知识向法官报告外国法、经验法则及关于专门事项之判断意见，故鉴定人只须有特别之知识的人即可担当之，无禁止他人代替之限制），故鉴定义务仅限于特种人负有之，而不限某一特定人负有之。[①]依德国民诉法第 407 条之规定，被任命为鉴定人的人，如果原来就是被政府任命从事于特种鉴定工作的人，或者是公开营业从事于具备鉴定所需知识的科学工作、技术工作或职业的人，或者是以政府委任或授权从事于这些工作的人，都必须接受这种任务。向法院表示承诺从事鉴定工作的人，也有进行鉴定的工作义务。日本民诉法第 212 条第 1 款规定，于鉴定具有必要学识经验的人，负有鉴定义务。我国台湾地区"民诉法"第 328 条规定，具有鉴定所需之特别学识经验，或经机关委任有鉴定职务者，于他人之诉讼，有为鉴定人之义务。德国学者认为，虽然不存在鉴定人出具鉴定

办法》第 31 条规定了鉴定人对当事人的损害赔偿责任，其内容是，司法鉴定人在执业活动中，因故意或者重大过失行为经当事人造成损失的，其所在的司法鉴定机构依法承担赔偿责任后，可以向有过错行为的司法鉴定人追偿。从立法学上讲，该项规定仅具有解释学上的意义，并无法规范之效力，但仅从该项规定之内容本身看，实与德国民法典第 839 条之一的规定近似，衡诸前述法理，应值得肯定。另外，《鉴定决定》第 13 条规定了因鉴定人错误鉴定给当事人造成损害的行政责任。其内容是，鉴定人或者鉴定机构有下列情形之一的，由省级人民政府司法行政部门给予停止从事司法鉴定业务三个月以上一年以下的处罚；情节严重的，撤销登记；（一）因严重不负责任给当事人合法权益造成重大损失的……

　　① 参见［日］松冈义正：《民事证据论》，张知本译，中国政法大学出版社2004 年版，第 214 页。

意见的一般化义务，但该义务被扩展得如此广泛，以至于其几乎遍及所有列入考虑的人。① 日本也有学者认为，鉴定义务对于有学识经验的人而言，与证人义务同样也是对服从国家裁判权之人所课的一般性的义务。② 与德国、日本等大陆法系民诉法明确宣示具有特别学识经验之人负有作为鉴定人之义务不同的是，我国现行民诉法并没有关于鉴定义务的宣示性规范。但从民诉法第72条的规定中可以推断出，法定的或指定的鉴定部门（包括鉴定部门指派的鉴定人）负有鉴定之义务。当然，根据《鉴定决定》之精神，鉴定实乃一种法律职业，在此背景下，当事人以外之人尽管拥有鉴定所需专业知识，但若未申请鉴定人登记并在鉴定机构执业（是否申请鉴定人登记乃本诸自己之意愿），亦不会被法院任命为鉴定人，从而在某种意义上讲亦不负鉴定义务。《鉴定决定》第9条"在诉讼中，对本决定第二条所规定的鉴定事项发生争议，需要鉴定的，应当委托列入鉴定人名册的鉴定人进行鉴定"之规定实际上即蕴含了这一意旨。

二、鉴定义务之具体内容

依德国、日本及我国台湾地区等大陆法系国家或地区民诉法之规定，鉴定人所负之鉴定义务包括到场义务、宣誓或具结义务、陈述鉴定意见义务等三个方面的内容，鉴定人违背鉴定义务将遭受公法上的制裁。依我国现行民诉法第72条第3款"鉴定部门和鉴定人应当提出书面鉴定结论"之规定中可以推断鉴定人负有出具鉴定意见之义务。此外，第125条"当事人经法庭许可，可以向证人、鉴定人、勘验人发问"之规定实际上亦间接昭

---

① 参见［德］奥特马·尧厄尼希：《民事诉讼法》，周翠译，法律出版社2003年版，第290页。

② 参见［日］伊藤真：《民事诉讼法》（第3版），有斐阁2004年版，第357页。

示了鉴定人应负出庭义务。《鉴定决定》第11条更是明确规定了鉴定人之出庭义务。由此可以看出，在我国，鉴定义务包括出庭义务、陈述鉴定意见义务两个方面，与德国、日本等大陆法系民诉法相比，没有规定鉴定人宣誓或具结义务。

1. 到场义务

鉴定人属于人的证据方法，其履行证据协力义务之方式为向法官报告外国法、经验法则及对特殊事项之判断意见。基于证据调查中的直接原则，鉴定人之报告应在公开法庭上向法官为之，故鉴定人受法院合法传唤后应遵传到场（参见德国民诉法第402条、日本民诉法第216条、我国台湾地区"民诉法"第324条）。鉴定人到场既乃其应尽之义务，其不履行此项义务即应遭受一定之制裁。依德国民诉法第409条之规定，鉴定人不到场，应负担由此而生的费用，法院同时可对其处以违警罚款。若再次不到场，可对其再次处以罚款。鉴定人若不服（此项裁定），可以提起即时抗告以为救济。依日本民诉法第216条之规定，民诉法第192条、第193条关于证人不到场所受制裁之规定于鉴定人准用之，据此可知，在日本，鉴定人若无正当理由不到场，法院可以对其处10万日元以下之罚款或者拘留，对此项裁定，鉴定人可以提起即时抗告。此外，法院还可以对无正当理由不到场之鉴定人课以10万日元以下之罚金或拘留之刑事制裁。依我国台湾地区"民诉法"第324条准用第303条之规定，在我国台湾地区，鉴定人受合法之通知，无正当理由而不到场者，法院得以裁定处新台币3万元以下之罚锾；鉴定人已受前项裁定，经再次通知，仍不到场者，得再处新台币6万元以下罚锾。对于该项裁定，鉴定人若有不服，可以提起抗告。从上述立法例的规定可以看出，对鉴定人违背到场义务所受处罚基本上与证人违背到场义务所受处罚相同，这主要是基于鉴定人与证人同为人的证据方法且均为当事人以外之人之缘故。但与证人不到庭，法院可以采取拘传措施强制其到庭不同的是，前述民诉立法殆皆规定对鉴定人不得采拘传措施，这是因为鉴定人具有可替代性。在鉴定人受间接强制措施仍不到庭时，法院可选任其他鉴定人进行鉴定，毋庸采直接强制措施。况且，强令鉴定人到场，实难期待其能诚实履行鉴定义务。[①]

我国现行民诉法及《鉴定决定》第 11 条虽然间接或直接规定鉴定人负有到场义务，但却未同时规定鉴定人不到场所应受之制裁，故在鉴定义务的构造上无疑存在很大的缺陷。在审判实践中，鉴定人不出庭虽然没有证人不出庭那样普通，但亦非鲜见。[②]笔者认为，鉴定人不出庭，当事人即无法对鉴定人进行询问，鉴定意见之可靠性亦得不到有效的检验。故从保障当事人对鉴定人的发问权及鉴定意见之可信度出发，民诉立法实应规定鉴定人不出庭所应受之处罚，借以强制鉴定人出庭陈述鉴定意见。依《鉴定决定》第 11 条的规定，鉴定人经人民法院依法通知，拒绝出庭作证的，鉴定人将遭受行政法上的制裁，即省级人民政府司法行政部门将给予其停止从事司法鉴定业务三个月以上一年以下的处罚，情节严重的，撤销登记。此项措施虽然能在一定程度上起到迫使鉴定人履行到场义务之效果，但其毕竟是从行政管理角度所作之处罚规定，从法理上讲并不能代替从不履行公法义务这一角度对其所课予的处罚。

2. 宣誓（具结）义务

为确保鉴定人能诚实地鉴定，德国、日本及我国台湾地区民

---

① 参见［日］斋藤秀夫：《注解民事诉讼法》（5），第一法规出版株式会社1983 年版，第 127—128 页。

② 我国民诉法所规定的鉴定在鉴定构造上实与域外法中的嘱托鉴定相同，也即鉴定人通常实为鉴定机构，在鉴定机构进行鉴定时，其所指派的鉴定人到场并非真正意义上的鉴定人到场。

诉法殆皆规定鉴定人应负宣誓（具结）义务。① 关于鉴定人之宣誓（具结），基本与证人之宣誓（具结）相同，仅誓词或具结的内容或方式有所不同。德国民诉法第 410 条规定，鉴定人应在鉴定前或鉴定后宣誓，在誓词中，鉴定人应表示：在要求他作的鉴定中，他公正地并依自己的良心和良知进行鉴定，或已经作了鉴定。如果鉴定人就其所做的该种鉴定工作，已作过概括的宣誓时，只须引用其作过的宣誓即可；此点也可以在鉴定书中表明。日本民事诉讼规则第 131 条第 1 款规定，鉴定人应向法院宣誓其乃依据良心诚实鉴定。同条第 2 款规定，鉴定人宣誓可采取向法院提出宣誓书的方式进行，此种场合，审判长应向鉴定人书面告知宣誓趣旨及虚伪鉴定所受之处罚。我国台湾地区采鉴定人具结制度，其"民诉法"第 324 条规定，鉴定人应于鉴定前具结，于结文内记载必为公正、诚实之鉴定，如有虚伪鉴定，愿受伪证之处罚等语。鉴定人违背宣誓（具结）义务所受处罚与证人违背宣誓（具结）义务所受处罚相同（参见德国民诉法第 402、390 条，日本民诉法第 216、192、193 条，我国台湾地区"民诉法"第 324、325、311 条）。在我国，一如证人作证前不采宣誓或具结制度，鉴定人于鉴定前亦不采宣誓或具结制度。

3. 陈述鉴定意见义务

一如证人之证言义务乃证人义务之核心，鉴定人陈述鉴定意见之义务亦乃鉴定义务之核心。

（1）陈述鉴定意见之方式

基于证据调查之直接原则、言词原则，鉴定人陈述鉴定意见原则上应于证据调查期日以口头方式向法官为之。此从理论上与

---

① 在实行嘱托鉴定制度的日本及我国台湾地区，作为鉴定人的鉴定机构于鉴定前并不进行宣誓（具结）（参见日本民诉法第 218 条、我国台湾地区"民诉法"第 340 条）。

证人陈述证言原则上应采取口头方式为之并无不同。但与证人仅乃陈述其所体验之事实结果不同的是，鉴定人关于鉴定事项之判断涉及专门的技术领域，为求鉴定人能对法官及当事人正确地传达关于鉴定事项之判断意见，以书面方式向法官报告鉴定意见可能更为适切。因此，德国、日本及我国台湾地区等大陆法系国家或地区民诉法殆皆规定鉴定人可以书面方式向法院陈述鉴定意见。① 德国民诉法第411条前段规定，法院命为书面鉴定时，鉴定人应将经其署名的鉴定书留交书记科。日本民诉法第215条第1款规定，审判长可让鉴定人以书面或口头方式陈述意见。我国台湾地区"民诉法"第335条第1款规定，受诉法院、受命法官或受托法官得命鉴定人提供鉴定书陈述意见。② 从我国现行民诉法第73条第3款"鉴定部门和鉴定人应当提出书面鉴定结论，在鉴定书签名或者盖章"之规定来看，在我国，书面鉴定意见之出具乃鉴定人陈述鉴定意见的唯一方式，不允许鉴定人采取口头方式陈述鉴定意见。民诉法第124条"法庭调查按照下列顺序进行：……（四）宣读鉴定结论……"之规定也佐证了这一点。笔者认为，我国现行民诉法完全排除鉴定人以口头方式陈述鉴定意见似乎显得过于绝对，因为尽管鉴定因涉及专门领域事项之判断而宜由鉴定人采书面方式陈述鉴定意见，但亦不能否认有些鉴定事项之判断由于相对简单，鉴定人以口头方式陈述鉴定意见即可清晰明了地完成向法官报告鉴定意见之任务，于双方当事人而言，在理解上亦不比采书面鉴定方式存在更多障碍，况且，口头

---

① 在鉴定人以书面形式报告鉴定意见时，实际上即免除了其于证据调查期日到场之义务。

② 在德国、日本的司法实务中，鉴定人几乎均以鉴定书的形式向法院报告鉴定意见，这已成为惯例。参见［德］奥特马·尧厄尼希：《民事诉讼法》，周翠译，法律出版社2003年版，第290页；［日］门口正人编集代表：《民事证据法大系》（第5卷），青林书院2005年版，第29页。

陈述鉴定意见更与证据调查之直接原则、言词原则相契合。因此，民诉法应借鉴前述域外法之通例，规定由法院或审判长根据案件情况决定鉴定人应采取何种方式陈述鉴定意见。从理论上讲，鉴定书乃由鉴定主文与鉴定理由两大部分构成，鉴定理由乃对从前提事实如何导出鉴定结论的过程之描叙，鉴定主文乃以对鉴定事项予以回答的形式简洁地表示其结论的部分。在法律意义上，仅鉴定主文为鉴定意见也即为证据资料。而鉴定理由仅为法院进行事实认定的辅助性资料。因此，鉴定人于出具鉴定书时即便不附鉴定理由而仅提出鉴定主文亦应不否认其具有证据能力。① 但是，在日本最近的"有力说"认为，法院采纳鉴定意见并以之为事实认定之基础，在判决理由中须以鉴定理由为依据予以说明，鉴定理由成为法院斟酌决定是否采纳鉴定意见不可或缺的基础，故鉴定理由亦应成为证据资料的一部分。② 笔者认为，鉴定理由不仅为鉴定人导出鉴定结论之基础，也为法院自由评价鉴定结论应予参考之重要因素，鉴定结论与理由应一体成为法院评价之对象，故以后说为妥当。

鉴定人虽能以书面形式报告鉴定意见，但由于鉴定事项之判断涉及专门领域，无论是法院还是当事人在理解上有时均存在困难，故于必要之场合，实宜命鉴定人于证据调查期日以口头形式对鉴定意见作出说明或解释。根据德国民诉法第411条第3款之规定，鉴定意见若不清楚或存在疑问，法院可依职权命令鉴定人到场作口头解释。依同条第4款之规定，双方当事人可以在适当

---

① 参见［日］小室直人等：《新民事诉讼法》（Ⅱ），日本评论社2003年版，第198页。日本实务上认为，在书面鉴定之场合，鉴定意见仅为关于鉴定事项的鉴定人的意见，鉴定理由不过是判断鉴定主文的证据力或信赖性的资料，从而欠缺鉴定理由之场合或鉴定理由不充分之场合，鉴定结果亦能作为事实认定的资料。参见［日］松本博之、上野泰男：《民事诉讼法》（第4版），弘文堂2005年版，第411页。

② 参见［日］伊藤真：《民事诉讼法》（第3版），有斐阁2004年版，第359页。

的期间内申请法院传唤鉴定人到场口头解释鉴定意见并回答问题。日本民诉法第 215 条第 2 款（平成 15 年即 2003 年新增） 规定，在鉴定人书面陈述鉴定意见之场合，为明了该鉴定意见的内容或者确认其根据，法院于认为有必要时，可依当事人之申请或依职权让鉴定人进一步陈述鉴定意见。我国台湾地区"民诉法"第 335 条规定，鉴定书须说明者，得命鉴定人到场说明。我国现行民诉法对此虽未作规定，但《鉴定决定》第 11 条"在诉讼中，当事人对鉴定意见有异议的，经人民法院依法通知，鉴定人应当出庭作证"之规定实际上已蕴涵了这层意思。但笔者认为，鉴定意见作为证据资料是否能作为事实认定之基础乃须由法院自由评价后作出判断，当事人并非判断之主体，因此，在法院认为鉴定结论有疑义或不清楚的地方应让鉴定人到场作出解释或说明，而无须亦不能仰赖当事人双方是否对鉴定意见存有异议，《鉴定决定》之规定显然失之允洽。

（2） 对鉴定人之询问（质问）

在鉴定人采取口头方式陈述鉴定意见之场合[1]及鉴定人虽采取书面形式陈述鉴定意见但以口头解释或说明鉴定意见时，为检验鉴定意见之可信性及保障当事人之证明权，法院应对鉴定人进行询问，当事人也有权对鉴定人发问。因鉴定人与证人一样，都为人的证据方法并且由法院主导对鉴定人与证人之证据调查，故关于鉴定人之询问应可准用对证人之发问。[2] 德国民诉法、我国

---

[1]　鉴定人有数人时，其陈述鉴定意见可分别或共同为之。日本民事诉讼规则第 132 条规定，审判长可以命鉴定人共同或个别陈述意见。我国台湾地区"民诉法"第 336 条规定，鉴定人有数人者，得命其共同或个别陈述意见。我国现行民诉法对此虽未作规定，但应作同一解释。因为鉴定人系基于特别知识、技能而为陈述，与证人系就其所经历之事实而为陈述之情形不同，故鉴定人不妨共同陈述，俾互相参证，以求真实。参见陈计男：《民事诉讼法论》（上），台湾三民书局 2002 年版，第 484 页。

[2]　参见［日］木川统一郎、清水宏：《鉴定人に证人寻问の规定が准用されるのは何か》，载《白川和雄先生古稀纪念论集》，信山社 1999 年版。

台湾地区"民诉法"对鉴定人之询问均未设特则性规范，而设准用证人询问之规范即体现了此一要义（参见德国民诉法第 402 条、我国台湾地区"民诉法"第 324 条）。我国民诉法关于鉴定虽未设准用证人之规范，但第 125 条第 2 款将当事人对证人、鉴定人之发问一并予以规定亦体现了对鉴定人之发问与对证人之发问庶几相同这一要义。日本民诉法关于证人询问采当事人交互询问制，其民诉法于平成 15 年（2003 年）修正前，关于鉴定人之询问亦准用证人询问采交互询问制（第 216 条）。但在审判实务中，采用一问一答式对鉴定人询问之结果，使得鉴定人很难充分地陈述鉴定意见，并且反对讯问之纠问式的氛围亦与法官和当事人须冷静地听取鉴定人的鉴定意见之环境极不相应，此外，在交互询问之过程中，鉴定人经常受到人格上的攻击而使得鉴定人从一开始接受鉴定即心存犹豫，一定程度上也影响到了鉴定结论的客观性。① 日本立法者考虑到鉴定人与证人作用之不同（前者乃提供关于专门知识的判断材料，后者乃向法院提供所体验之事实结果），认为对鉴定人之询问采与证人询问同一方式的理由并不存在，而应采取与鉴定特质相应的证据调查方法，遂于平成 15 年（2003 年）废除了对鉴定人质问准用对证人询问之规定，新增第 215 条之一，专门规定了对鉴定人质问之方式。② 其内容是，法院于鉴定人口头陈述鉴定意见之场合，在鉴定人陈述鉴定意见后，能够对鉴定人进行质问。前款之质问，依法院审判长、申请鉴定的当事人、对方当事人的顺序进行。审判长，于认为适当时，在听取当事人意见后，能够变更前款规定的顺序。当事人对

---

① 参见［日］长谷部由起子：《专门委员、鉴定》，载《ジュリスト》，No. 1252（2003 年 9 月）；［日］松本博之、上野泰男：《民事诉讼法》（第 4 版），弘文堂 2005 年版，第 429 页。

② 参见［日］伊藤真：《民事诉讼法》（第 3 版），有斐阁 2004 年版，第 360 页。

此项变更有异议时，法院以裁定对该异议进行裁判。

（3）鉴定义务之免除

基于对人伦利益之尊重及人情之照顾，德国、日本等大陆法系国家或地区民诉法殆皆规定鉴定人在具有与证人拒绝证言之同一事由时，可拒绝鉴定（参见德国民诉法第 408 条第 1 款前段、日本民诉法第 216 条、我国台湾地区"民诉法"第 330 条第 2 款）。此外，由于鉴定人具有可替代性，故鉴定义务相比于证人义务之严格性要低一些，为此，德国民诉法及我国台湾地区"民诉法"皆规定鉴定人虽不存在拒绝鉴定之原因，但法院在认为有正当事由存在时，可以免除其鉴定义务（参见德国民诉法第 408 条第 1 款后段、我国台湾地区"民诉法"第 330 条第 2 款）。在解释上，鉴定人以其能力不足作为拒绝鉴定的理由被认为是正当的。[1] 日本民诉法虽然对此未作规定，但依日本学说之见解，鉴定人在法定的拒绝鉴定事由外可以其他正当理由拒绝接受鉴定，例如鉴定人认为其接受鉴定所获报酬与作成鉴定书并受质问所承受之负担显然不相应时，即可以拒绝接受鉴定。[2] 我国现行民诉法并未规定鉴定人之拒绝鉴定权，但基于应设证人证言拒绝权之同一原因，笔者认为，将来立法也应承认鉴定人享有拒绝鉴定权。此外，域外法为缓和鉴定义务之严酷性所设在鉴定人存有拒绝鉴定权事由以外之原因时，亦可免除鉴定义务之规定，亦可资借鉴。

（4）鉴定人违反陈述义务所受之制裁

鉴定人陈述鉴定意见乃鉴定人履行鉴定义务最重要之环节，为促使鉴定人履行此项义务并因应鉴定义务之公法义务性质，鉴

---

[1] 参见陈计男：《民事诉讼法论》（上），台湾三民书局 2002 年版，第 482 页。

[2] 参见［日］中野贞一郎、松浦馨、铃木正裕：《新民事诉讼法讲义》（第 2 版），有斐阁 2004 年版，第 310 页；［日］新堂幸司：《新民事诉讼法》（第 3 版补正版），弘文堂 2005 年版，第 580 页。

定人违背此项义务时，应受制裁。从德国、日本及我国台湾地区等大陆法系国家或地区的民诉法之规定来看，鉴定人违反陈述鉴定意见之义务与证人违背证言义务所受之处罚相同（参见德国民诉法第 402 条、日本民诉法第 216 条、我国台湾地区"民诉法"第 324 条）。我国现行民诉法对此未作规定，显非妥当，将来修法时，实应借鉴域外法之通例，增加鉴定人违背陈述义务应受之公法制裁规范。

第七章　当事人受讯问义务

第一节　当事人讯问概述

一、当事人讯问之内涵

当事人讯问又称本人讯问，乃指当事人本人基于证据方法之地位，经由法院之讯问而陈述其见闻、经历之事实，并以其陈述之内容作为证据资料之证据调查。[①] 从经验上讲，当事人通常为最知晓纷争之人，故合理利用当事人对事实所作之陈述不仅能促进诉讼，且能助益于法院裁判之真实。因此，作为法定证据形态之一种，当事人讯问几乎为大陆法系各国或地区民诉法所采用。在德国，当事人讯问称之为 Beweis durch Parteivernehmung（德国民诉法第445条以下），日本称之为当事者寻问（日本民诉法第207条以下），我国台湾地区称之为当事人讯问（我国台湾地区"民诉法"第367条之一以下），我国现行民诉法则称之为当事人的陈述（民诉法第63条）。完整意义上的当事人讯问应包括三个层面之内涵：其一，当事人作为证据方法，乃证据调查之对象；其二，法官讯问当事人乃证据调查之方式；其三，当事人应法官之讯问所作之陈述乃证据资料。不难看出，我国现行法乃是

---

① 参见［日］吉村德重、竹下守夫、谷口安平：《讲义民事诉讼法》，青林书院1982年版，第227页；［日］新堂幸司：《新民事诉讼法》（第3版补正版），弘文堂2005年版，第577页。

从证据资料这一层面指称当事人讯问的。

二、当事人讯问与其他当事人陈述之分际

在民事诉讼中，当事人向法官所作之陈述存在于以下三种场合。

其一，作为主张的陈述。此乃当事人基于诉讼主体地位向法官所作之陈述。在辩论主义之下，案件的主要事实须由当事人在言词辩论中予以陈述，始能作为法院判决之基础。某一主要事实，即便法院经由证据调查已得到其存否之心证，若未被当事人在言词辩论中陈述，其也仅仅具有证据资料之性质而不能作为诉讼资料使用。① 由于主张乃当事人诉讼行为之一种，故当事人提出有效之主张必须具备诉讼行为能力，并且当事人可以委托诉讼代理人为此主张。在采本人诉讼之民事诉讼，当事人即便委托了诉讼代理人也能亲自出庭陈述自己的主张，且可更正或撤销诉讼代理人所作之陈述（参见德国民诉法第 85 条，日本民诉法第 57 条，我国台湾地区"民诉法"第 72 条）。

其二，作为法院阐明处分之一种，当事人被命令出庭所作之陈述。为补救完全采辩论主义而生之弊病，德国、日本等大陆法

---

① 当事人基于辩论所提之事实主张称为诉讼资料，法官经由证据调查所得之心证称为证据资料。区别两者的实益在于法院仅可对当事人在言词辩论期日所主张的事实进行裁判。借以避免法院进行突袭裁判。因为，如果法院能基于证据资料而获取诉讼资料，当事人在证据调查过程中势必谨小慎微，悉心注意哪些事实已经在证据调查中显出，这显然极不合理。例如：在借款返还请求诉讼中，于言词辩论期日，原告应主张返还合意与金钱交付两个方面的事实，被告虽没有提出借款已清偿之事实，不过，在证据调查阶段，法官经由证人讯问就清偿之事实已得心证。基于前述诉讼资料与证据资料之区别，因被告并未提出已清偿的主张，故法院即便已确信清偿之事实存在亦不能将其作为判决之基础。此际，清偿的主张称为诉讼资料，经由证人讯问所得的已清偿的陈述称为证据资料。参见 ［日］兼子一：《民事诉讼法》，弘文堂 1972 年版，第 100 页；［日］伊藤真：《实验对象讲座民事诉讼法》，弘文堂 2005 年版，第 65 页。

系国家或地区民诉法殆皆注重法院阐明权之运用。为明了诉讼关系，法院在行使阐明权时往往会采取一些措施，此即称之为阐明处分。法院命令当事人于言词辩论期日或期日前向法院作事实陈述即为阐明处分之一种（参见德国民诉法第 141 条、第 273 条第 2 款，日本民诉法第 151 条第 1 款，我国台湾地区"民诉法"第 203 条）。与作为主张的陈述相同，当事人基于阐明处分所作之陈述亦仅为诉讼资料，而不能作为证据资料使用。

其三，基于当事人讯问所作之陈述。在当事人讯问制度下，当事人乃本于证据方法之地位而向法院作陈述，其目的在于证明系争事实（主张），具有证据资料之性质，与前两种场合下当事人所作之陈述仅为诉讼资料迥不相同。因此，当事人经由法官讯问所作之陈述即便与对方当事人所主张的主要事实一致，亦不成立自认。法官若将其作为自认予以评价即属于不合法。① 由于在德国民事诉讼中，法官依第 141 条、第 273 条命令当事人到场进行陈述具有听审当事人之性质，故在理论上，当事人基于法院讯问所作之陈述与其基于阐明处分所作之陈述存在明晰之区别。表现为：前者乃法定证据之一种，服务于证明要件事实之目的，且法官仅能限于特定证明主题对当事人进行讯问，而后者之目的则

---

① Musielak, Grundkurs ZPO, s. 257, 5. Aufl, 2000. 在日本，基于当事人讯问所作之陈述不成立自认乃学说一致之见解。参见［日］新堂幸司：《新民事诉讼法》（第 3 版补正版），弘文堂 2005 年版，第 494 页；［日］中野贞一郎、松浦馨、铃木正裕：《新民事诉讼法讲义》（第 2 版），有斐阁 2004 年版，第 278 页；［日］上田徹一郎：《民事诉讼法》（第 4 版），法学书院 2004 年版，第 352 页；［日］伊藤真：《民事诉讼法》（第 3 版），有斐阁 2004 年版，第 307 页；［日］松本博之、上野泰男：《民事诉讼法》（第 4 版），弘文堂 2005 年版，第 271 页。在德国，关于此问题的见解存在学说上的对立。多数说认为当事人讯问下当事人所作之陈述不成立自认。在实务上，帝国法院 1935 年 12 月 2 日所作之判决持否定之见解，联邦法院于 1952 年 12 月 17 日所作之判决则持肯定之见解，1995 年 3 月 14 日所作之判决又持否定之见解。参见［日］永井博史：《当事者寻问および当事者听取における自白の成否》，载《法科大学院论集》2006 年第 2 期。

在于消除当事人陈述中的不明了、矛盾及遗漏，也即服务于事实
关系之解明。这种区分是很重要的，因为在当事人基于阐明处分
所作之陈述中，当事人仅负真实义务，而在当事人基于法官讯问
所作之陈述中，其要求相对较高。当事人必须陈述其支持所提主
张之依据是什么，这些事实是从何得知的。① 不过，在德国的民
事审判实务中，这两者之间的区分往往十分困难。因为法官依据
其民诉法第 141 条、第 273 条命令当事人到场陈述具有听审当事
人之性质，并且法院为加速审判进程，常常在言词辩论期日里命
当事人亲自到场，并就争点问题讯问当事人，也即，当事人听审
中当事人所作之陈述，并非单单限于争点之整理，在实际运用过
程中，法官可能就整个事实关系不拘方式地进行自由阐明。在如
此运作之审判实务中，法官所作之判决乃建立在听审当事人之基
础上还是建立在讯问当事人之基础上着实难以区分。②

从我国现行民诉法的规定来看，当事人基于诉讼主体地位所
作之陈述，称之为主张（民诉法第 64 条第 1 款）。当事人基于证
据方法之地位所作之陈述称为当事人的陈述（第 63 条）。当事人
于言词辩论期日基于辩论所作之陈述称为"原告及其诉讼代理人
的发言"及"被告及其诉讼代理人的答辩"（第 127 条）。在证
据调查中当事人经由法官讯问所作之陈述也直接称之为当事人陈
述（第 124 条）。③ 依民诉法第 64 条第 1 款"当事人对自己的主

---

① Wieczorek, Zivilprozeβordnung und Nebengesetze, s. 693, 2. Aufl, 1976;
Jauernig, Zivilprozeβrecht, s. 216, 25. Aufl, 1998.

② Baur/Grunsky, Zivilprozeβrecht, s. 167, 10. Aufl, 2000. 参见邱联恭：《当事
人本人供述之功能》，载民事诉讼法研究基金会编：《民事诉讼法之研讨》（三），台
湾三民书局 1990 年版，第 635 页。

③ 值得注意的是，我国 1982 年《民事诉讼法（试行）》关于法院对当事人本人
所进行之证据调查乃以"询问当事人和当事人陈述"之名冠之（第 107 条），如此表
述适正地显明了当事人讯问这一证据调查之本义，但令人费解的是，1991 年民诉法正
式颁行时，却将"询问当事人"之用语删除了。

张有责任提供证据"之规定，不难得知，当事人的陈述作为证据资料可以作为证明主张之证据。根据前述法条的规定可以进一步推认，证据调查中当事人的陈述须由当事人亲自为之，不能由诉讼代理人代为实施，而基于辩论所作之陈述则可由诉讼代理人代为实施。凡此种种，适足表明在现行法，当事人基于诉讼主体地位所作之陈述与其基于证据方法之地位所作之陈述也有着明晰的区分。然而在审判实务之操作上，二者并没有如此严格的区分。

三、当事人讯问在证据方法中的地位

在历史上，一般情形下作为诉讼主体的当事人并不能作为证人被法院讯问。欧陆近代法中一直沿用罗马法上的当事人宣誓制度，也即当事人并不负有供述自己见闻之事实的义务，而仅是宣誓其所为之主张为真实。① 当事人的宣誓或不宣誓在法律上均有确定的形式上的证据力，在当事人宣誓制度下，诉讼结果往往取决于当事人依法官所拟定的誓词宣誓这一行为。不过，是否进行宣誓应一任当事人之意愿，法官不能进行强制。② 将当事人作为证人予以对待的近代立法始于 1843 年的英国，其后受陪审制度的影响，在英美法中，法官将当事人作为最初的证人进行讯问乃为通例，由于将当事人与证人作同等之规制，故当事人讯问这一概念自始即未为英美法所肯认。③ 在大陆法中，当事人讯问制度之创设始于 1873 年之奥地利，乃由奥地利在对英国的将当事人可以当作证人予以讯问的制度加以改正后引进的，其最初仅适用于小额诉讼事件，因为小额诉讼不仅标的小且特别需要尽快地处

---

① 参见 ［日］ 高桥宏志：《重点讲义民事诉讼法》（下），有斐阁 2004 年版，第 97 页。

② Jauernig, Zivilprozeβrecht, s. 215—216, 25. Aufl, 1998.

③ 参见 ［日］ 新堂幸司：《新民事诉讼法》（第 3 版补正版），弘文堂 2005 年版，第 97 页以下。

理，法官经由讯问当事人以获取证据资料有利于这一目的之达成。1895 年的奥地利民诉立法将当事人讯问扩张适用于一般诉讼事件。但与英美法不同的是，在奥地利，当事人讯问仅仅作为一种补充性的证明手段而存在。也即在诉讼中，若有其他的证明手段可资利用，或者法官认为案件事实已经得到证明，则不允许讯问当事人本人。[①]

德国 1877 年的民诉法尚承袭罗马法以来的传统制度，采用当事人宣誓制度。在此制度下，法院可以作出一个附条件的终局给付判决，其所附条件为：一方当事人就系争事实之真实或非真实进行宣誓。判决确定后，如果当事人就事实之存在或不存在依判决履行了宣誓，则该事实的存否判断即具有绝对的证明效力。不过，当事人宣誓仅为补充性的证明手段，倘当事人另有证据提出，则应等待该证据经调查后法官仍未获得心证时始允许当事人宣誓，并且，法院若已经就该事实之相反事实获得心证时，亦不允许当事人宣誓。[②] 德国虽于 1933 年仿照奥地利民诉法创设了当事人讯问制度以代替当事人宣誓制度，但仍保留了当事人讯问之补充性证据调查手段之性质。

日本于 1890 年通过的民诉法虽基本上是以德国 1877 年的民诉法为蓝本，但当事人讯问制度之立法却乃仿照奥地利民诉法而来，也葆有当事人讯问的补充性证据调查手段之性质。依当时日本民诉法第 360 条之规定，法院仅在基于证据调查不能获得心证时，始可依申请或依职权讯问当事人。[③] 1926 年修法时，日本议会曾提出修正其民诉法第 360 条，增加法院在认为必要之情形下

[①] 参见邱联恭：《当事人本人供述之功能》，载民事诉讼法研究基金会编：《民事诉讼法之研讨》（三），台湾三民书局 1990 年版，第 645 页。

[②] 同上书，第 646 页。

[③] 参见［日］斋藤秀夫、小室直人：《民事诉讼法の基础》，青林书院 1975 年版，第 218 页。

可依职权讯问当事人之议案，但未获通过。

自上述历史沿革以观，当事人讯问自创立伊始即与证人讯问作不同规制，其最大特点乃在于当事人讯问仅作为次位的补充性的证据调查手段而存在。依德国民诉法第 445、448 条及日本旧民诉法第 336 条之规定，当事人讯问仅在当事人不能提供其他的证据方法或者法院基于已有的证据调查之结果不能获得心证时始有适用之余地。由此也显示立法者对当事人讯问这一证据调查手段充分的不信任。具体讲来，采取补充性原则之主要依据有两个方面：其一，当事人乃与案件的诉讼标的有直接利害关系，在诉讼结果上存在利益，故很难期待当事人能够基于中立之地位作出客观的陈述，其陈述一般较作为第三人的证人证言的证据价值低；其二，当事人本人为避免因不出庭陈述所受之制裁而被强迫与证人作同样的陈述于当事人而言未免失之过酷。因为当事人乃为追求胜诉之结果而进行诉讼，若因为陈述某事实而导致其可能败诉时，要求当事人陈述该事实未免不合人情。[①] 总之，将当事人讯问作为辅助性的证据以及认定案件事实的最后手段的直接原因，乃是立法者基于对当事人本人陈述之怀疑及不信任所采取的政策上之评价，借以避免法官取巧动辄利用当事人讯问之危险，以及顾虑到当事人身处据实陈述与谋求自身利益之间所可能发生的良心上的冲突。但是，不容否认的是，补充性原则之存在消减了法官自由心证的可能范围，不仅不利于发现案件事实，更是有违自由心证之本旨。盖通常来讲，最知悉纷争历史事实者应为当事人本人，其供述符合事实真相之几率，远较其他人为高。补充性原则之承认，实无异于阻碍受诉法院接近事实真相，违背发现真实及达成正确而慎重裁判之基本要求，因此不应仅其本人有为

---

① Schilken, Zivilprozeβrecht, 314 ff, 3. Aufl, 2000. 参见 ［日］ 上田徹一郎：《民事诉讼法》（第 4 版），法学书院 2004 年版，第 398 页。

虚伪陈述之危险就一概排除获取当事人真实陈述之可能。①

　　即便从当事人本人陈述的证据价值来看，就具体事件而言，因当事人本人、受讯问事项、法官讯问技巧等存在千差万别，故不能一概认定其一定就比证人证言的证据价值低，特别是在民事审判实务中，纯粹的或中立的第三人作为证人的场合并不多见，譬如公司作为当事人时，公司的业务员可能是证人，妻子作为当事人时，其丈夫或其亲属则可能是证人，等等。在这样的背景下，很难断言当事人本人陈述的证据价值就一定比证人证言低。此外，在民事审判实务中，当事人本人往往更愿意直接让法官对自己进行讯问，听取自己的陈述，接受法官讯问对当事人而言通常并无不合人情之感觉；相反，当事人对于未接受法官之讯问并作出陈述即遭受败诉的结果往往更易滋生不满。②

　　基于上述考量，奥地利民诉法于 1983 年率先废除了当事人讯问之补充性原则，并扩大当事人讯问之适用范围，承认法院可以讯问有宣誓障碍的当事人。③ 日本于 1996 年通过的新民诉法亦删除了旧法中的当事人讯问之补充性要件。④ 德国民诉法虽仍严格贯彻当事人讯问之补充性原则，但在德国的审判实务上，其独有的"当事人听取"制度（德国民诉法第 141 条、第 173 条）

---

　　① 　参见邱联恭：《当事人本人供述之功能》，载民事诉讼法研究基金会编：《民事诉讼法之研讨》（三），台湾三民书局 1990 年版，第 649 页。

　　② 　参见［日］门口正人编集代表：《民事证据法大系》（第 3 卷），青林书院 2006 年版，第 125 页以下。

　　③ 　参见邱联恭：《当事人本人供述之功能》，载民事诉讼法研究基金会编：《民事诉讼法之研讨》（三），台湾三民书局 1990 年版，第 650 页。

　　④ 　日本旧民诉法上补充性要件被删除的立法理由是：立法者认为，当事人本人最知晓事实关系的场合多矣，其陈述之可信性未必一定比证人证言差已成为一般人的共识。近年的学说也认为严格适用当事人讯问之补充性原则并不适当，并渐成有力之见解。为使法院能在认为适当的场合可以先行讯问当事人，遂改正现行规定。参见［日］门口正人编集代表：《民事证据法大系》（第 3 卷），青林书院 2006 年版，第 128 页。

在适用中事实上已内含有事实证明之功能，从而在很大程度上消减了当事人讯问之补充性所可能产生的负面效果。尽管听取当事人在其设计之初并不是以之作为证明事实的手段，但是，要注意的是，德国是到1933年才引进当事人讯问制度的，在此之前，"当事人听取"即已被当作证明事实的手段来运用。从"当事人听取"所得到的资料往往涉及相关之间接事实，而成为全辩论意旨的一部分，与证据调查所得资料一同影响着法官心证的形成。因此，言词辩论期日前之"当事人听取"即有取代或者补充当事人讯问之证明功能。① 德国联邦宪法法院也倾向于主张扩大当事人讯问之适用。②

我国台湾地区"民诉法"于2000年修正前因固守辩论主义而仅承认当事人为诉讼主体，不采当事人讯问制度。2000年修"法"时增订第367条之一，始规定当事人讯问制度。其立法理由认为：就事实审理而言，因当事人本人通常为最知悉纷争事实之人，故最有可能提供案件资料，以协助法官发现真实及促进诉讼，进而达到审理集中化之目标。故为使法院能迅速发现真实，法院得讯问当事人本人，并以其陈述作为证据。学者对于当事人讯问制度之增订持不同见解：有的认为当事人讯问实乃将当事人本人作为证人予以处理之制度，为向下沉沦之修法；有的认为其立意虽佳，但预测将来施行效果不彰，认为在诉讼程序中，当事人故意为不实而有利于己之陈述，为诉讼制度使然，以法律强制当事人为不利于己之陈述有违人性，未免强人所难，何况两造当事人就同一事实所作之陈述往往互异，各自坚持自己的陈述为真实乃人之常情，如何判断其中一人为据实陈述，而他造之陈述为

---

① 参见邱联恭：《当事人本人供述之功能》，载民事诉讼法研究基金会编：《民事诉讼法之研讨》（三），台湾三民书局1990年版，第635页。

② Gehrlein, Zivilprozessrecht nach der ZPO-Reform 2002, s. 148, 2001.

不实，易滋法院偏颇之猜疑；有的认为自以为光明正当之当事人，不仅不惧法院对其进行讯问，且多希望法院对其进行讯问而求事实真相能被证实。[①] 尽管学者对于当事人讯问制度之增订持不同见解，但是我国台湾地区"民诉法"一开始即将当事人讯问作为独立的证据调查手段予以规范却为不争的事实。

由于当事人大多为纷争的直接参与者而为最重要的证据方法，其之陈述有助于事案解明的程度一点也不比其他证据逊色，甚至要较其他证据为高，因此，肯认当事人讯问之独立的证据方法地位并强调当事人讯问机能之发挥已成为大陆法系各国或地区民诉立法之趋向。[②] 为求实体真实之发现，我国 1982 年颁行的《民事诉讼法（试行）》第 55 条即将当事人讯问作为与书证、证人证言并列之证据类型予以规范，从而承认当事人陈述具有独立证据类型的地位，并于第 107 条明定法院进行证据调查（法庭调查）时应先讯问当事人，由当事人陈述案件事实。现行民诉法第 63 条、第 124 条分别承袭了《民事诉讼法（试行）》第 55 条、第 107 条之规范。仅由当事人讯问在证据方法中具有独立之地位观之，我国民诉立法关于当事人讯问之设计堪称世界先进之立法，但由于相关具体制度安排上所存在之缺失，当事人讯问应有之机能在我国民事诉讼中并未得到有效发挥。

---

① 参见陈荣宗、林庆苗：《民事诉讼法》（中），台湾三民书局 2006 年版，第 525 页。

② 日本旧法时代之判例即认为，该法第 336 条所规定的法院基于已有的证据调查结果不能获得心证这一当事人讯问之要件，仅乃法院依职权讯问当事人之例示规定，仅具训示意义。学者也大多将其理解为训示规定，认为法院早期实施当事人讯问对于事案之解明很有必要。参见〔日〕伊藤真：《民事诉讼法》（第 3 版），有斐阁 2004 年版，第 395 页以下。

第二节　当事人讯问能力与适用条件

一、当事人讯问能力

当事人讯问能力乃指某一主体能作为当事人被法院进行讯问的资格。只有具备当事人讯问能力的人才负有义务受法院讯问，并以其之陈述作为证据资料。与当事人基于诉讼主体地位向法院所作之陈述乃当事人"意"的表示不同，当事人讯问中当事人所作之陈述乃是当事人基于证据调查对象作为人证向法院报告其体验、经历之事实，乃"知"的表示。因而具有当事人讯问能力的人应仅限于自然人，非自然人的当事人因不具备感知、表达能力从而不具有当事人讯问能力。在非自然人作为当事人之场合，实际实施诉讼行为之主体的法定代表人准用于当事人，可以作为当事人讯问的对象。如法人作为当事人时，其法定代表人具有当事人讯问能力，人合公司作为当事人时，有代理权之社员具备当事人讯问能力。[①]

当事人讯问与证人讯问存在质的差别，故某一主体是作为当事人被讯问还是作为证人被讯问即有区分之必要。在通常情形下，其乃以被讯问人受法院讯问之时是居于证人之地位还是居于当事人之地位作为区分之标准。如有限公司作为当事人时，其业务执行人本具有当事人讯问能力，但若其在受讯问前已被公司解除职务，则不能作为当事人由法院讯问。不过，只要该业务执行人具备证人能力，仍被允许作为证人由法院进行讯问。就同一事件而言，第一次讯问期日，该业务执行人具有当事人讯问能力，于第二次讯问期日在业务执行权被解除之情形下，其只能作为证

---

①　Baur/Grunsky, Zivilprozeβrecht, s. 167, 10. Aufl, 2000.

人被法院讯问而不具有当事人讯问能力。[1]

仅自然人之当事人始具有当事人讯问能力已如前述，但随之而来的一个问题是，当事人具有讯问能力是否须以其具备诉讼行为能力为前提？此在德国、日本及我国台湾地区民诉立法中有不同之规范。依德国民诉法，仅有诉讼行为能力者始具有当事人讯问能力。无诉讼行为能力人不能作为当事人被法院讯问，于此场合，仅其法定代理人方可作为当事人被法院讯问（德国民诉法第455条第1款）。该无诉讼行为能力的当事人在知晓作为证明主题之法律要件事实之情形下仅可作为证人被法院讯问。例如，15岁的原告或被告仅可作为证人被法院讯问，其法定代理人始作为当事人被法院讯问。若其已满16周岁，作为例外，就其本人之行为或其所亲身经历或感知之事实可以作为当事人被法院讯问。在这种场合，其法定代理人乃是作为证人被法院讯问。

依日本民诉法第211条之规定，在日本民事诉讼中，当事人讯问之实施不以当事人具有诉讼行为能力为必要。[2] 虽然当事人在无诉讼行为能力之情形下，其法定代理人作为证据方法乃依当事人讯问程序进行讯问，但是并不妨碍法院对该当事人依当事人讯问程序进行讯问。依学者之解释，在当事人讯问制度下，当事人仅为证据方法而非诉讼主体，其经由法院讯问所作之陈述并非提供诉讼资料之诉讼行为，而仅为提供证据资料之行为，故其即便欠缺诉讼行为能力，也可作为当事人讯问之对象。[3] 此外，我国台湾地区"民诉法"于2000年新增之当事人讯问制度亦没有强调被讯问之当事人须具备诉讼行为能力。依学者之解释，在我

---

[1] Baur/Grunsky, Zivilprozeβrecht, s. 167, 10. Aufl, 2000.

[2] 参见陈荣宗、林庆苗：《民事诉讼法》（中），台湾三民书局2006年版，第523页。

[3] 参见［日］新堂幸司：《新民事诉讼法》（第3版补正版），弘文堂2005年版，第571页。

国台湾地区民事诉讼中，法院实施当事人讯问不以当事人具有诉讼行为能力为必要。

德国民诉法之所以要求仅有诉讼行为能力的当事人方具备当事人讯问能力自有其历史沿革之缘由。德国民诉法当初建立当事人讯问制度时，实乃基于对其传统的当事人宣誓制度进行改造而来，仍带有传统当事人宣誓制度之痕迹，除其适用上之补充性原则外，以强调仅有诉讼行为能力的当事人才具有当事人讯问能力这一特质最为显著。因为在当事人宣誓制度下，当事人是否宣誓往往直接决定诉讼之成败，故而当事人的宣誓行为具有处分行为之性质。正因如此，仅具有诉讼行为能力的当事人始能进行宣誓，当事人若无诉讼行为能力，则须由其法定代理人代为宣誓。不过，如德国学者所指出的那样，在当事人讯问制度下，当事人是否能作有价值之陈述，取决于其是否知情（Wissen），当事人并不能基于自己的陈述行为处分诉讼结果，诉讼行为能力之要求仅与当事人宣誓之处分行为性质相适应，于当事人之讯问并无适用余地。若法定代理人并不具体知晓某一事实，由其代替当事人接受法院讯问并无任何意义。① 德国有学者进一步认为，当事人讯问应与证人讯问一样不以当事人具备诉讼行为能力为前提，当事人具备证人能力即为已足，也即只要当事人具有感知及表达之事实能力（Wahrnehmungs-und Wiedergabefähigkeit），其即可作为当事人被法院讯问。例如，监护人甲为其13岁的被监护人乙购买了一辆新自行车，乙在第一次骑自行车出门旅行时折断了自行车的操作杆，经法院许可，甲为其被监护人乙基于物的瑕疵担保提起给付诉讼。在此案例中，能作为当事人被讯问的固然是代为实施诉讼的监护人甲，但被监护人乙在没有困难的情况下，也可就本案事实作为当事人接受法院讯问，而不是作为证人被法院传

---

① Jauernig, Zivilprozeβrecht, s. 218, 25. Aufl, 1998.

唤讯问。①

德国、日本及我国台湾地区民诉法关于当事人讯问能力之规定虽大相径庭，不过这种差异之形成更多地是缘于历史沿革上的原因。② 考诸当事人讯问之证据调查性质，笔者认为，就学理而言，当事人讯问能力之有无不应以当事人是否具有诉讼行为能力作为判断基准。因此，在我国现行民诉法就当事人讯问能力没有作出规范的情形下，在解释上应认为其并不以当事人有诉讼行为能力为必要。根据前面的分析，就我国现行法上的当事人讯问能力，应该能得出以下几点结论性意见：其一，依据民诉法第49条"公民、法人和其他组织可以作为民事诉讼的当事人。法人由其法定代表人进行诉讼。其他组织由其主要负责人进行诉讼"之规定可知，在法人及其他组织作为当事人的民事诉讼中，法人的法定代表人或其他组织的主要负责人应可作为当事人被法院讯问。相应地，民诉法第63条及第124条中的"当事人陈述"应指法人的法定代表人、其他组织的主要负责人的陈述。其二，依民诉法第57条"无诉讼行为能力人由他的监护人作为法定代理人代为诉讼……"之规定，应认为作为自然人的当事人若无诉讼行为能力，应由其法定代理人作为当事人被法院讯问，在该无诉讼行为能力人具备证人能力之情形下，其可同时作为证人被法院讯问。

在大陆法系民事诉讼中，由于当事人讯问是区分于证人讯问之独立证据调查之范畴，故当事人在陈述义务及违背陈述义务应遭受之后果等方面与证人皆不尽相同，某一主体是作为当事人被

---

① Buchegger, Praktisches Zivilprozeβrecht I, Streitiges Verfahren, s. 273, 5. Aufl, 1997.

② 日本及我国台湾地区自古代法制以来，即不采当事人宣誓制度，其民诉法就当事人讯问能力之规范未受奥地利民诉法之影响乃理所当然之事。参见陈荣宗、林庆苗：《民事诉讼法》（中），台湾三民书局2006年版，第523页。

法院讯问还是作为证人被法院讯问即有区分之实益。在同一诉讼程序中，原则上其不能既作为当事人又作为证人被讯问。受诉法院若未能践行当事人讯问程序，误将当事人作为证人进行讯问，该证据调查即存在程序上的瑕疵。不过，一般认为，当事人讯问与证人讯问由于均要求被讯问人就其经历、体验之事实作如实陈述，皆以被讯问人真实陈述的内容作为证据资料，同具人证之性质并均强调当事人的发问权，故而此种证据调查程序之违反在解释上被认为并非违背强行法规范。在上述证据调查出现瑕疵时，若当事人未能及时地就其错误向法院提出责问，即可认为当事人舍弃了责问权或责问权之行使逾期，因而使得该程序上的瑕疵由此得到治愈。[①]

　　我国现行民诉法虽将当事人讯问（当事人的陈述）与证人讯问（证人证言）作为两种不同的证据进行规范（第63条），并且规定法院进行证据调查（法庭调查）时应依先讯问当事人后讯问证人之顺序进行，但与德国、日本及我国台湾地区民诉立法将当事人讯问作为区分于证人讯问之特别制度予以规范不同的是，我国现行民诉法并未真正厘定二者之间的区别。与此同时，民诉法亦没有规定，为数不多的关于证人讯问之规范，如第70条的证人负出庭作证义务之规范、第125条的当事人对证人有发问权之规范，于当事人讯问准用之。从形式上判断，我国现行法上的当事人陈述更接近于英美法上将当事人直接作为证人对待之性质，而不同于大陆法系中的当事人讯问乃为特别证据调查形式之立法趣旨。

二、当事人讯问之适用条件

　　当事人讯问之适用条件也即当事人履行受讯问义务之条件，

---

　　① 参见［日］高桥宏志：《重点讲义民事诉讼法》（下），有斐阁2004年版，第95页。

故考察这一问题对于准确了解当事人受讯问义务亦有其必要。当事人讯问乃证据调查之一种，故关于证据调查之一般性要件于当事人讯问应有适用之余地。譬如，讯问当事人之事项应限于特定证明主题并且要确定。不能特定讯问事项之摸索证明应当被禁止。又如，若讯问事项与证明主题无关或不能构成裁判重要性之事实，法院即不能实施当事人讯问。尽管在德国、日本及我国台湾地区民事诉讼中，讯问当事人均可由法院依职权为之，但由于讯问当事人是否为补充性的证据方法在德国、日本及我国台湾地区民诉法中有不同之规定，故关于当事人讯问之特别适用条件亦不尽相同。

1. 德国

依德国民诉法之规定，讯问当事人有三种类型，其适用条件各不相同。

（1）经申请而讯问对方当事人（德国民诉法第 445 条第 1 款）。其仅在当事人就其应负证明责任之事实不能经由其他的证据方法提供完全证明或未能提出其他证据方法之情形下始被法院许可。该种类型的当事人讯问在补充性之要求上十分严格，其仅乃事实认定的最后证明手段。申请人乃就讯问事项负证明责任的一方当事人，被申请讯问人仅能是对方当事人，申请人不能申请法院对自己进行讯问。例如：K（卖方）与 B（买方）以口头形式缔结一买卖契约，在契约履行过程中因标的物价金发生争执而进行诉讼。K 主张标的物价金为 800 元，B 主张价金仅为 500 元。在该诉讼中，依举证责任分配原理，K 作为原告在与被告 B 就价金发生争执之情形下应就价金为 800 元这一事实负举证责任。由于该契约乃以口头方式订立，又无证人在场，故无其他证据方法可以利用，故原告 K 即可以申请法院讯问被告 B。[1] 另外，若法

---

① Baur/Grunsky, Zivilprozeβrecht, s. 166, 10. Aufl, 2000.

院对作为证明主题的事实之相反事实已得到心证时，则也不许举证人申请法院讯问对方当事人（德国民诉法第 445 条第 2 款），也即举证人不能将申请讯问对方当事人作为反证提出。不过，依学者之解释，其仅限于不允许将讯问当事人作为直接反证提出，将讯问当事人作为间接反证提出则是被许可的。① 由于适用条件之严格性，此种类型的当事人讯问对申请讯问的当事人来讲，不无危险，因为其使对方当事人成为证据方法。不过，如此严格的适用条件之存在是很有必要的，因为申请对自己进行讯问如果亦被一般性地允许，则易助长当事人利用此种有疑问的证据方法之倾向，并将导致当事人不努力去寻找证人或文书证据。②

（2）基于当事人之间的合意（Einverständnis）而讯问（德国民诉法第 447 条）。负证明责任的当事人申请法院就作为证明主题的系争事实讯问自己，须以对方当事人同意为前提条件。在上述案例中，K 可以申请并能实现法院对自己进行讯问，只要 B 同意 K 的申请。不过在德国的审判实务中，当事人就此达成合意的情形比较少见，不负证明责任的当事人通常对此表示不同意。

（3）法院依职权讯问当事人（德国民诉法第 448 条）。法院依职权讯问当事人虽仍以补充性为必要条件，但是否依职权实施当事人讯问取决于法院的裁量。此种当事人讯问不以主观证明责任之归属为归依，受诉法院根据当事人双方言词辩论的结果认为其他的证据调查手段不能使其得到关于要证事实之确信时，即可依职权讯问一方当事人或者双方当事人。③ 有学者认为，当事人虽然没有提出证据，但只要从当事人双方的言词辩论中能得到支持当事人主张的最低限度的依据，法院即可依职权讯问当事人，

---

① Musielak, Grundkurs ZPO, s. 256, 5. Aufl, 2000.
② Jauernig, Zivilprozeβrecht, s. 216, 25. Aufl, 1998.
③ Thomas/Putzo, Zivilprozeβordnung, s. 815, 1986.

除此以外的其他场合，法院均不能依职权讯问任何一方当事人。[1]
但有学者对此持不同看法，认为法院依职权讯问当事人虽取决于
法院的裁量，但讯问当事人仍须以就作为证明主题的事实已由当
事人提出证据予以证明为前提，该事实之证明虽未达到让法官确
信之心证程度，但其之存在必须有某种程度的盖然性。[2] 在前面
提到的例子中，由于 K 对 800 元价金存在的事实不能提出任何证
据予以证明，所以不存在法院依职权讯问当事人的基础。设若 K
与 B 订立契约时，Z 在场，K 申请法院传唤 Z 出庭作证陈述。Z
于法庭陈述时称双方当事人约定的买卖价格为 800 元，但于陈述
时并未进行宣誓。于此种情形下，法院即可依职权讯问一方当事
人或双方当事人。[3] 若双方订约时并无证人在场，但 K 向法院提
交了记载有双方当事人订立此契约始末的往来书信，则法院亦可
依职权讯问一方或双方当事人。盖当事人间往来的书信虽记载有
双方缔约的事实，但其究为间接证据，并不能成为法官确信之基
础，关于价金 800 元之事实仅能获得部分程度的心证。[4] 法院依
职权讯问一方当事人还是双方当事人尽管由法院自由裁量，但为
确保诉讼武器平等原则之贯彻，通常认为就私人之间的谈话内容
作为证明主题时，法院仅仅讯问原告而不同时讯问被告将构成程
序上的瑕疵。[5] 此外，基于当事人讯问之补充性原则之规制，法
院在当事人已提出其他的证据之情形下，应中止对当事人的讯问
（德国民诉法第 450 条）。

2. 日本

日本于 1996 年通过的新民事诉讼法废除了旧法中的当事人

① Jauernig, Zivilprozeβrecht, s. 216, 25. Aufl, 1998.
② Schilken, Zivilprozeβrecht, s. 315, 3. Aufl, 2000.
③ Baur/Grunsky, Zivilprozeβrecht, s. 167, 10. Aufl, 2000.
④ Schilken, Zivilprozeβrecht, s. 315, 3. Aufl, 2000.
⑤ Gehrlein, Zivilprozessrecht nach der ZPO-Reform 2002, s. 148, 2001.

讯问须在法院基于其他的证据方法之调查不能获得心证始被允许这一补充性要件。该法第 207 条第 1 款前段规定，法院根据申请或依职权，可以讯问当事人。根据学者的解释，负举证责任之当事人申请对对方当事人进行讯问固不待论，申请对自己进行讯问也是合法的。此外，将讯问当事人作为本证提出还是作为反证提出均被允许。① 不过，日本新民诉法似并未完全摒弃当事人讯问之补充性色彩。日本民诉法第 207 条第 2 款"对于证人和当事人本人进行讯问时，先讯问证人"之规定似乎要求法官在进行证据调查时，应在讯问证人后讯问当事人。学者关于这一规定内涵的理解也存在分歧，有的学者认为当事人讯问之补充性要件已被废除，有的学者则认为当事人讯问之补充性要件并未被废除，只不过被缓和了。② 不过，学者间的此种论争更多的仅具有理论层面上的意义。③ 这不仅是因为日本民诉法第 207 条第 2 款后段"但是，认为适当时，听取当事人的意见后，可以先讯问当事人本人"之规定使得在立法论之解释上法院就讯问当事人与讯问证人之顺序拥有较为广泛的裁量权，更多的是因为前面已提到的，即

---

① 参见［日］松本博之、上野泰男：《民事诉讼法》（第 4 版），弘文堂 2005 年版，第 404 页。

② 持废除论的学者以伊藤真为代表，参见［日］伊藤真：《民事诉讼法》（第 3 版），有斐阁 2004 年版，第 396 页。持缓和论的学者以中野贞一郎为代表，参见［日］中野贞一郎、松浦馨、铃木正裕：《新民事诉讼法讲义》（第 2 版），有斐阁 2004 年版，第 307 页。

③ 日本新民诉法在制定过程中，关于当事人讯问之修正，法制审议会民事诉讼法分会提出的《关于民事诉讼程序检讨事项》以及《关于民事诉讼程序改正要纲试案》中有甲、乙两种方案。甲方案是直接删除法院基于证据调查不能获得心证这一补充性要件。乙方案即日本现行法条文。依甲方案，讯问证人与讯问当事人孰先孰后完全取决于法官的自由裁量。但是律师协会认为，如果采纳甲方案，补充性要件将被彻底废除，法院为求审理负担之减轻与早日审结案件往往会在审理的早期阶段即实施当事人讯问，这不仅影响到证人讯问的适用，而且会影响到案件审理之充实，最后妥协的结果是采纳乙方案。参见［日］门口正人编集代表：《民事证据法大系》（第 3 卷），青林书院 2006 年版，第 128 页。

便在日本旧法时代，法院不能基于证据调查获得心证这一当事人讯问之补充性要件也被解释成为仅乃训示规定，在审判实务中，当事人讯问的补充性原则并未得到贯彻，而是弹性地灵活地加以运用。新法下，旧法时代实务中的做法不仅会得以沿袭且能因获得法理上的支持而被更广泛地适用，其结果，"对于证人和当事人本人进行讯问时，先讯问证人"之规定实际上亦沦为训示规范。

在解释上，有学者认为，由于新民诉法仅强调法院在证据调查之顺序上应先行对证人进行讯问，从而即便法院基于其他的证据调查就系争事实已获得心证时，作为反证，法院亦允许对当事人进行讯问。立证事项即便同一，证人讯问与当事人讯问也能同时采用。此外，法院经由证人讯问能否得到心证并非明了之场合，讯问当事人也当然被许可。[①] 根据日本民诉法第 207 条第 2 款后段之规定，法院在认为适当时，在听取当事人的意见后，可以先讯问当事人本人。听取当事人的意见并不能被理解为应征得双方当事人的同意，其不过是赋予当事人表达意见的权利。尽管对当事人关于证据提出顺序之判断权有必要予以充分尊重，但是法院在该项事实之处理上拥有广泛的裁量权，故当事人即便作反对的陈述对于法院亦无拘束力。从日本的审判实务来看，在证据调查之顺序上，法官与当事人意见不一致的情况几乎不存在。诉讼中若确有适切的证人存在，多数场合法官乃是先行讯问证人，证人若仅知极广范围的系争事实的一部分时，法官先行讯问当事人则为当然之举。从这点认识出发，日本民诉法第 207 条第 2 款的规定，至少在集中进行证据调查在日本审判实务中已为普遍或

---

① 参见［日］门口正人编集代表：《民事证据法大系》（第 3 卷），青林书院 2006 年版，第 129 页。

一般化的今日，几乎并不具有重要意义。①

3. 我国台湾地区

依我国台湾地区"民诉法"第 367 条之一第 1 款"法院认为必要时，得依职权讯问当事人"之规定可知，在我国台湾地区民事诉讼中，法院是否另为当事人讯问乃法院裁量事项，不以当事人申请为必要。② 此外，一如日本民事诉讼，在我国台湾地区民事诉讼中，法院讯问当事人也不以法院经由其他的证据调查不能获得心证为前提条件，即亦未采当事人讯问之补充性原则。

不过，与日本法不同的是，我国台湾地区"民诉法"并未明定当事人申请法院进行当事人讯问之权利。有学者认为，在解释上应承认当事人享有此项权利。唯有如此，当事人之证明权始能得以确保。故法院于当事人申请进行当事人讯问时，若不采行，应以裁定驳回或至少在判决理由中予以说明，以免因法官之恣意而侵害当事人之证明权。③

就我国现行民诉法观之，"当事人陈述"虽仅有当事人讯问之名而无当事人讯问之实，当事人讯问适用条件之规定更是付之阙如，但在解释上应可认为，在我国民事诉讼中，法院可依职权或基于当事人申请实施当事人讯问。将当事人于讯问中所作的陈述作为本证固不待论，将其作为反证也应被允许。此外，从民诉法第 124 条"法庭调查按照下列顺序进行：（一）当事人陈述；

---

① 参见［日］门口正人编集代表：《民事证据法大系》（第 3 卷），青林书院 2006 年版，第 130 页。

② 有学者认为，法院于判断是否有必要依职权讯问当事人时，应考虑受讯问之当事人于证据之接近度、证据之不可替代性以及举证人提出其他证据方法之可期待性而定。详言之，若拟受讯问之当事人于证据接近度以及其之不可替代性越高，或举证人提出其他证据越不具可期待性者，则法院进行讯问之必要性越高，反之则越低。参见姜世明：《当事人讯问制度》（下），载《万国法律》2002 年第 5 期。

③ 参见姜世明：《新民事证据法论》，台湾学林文化事业有限公司 2004 年版，第 113 页。

（二）告知证人的权利义务，证人作证，宣读未到庭的证人证言……"之规定来看，应可得知，在现行民诉法上，当事人讯问已被置于与证人讯问同等的地位。不过，从审判实务中的操作来看，法院传唤当事人于开庭期日到庭更多地集中在当事人基于诉讼主体地位进行辩论这一层面。作为证据调查手段的当事人陈述因为在现行法上并未强调须经由法官讯问而获知，从而使得其极易沦为泛泛的不限于特定证明主题的报告而显得与作为辩论的原告的发言以及被告的答辩区分不明显甚至不能区分，立法之不妥当自不待多言。

第三节　　当事人受讯问义务之具体形态

如前所述，在当事人讯问中，当事人本人乃法院进行证据调查之对象。在证据调查中，当事人乃基于对案件事实之了解向法院作陈述并以之为证据资料。而在证人讯问中，证人亦乃是基于对案件事实之了解而向法院作陈述并以之为证据资料。就此而言，当事人讯问与证人讯问均为人的证据方式或人证，基本上具有同一证据调查之性质。因此，德国、日本及我国台湾地区等大陆法系国家或地区民诉立法殆皆规定，关于证人讯问之规范于性质许可之范围内准用于当事人讯问（参见德国民诉法第451条，日本民诉法第210条，我国台湾地区"民诉法"第367条之三）。在德国、日本及我国台湾地区等大陆法系国家或地区的证人讯问中，证人负有到场义务、宣誓或具结义务、证言义务，相应地，在当事人讯问中，当事人亦负有到场义务、宣誓或具结义务、陈述义务。

一、到场义务

证据调查原则上须由受诉法院在公开法庭进行，当事人讯问亦不例外，故当事人到场一如证人到场一般，也是指拟受讯问之当事人遵法院之命于证据调查期日出庭。根据德国、日本及我国台湾地区民诉立法的规范，对于某些特定诉讼，基于发现事实真相之必要性考虑，当事人须于现场接受受命法官或受托法官之讯问。此种场合，当事人到场乃指其遵法院之命到彼此间所生事端之现场。此外，若拟受讯问之当事人因为特殊事由之存在（如身患重病无法出庭、出庭陈述显违费用相当性等），亦乃是由受命法官或受托法官前往对其进行讯问。在此种情形下，拟受讯问之当事人虽负陈述义务，却不存在到场义务，是为特例（德国民诉法第451条准用第375条，日本民诉法第210条准用第195条，我国台湾地区"民诉法"第367条之三准用第304、305条）。在当事人讯问中，拟受讯问之当事人所负之到场义务既为其对代表国家之法院所尽之公法上义务，无正当事由即应履行此项义务，当事人违背到场义务理应遭受公法上的制裁。依德国民诉法第451条第1款的规定，当事人在规定的讯问期日或宣誓期日不到场，法院应考虑一切情况，特别应考虑当事人提出的不到场的理由，依自由裁量以判断是否可以视为拒绝作证。而依同法第446条之规定，拟受讯问之当事人拒绝法院对其进行讯问时，法院应考虑全部案情，特别应考虑拒绝的理由，依自由心证，判断当事人所主张的事实是否视为已得到证明。依日本民诉法第208条之规定，拟受讯问之当事人无正当理由不出庭时，法院可以认定对方当事人所主张的有关讯问事项为真实。依我国台湾地区"民诉法"第367条之一第4款之规定，当事人经法院命其本人到场，无正当理由而不到场者，视为拒绝陈述。而依同条第3款之规定，当事人无正当理由拒绝陈述者，法院得审酌情形，判断应证事实之真伪。由于当事人到场受讯问与证人受讯问乃基于不同之立场，故从上述立法例的规定中不难看出，在德国、日本及我国台湾地区等大陆法系国家或地区的民事诉讼中，当事人违背到场义务之后果与证人违背到场义务所遭受之公法上的制裁（被处以罚款、拘留、被命令负担由于不出庭而产生的诉讼费用）并不相同。在当事人无正当理由不到场时，法院将斟酌案件具体情况，特别应考虑当事人不到场的理由，认定对方当事人所主张的关于讯问事项的事实为真实。①

之所以课无正当理由不到场之当事人如此之不利益，盖因此种不利益之存在将使当事人面临由此而带来的败诉结果之风险，对当事人而言，不啻为最直接且最有效果之制裁。并且，对当事人课以该种不利益亦符合"当事人若能为自己有利之陈述，必将出庭陈述证言"这一经验法则。依学者之解释，当事人违背到场义务时，关于对方当事人所主张的讯问事项是否拟制为真实，取决于法官之自由裁量。法院基于其他证据调查之结果及言词辩论的全部意旨，依自由心证，反而认定该违背到场义务的当事人所主张的事实为真实亦并非不可能。②

依我国现行民诉法第 62 条"离婚案件有诉讼代理人的，本人除不能表达意志的以外，仍应出庭"之规定的反面可推知，在我国民事诉讼中，离婚案件以外的其他所有民事案件，若当事人为无诉讼行为能力人或虽非无诉讼行为能力人但委托了诉讼代理

---

① 在言词辩论中，作为诉讼主体的当事人违背到场义务，其后果与在当事人讯问中，作为证据方法的当事人违背到场义务之后果迥不相同。譬如，德国民诉法第 330 条规定，原告于言词辩论期日不到场，应依申请为缺席判决，驳回原告之诉。同法第 331 条规定，被告在言词辩论期日里不到场，原告申请缺席判决时，原告所作的关于事实的言词陈述，视为得到被告的自认。如果据此认为诉之声明为正当，即依其声明而为判决；认为不正当时，则驳回原告之诉。日本民诉法第 244 条规定，在言词辩论期日，当事人双方或一方不出庭时，法院考虑审理的现状及当事人诉讼进行的状况后，在认为相当的场合，可以作出终局判决。我国台湾地区"民诉法"第 385 条规定，言词辩论期日，当事人之一造不到场者，得依到场当事人之声请，由其一造辩论而为判决；不到场之当事人，经再次通知而仍不到场者，并得依职权由一造辩论而为判决。

② 参见［日］门口正人编集代表：《民事证据法大系》（第 3 卷），青林书院 2006 年版，第 134 页。

人的，该当事人无论其为原告或被告便不再负出庭义务。同法第
129 条"原告经传票传唤，无正当理由拒不到庭的，或者未经法
庭许可中途退庭的，可以按撤诉处理"及第 130 条"被告经传票
传唤，无正当理由拒不到庭的，或者未经法庭许可中途退庭的，
可以缺席判决"之规定，虽明确了当事人不出庭的不利后果，然
而无论是按撤诉处理还是缺席判决，法院所作的处理均不是针对
作为证据方法的当事人不出庭而言的，而是针对作为诉讼主体的
当事人不出庭所作之处置。道理很简单，作为证据方法的当事人
出庭的目的在于接受法官的讯问，由法官获取证据资料，而按撤
诉处理与缺席判决显然均难以达到这一效果。虽然我国现行民诉
法第 100 条明定人民法院对必须到庭的被告，经两次传票传唤，
无正当理由拒不到庭的，可以拘传方式强制其到庭，但显而易见
的是，何谓"必须到庭的被告"不仅在解释上存在困难而使得拘
传的适用缺乏可操作性，[①] 且拘传仅适用于特定的被告在适用范
围上亦过于狭窄。我国现行民诉法上对作为证据方法的当事人的
出庭义务的软化处理，在客观上使得作为证据资料的当事人陈述
被法官采纳作为认定案件事实基础的可能性大大降低。为求当事
人讯问这一证据调查方法的有效利用，实宜借鉴域外立法例，明
定在当事人讯问中，当事人无正当理由不出庭将遭受事实认定上
不利益之评价，以此促使当事人出庭接受法院讯问。

---

①　依 1992 年 7 月 14 日最高人民法院发布的《关于适用〈中华人民共和国民
事诉讼法〉若干问题的意见》第 112 条之规定，民诉法第 100 条所规定的必须到庭的被
告包括两类：其一，负有赡养、抚养义务的被告；其二，不到庭就无法查清案情的被
告。笔者认为，赡养、抚养案件中，被告与原告之间存在特定的身份关系，从而使得
此类案件在处理方式上可能有其特别的要求，如更加强调以调解的方式结案等。但这
尚不足以成为被告必须到庭的坚实基础。而以"无法查清案情"为由拘传被告到庭更
是于理不合。这是因为，强制被告到庭以协助法院查明案情，从理论上讲，须以被告
到庭后积极向法院作真实的陈述为前提，被告即便被强制到庭，若拒绝陈述，上述目
的亦不能实现。

二、宣誓（具结）义务

在当事人讯问下，当事人居于证据方法之地位而为陈述，为保证其陈述之真实性，德国、日本及我国台湾地区民诉立法皆规定，在当事人讯问中，当事人负有宣誓（具结）义务。依德国民诉法第 452 条第 1 款之规定，当事人虽负宣誓义务，但当事人是否宣誓则取决于法官的自由裁量。在通常情况下，当事人乃不经宣誓而受法院讯问。但如果当事人未经宣誓的证言不能让法官就应证事实的存在或不存在达到确信时，法院可以命令当事人宣誓。讯问双方当事人时，法院可以命令一方当事人进行宣誓。学者认为，法院在选择哪一方当事人进行宣誓时，应视谁更了解事情的经过或者根据此前审理的结果谁更值得信任而定。①

根据德国民诉法第 452 条第 3 款之规定，申请当事人讯问之一方当事人可以舍弃让受讯问之当事人进行宣誓。依同条第 4 款之规定，当事人若因故意违反宣誓义务而受过确定的有罪判决，则欠缺宣誓能力。除上述特别规范外，在德国，当事人宣誓与证人宣誓相同。

依日本民诉法第 207 条第 1 款后段之规定，在日本的民事诉讼中，当事人是否宣誓也取决于法官之裁量。根据日本民事诉讼规则第 127 条准用第 112 条之规定，当事人宣誓原则上应在受讯问前进行。但是存在特别的事由时，亦可在受讯问后进行。依同法第 210 条准用第 201 条第 2 款之规定，法院讯问未满 16 周岁的当事人或者不理解宣誓意义的当事人，不得让其宣誓。除此以外，当事人之宣誓与证人之宣誓相同。

我国台湾地区民事诉讼采当事人具结制度，依其"民诉法"

---

① 参见［德］罗森贝克、施瓦布、戈特瓦尔德：《德国民事诉讼法》（下），李大雪译，中国法制出版社 2007 年版，第 933 页。

第 367 条之一第 2 款前段之规定，审判长可以命令当事人在讯问前或讯问后进行具结，依同款后段之规定，当事人具结之程序与证人具结之程序相同，并且法院讯问未满 16 周岁的当事人或因精神障碍不理解具结意义及效果之当事人，不得令其具结。

当事人宣誓（具结）义务既乃当事人应负之公法义务，若有违背即应遭受制裁。在德国、日本及我国台湾地区民事诉讼中，当事人违反宣誓（具结）义务之后果与当事人不到场之后果相同，也即由法院审酌案件具体情况，特别应考虑拒绝宣誓（具结）的理由，依自由心证来判断对方当事人关于讯问事项的事实主张是否为真实（参见德国民诉法第 453 条第 2 款，日本民诉法第 208 条，我国台湾地区"民诉法"第 367 条之一第 3 款）。

三、陈述义务

1. 履行陈述义务之方式

在讯问当事人时，当事人与证人同属人的证据方法，皆乃就其所知晓的案件事实向法院作陈述并以之为证据资料。这就决定了法院对当事人所为之证据调查与其对证人所为之证据调查在具体路径或方式上并无差异。因此，在德国、日本及我国台湾地区，其民诉立法皆规定当事人履行陈述义务准用证人履行证言义务而为之（德国民诉法第 451 条准用第 391 条第 1 款第 1 句及第 396—398 条之规定，日本民诉法第 210 条准用第 202—204 条及第 206 条的规定，我国台湾地区"民诉法"第 367 条之三准用第 316 条第 1 款、第 318—322 条之规定）。我国现行民诉法并未明确当事人履行陈述义务之方式，从第 127 条"法庭辩论按照下列顺序进行：（一）原告及其诉讼代理人发言；（二）被告及其诉讼代理人答辩……"的规定及第 124 条"法庭调查按照下列顺序进行：（一）当事人陈述……"之规定来看，甚至可以认为当事人履行陈述义务与其进行主张似乎并未有真正之区分。此种立法安排显非妥适，因为作为证据方法，当事人向法院陈述案情乃法官对其进行证据调查的一个环节，法官讯问当事人不仅成为获取当事人陈述的方法，同时也是检验当事人陈述之真伪的不二法门。作为证据资料本身的当事人陈述，绝非作为主张的当事人陈述的简单重复。故民诉法实宜明定当事人履行陈述义务准用证人履行证言义务。

2. 当事人违反陈述义务之后果

依德国民诉法第 453 条第 2 款、第 446 条，日本民诉法第 208 条，我国台湾地区"民诉法"第 367 条之一第 3 款的规定，当事人违反陈述义务与其违反到场义务、宣誓（具结）义务之后果相同，也即在当事人无正当理由拒绝陈述时，① 法院将审酌案件具体情形，依自由心证判断对方当事人所主张的关于讯问事项的事实为真实。

从我国现行民诉法第 71 条第 2 款"当事人拒绝陈述的，不影响人民法院根据证据认定案件事实"之规定可推断，在我国民事诉讼中，当事人违反陈述义务并不承担任何不利益。毋庸讳言，立法作此安排不仅与民诉法第 63 条将当事人陈述作为一种独立证据之安排相抵触，客观上也极大地限制了法官利用当事人陈述进行裁判的机会。

3. 当事人为虚伪陈述之后果

因伪证罪仅以证人、鉴定人为限，故证人于诉讼中即便在宣誓（具结）后故意虚伪陈述，亦不构成刑法上的伪证罪。这主要是考虑到与证人陈述的乃他人之事实不同，当事人乃被强制陈述与自己

---

① 依我国台湾地区"民诉法"第 367 条之一规定，当事人在具有与证人拒绝证言之同一事由（仅限于其"民诉法"第 307 条第 1 款第（三）项至第（五）项所定拒绝证言事项）时，享有拒绝陈述权。此项立法例为德国、日本民诉法所无。笔者认为，证言拒绝权乃为保护当事人以外之第三人之秘匿利益与尊重人伦价值而设，客观上具有减轻证人陈述义务之效果。当事人乃与案件处理结果有利害关系，其所负陈述真实案情之义务理应较证人为重，故赋予当事人拒绝陈述权无异于将当事人与证人作同等看待，不甚妥当。

利害相关的事实，有时作虚伪陈述实乃不得已之举，若由此而成立伪证罪则失之苛刻。不过，在讯问当事人时，其若故意作虚伪陈述，易使法院审理方向遭误导而致法院难以发现真实，同时也易使诉讼程序滞延而浪费法院及当事人之劳动、时间及费用，并损及司法之公信力。[①] 故对当事人故意为虚伪陈述亦有施加制裁之必要。为此，日本民诉法第 209 条第 1 款规定，当事人经宣誓而作虚伪陈述的，法院可裁定对其处以 10 万日元以下之罚款。当事人不服此项裁定，可以提起即时抗告（同条第 2 款）。我国台湾地区"民诉法"第 367 条之二第 1 款亦规定，当事人经具结而故意为虚伪陈述，足以影响裁判之结果者，法院可以对其处以新台币 3 万元以下之罚款。当事人不服此项裁定可以提起抗告。当事人若于诉讼系属中承认自己作了虚伪陈述，因当事人为真实陈述之目的已达到，法院审酌情形后可以撤销对当事人罚款的处分（日本民诉法第 209 条第 3 款，我国台湾地区"民诉法"第 367 条之二第 3 款）。

4. 当事人陈述之证据力评价

在现代法治国家的民事诉讼中，何种证据材料具有证据能力以及其之内容能够在多大程度上证明要证事实，悉取决于法官依据经验法则、逻辑法则作自由判断取舍，也即法官对证据乃依自由心证判断其证据力的大小。某一要证事实是否能被确信，应由法院根据言词辩论的全部意旨[②]以及已有的证据调查结果予以判

---

① 参见姜世明：《当事人讯问制度》（上），载《万国法律》2002 年第 4 期。

② 法官自由心证的资料在民事诉讼和刑事诉讼中存在较大差异，法官证据调查的结果在民刑诉讼中皆为自由心证的资料，而言词辩论的全部意旨仅在民事诉讼中才可作为自由心证的资料，在刑事诉讼中则不允许。这是因为刑事诉讼践行证据裁判主义，仅证据调查的结果始可作为裁判的基础。参见［日］小林秀之、安富洁：《クロスオーバー民事诉讼法·刑事诉讼法》，法学书院 2001 年版，第 210 页；［日］松尾浩也：《刑事诉讼法》（下），弘文堂 1999 年版，第 3—4 页；［日］小林秀之：《新证据法》，弘文堂 1998 年版，第 38 页；［日］春日伟之郎：《民事证据法论集》，有斐阁 1995 年版，第 131 页。

断，法律并不预设事实判断之准则（参见德国民诉法第 286 条，日本民诉法第 247 条）。大陆法系国家民诉法虽在特定事项的判断上保留法定证据法则而不采自由心证主义，但其仅停留在证据能力之法定或证据形式之限定这一层面，并且服务于诉讼程序之快速推进这一目的。

在讯问当事人时，当事人因与诉讼结果存在利益关系，故其经由法官讯问所作之陈述的主观性色彩甚浓这一点并不能否认。加之当事人之陈述乃当事人于纷争发生后依凭自己之记忆对事件经过所为之"描述"，故受当事人感知、记忆、表达能力的影响，其之可信性从客观上讲无疑较书证、物证等证据为弱。在此意义上讲，对当事人陈述的证据力之评价必须谨慎为之。但同时也应看到，当事人讯问下的当事人陈述乃法定证据之一种，其亦须践行法定证据调查方式始能获得，当事人于陈述时所表现出来的陈述之语气、神情等态度证据可以成为法官斟酌当事人陈述内容真实性之重要参考因素。除此之外，当事人陈述的内容之真伪可以经由对方当事人之质问甚至双方当事人之对质而得到进一步的检验。[1] 因此，当事人的陈述能否被采纳作为支持当事人主张的证据资料，悉由法官依自由心证予以判断，此乃大陆法系民诉立法之通例，法律并未就当事人陈述的证据力之评价设特别规则。[2]日本的判例更是认为，讯问当事人的结果，与证人证言及其他的证据有同等的证明力，无须结合其他证据单独即可作为认定事实的证据资料。[3]

---

① 在法官对一方当事人进行讯问的场合，对其陈述内容的质问可由对方当事人的诉讼代理人代为行使，因为质问乃诉讼行为之一种。

② 德国民诉法第 453 条关于法官应依第 286 条对当事人的陈述自由地作出评价之规定即明示斯旨。

③ 参见［日］门口正人编集代表：《民事证据法大系》（第 3 卷），青林书院2006 年版，第 126 页。

　　与大陆法系民诉立法通例相反，我国现行民诉法对当事人陈述之证据力评价所应遵循之法则作了特别的规定。民诉法第71条第1款规定："人民法院对当事人的陈述，应当结合本案的其他证据审查确定能否作为认定事实的依据。"从该项条文的内容中可以推知，在我国的民事诉讼中，当事人陈述这一证据资料并不能作为法院认定案件事实的唯一根据。易言之，当事人经由法院讯问所作之陈述即便已为法院确信，若无其他证据加以印证，法院也不能将其采纳作为裁判之基础。仅从文义解释着眼，该条规定堪比刑诉法第46条所确立的被告人自白补强规则这一证据法则。该条文的内容是："对一切案件的判处都要重证据，重调查研究，不轻信口供。只有被告人供述，没有其他证据的，不能认定被告人有罪和处以刑罚；没有被告人供述，证据充分确实的，可以认定被告人有罪和处以刑罚。"尽管当初制定民诉法时是否受到刑诉立法的影响现已不得而知，但有一点可以肯定，民诉法第71条之规定实际上是将当事人的陈述作了刑事化之处理，其之不当至为明显。因为在刑事诉讼中，之所以要确立被告人自白补强规则，主要是基于刑事被告人在诉讼中所处的特殊地位而作的诉讼政策上的考量，其目的在于防止司法机关过分依赖被告人自白定案并借以避免刑讯逼供等侵犯被告人人权等有损人性尊严现象之发生。易言之，在刑事诉讼中，之所以明定仅被告人供述不能定其有罪并非是基于对被告人供述本身之不信任所作的证据力判断上的评价，而是基于证据力评价以外的因素之考虑。而在民事诉讼中，当事人无论为原告还是被告在诉讼中均处于平等地位，并不存在以人的尊严遭受损害为代价而被强制陈述的基础，故当事人陈述须由其他证据补强始能作为认定事实根据之事由并不存在。因此，民诉法第71条所定关于当事人陈述的证据力的评价规则显然缺乏法理支持。

　　不唯如此，相比于刑事诉讼中的被告人自白补强规则，民诉法第 71 条关于当事人陈述的证据力评价规则更为严格。因为依被告人自白补强规则，在刑事诉讼中，若被告人所作之供述与被害人陈述相一致的话，犯罪事实便可以仅凭被告人自白与被害人陈述这两种同为人证的证据资料加以认定而不违背自白补强规则。而依民诉法第 71 条，即便原告的陈述与被告的陈述在内容上一致其亦不能作为认定案件事实之依据，这样的证据力评价规则较之自白补强规则显然更为苛刻。① 同时令人感到费解的是，当事人的陈述与证人证言虽均为法定证据资料之一，性质上皆为人证，但民诉立法关于证人证言的证据力评价却并未设定类似于第 71 条内容的证据法则。如果说第 71 条所规定的当事人陈述补强规则乃是基于对当事人陈述的不信任而设，主观色彩也很浓厚的证人的陈述从逻辑上讲亦不应单独作为认定案件事实的证据。② 凡此种种，均适足表明民诉法第 71 条关于当事人陈述的超低的证据力评价法则殊失允当，其与第 124 条将当事人陈述作为首要的证据调查方式之立法本旨亦存在内在的冲突。不仅如此，这样的证据法则在客观上亦会影响法官心证的形成与案件真实之发现。因为在民事审判实务中，缺乏证人证言、书证等当事人陈述以外的证据的民事案件并不鲜见，于此种场合，法官唯一可倚为认定要证事实的证据即为当事人陈述，而由于民诉法第 71 条所设之当事人陈述补强规则之规制，法官纵然仅依当事人的陈述而获得要证事实存否之内心确信，其也不能据此作为裁判基础而只能依举证责任分配之规则作出对要证事实负举证责任的当事人不

---

① 因民事诉讼以对立两造当事人之存在为前提，当事人一方或双方皆有可能被法院讯问而作陈述，故当事人陈述作为证据资料实际上包含原告的陈述与被告的陈述这两个方面的证据资料。

② 在我国，因不采证言拒绝权制度，证人居于与当事人双方皆无任何事实利害关系的纯粹的第三者之中立地位作证的场合较之采证言拒绝权的国家或地区更为少见。

利的裁判。这不仅会损及对事实真相的发现，也必然殃及对当事人正当利益的周到保护。

当然，我们可以将民诉法第 71 条解释为仅乃训示规定从而减弱或消解其所可能带来的负面影响。但这样的学理解释并不足以让从事具体民事审判工作的法官深刻理解，遑论将之灵活地运用。不过，《证据规定》第 76 条对民诉法第 71 条作了"修正"承认在特定情形下，仅当事人的陈述即可作为认定当事人主张的证据，其内容是："当事人对自己的主张，只有本人陈述而不能提出其他相关证据的，其主张不予支持。但对方当事人认可的除外。"揆诸该项司法解释可以得知，当事人对其主张的要证事实仅以其陈述作为证据资料予以证明并不能使法院获得心证，除非对方当事人对此认可。尽管对最高人民法院提升当事人陈述的证据力评价之努力不能予以否认，但以对方当事人之认可作为根据当事人陈述能单独认定要证事实之前提条件也不合乎证据法理。盖在自由心证主义下，当事人的陈述能否作为认定事实之依据端以其内容能否让法院合乎逻辑法则与经验法则推导出要证事实之存在或不存在为前提条件。这一条件若不具备，纵然一方当事人承认对方当事人的陈述为真实，其也仅能成为法官心证的辅助性手段，而不能直接成为法官心证的基础。因为如前所述，当事人基于证据方法之地位所为之陈述并非作为诉讼资料的主张，而仅为证据资料，对方当事人的承认，不能作为自认予以评价，当然也就无法取得与当事人自认同等的诉讼法上的效果。该项司法解释的根本性错误即在于将当事人的陈述作为主张予以评价，将作为诉讼资料的主张与作为证据资料的当事人陈述混为一谈。

第八章　不为证明妨害之义务

第一节　证明妨害概述

一、证明妨害之内涵

在民事诉讼中，依辩论主义之要求，当事人对于其应负举证责任的法律要件事实须积极向法院提供证据以为证明。言词辩论结束后，若要证事实仍处于真伪不明之状态，基于"法院不得拒绝裁判"之规制，受诉法院只能依举证责任分配规范对其之存否作出认定，其结果，负举证责任之当事人于该要证事实之真伪不明将承担不利的后果。不过，若要证事实之真伪不明乃是由于不负举证责任的一方当事人以某种方式对举证人所欲利用的证据方法施加不当的影响并使得举证人举证不能而造成的，此种证明上的不利后果自不能仍完全由负举证责任之一方当事人承担，而须在负举证责任的当事人与妨害证据方法利用的对方当事人之间进行适当的调整，借以谋求当事人对诉讼资料的平等利用。经由证明妨害制度之适用即能实现此种证明上的利益或不利益在当事人间进行调整。证明妨害有广狭两义，广义上的证明妨害乃指不负举证责任的一方当事人，基于故意或过失，以作为或不作为，妨害负举证责任的当事人之证明，使得其对要证事实之证明陷于不能之状态，此种情形下，该妨害证明之人将被课以一定的不利益之法理。狭义上的证明妨害仅指当事人所实施的妨害证明行为本身。从证据协力义务角度观察，应当承认，当事人不为妨害证明的义务乃与当事人之文书提出义务、当事人之勘验协力义务、当事人受讯问义务共同构成当事人之证据协力义务。

二、关于证明妨害之立法例

在实定法层面，证明妨害制度乃为大陆法系各国或地区民诉立法所承认。譬如，德国民诉法第 444 条规定，一方当事人意图妨害对方当事人使用证书而毁损证书或致使证书不堪使用时，对方当事人关于证书的性质和内容的主张，视为已得到证明。2001年德国修正其民诉法时，于第 371 条新增第 2 款和第 3 款，其中第 3 款规定，当事人妨害于其属于可期待的勘验时，对方当事人关于勘验标的物之性质的主张视为已得到主张。又如日本民诉法第 224 条第 2 款规定，当事人以妨害对方当事人的使用为目的，灭失负有提出义务的文书，或致其不能使用时，法院可以认对方当事人关于文书记载之主张为真实。同条第 3 款规定，在第 2 款所规定的场合，对方当事人就文书之记载为具体的主张以及由该文书所应证明的事实经由其他证据证明显著困难时，法院可以认对方当事人关于该事实的主张为真实。同法第 232 条规定，第224 条所定关于文书证据证明妨害之效果准用勘验标的物之提出。我国台湾地区 2000 年修正前的"民诉法"第 362 条规定，当事人因妨碍他造使用，故意将文书隐匿、毁坏或致不堪使用者，法院得认他造关于该文书之主张为正当。同"法"第 367 条规定，第 362 条关于书证证明妨害之规定，于勘验准用之。从德国、日本及我国台湾地区 2000 年前的民诉法关于证明妨害的规定来看，证明妨害制度仅以书证为其适用范围（勘验准用之），其民诉立法并未就不负举证责任之当事人以不正当手段妨害对方当事人的举证活动之证明妨害设通则性规定。不过，德国、日本的审判实务以及学说关于证明妨害之解释均有扩大证明妨害适用范围之倾向。更有进者，我国台湾地区于 2000 年 3 月修正其

"民诉法"时，删除了同"法"第362条之规定，增订第282条之一，对证明妨害作了一般性的规定，其内容是，当事人因妨碍他造使用，故意将证据灭失、隐匿或致碍难使用者，法院得审酌情形认他造关于该证据之主张或依该证据应证之事实为真实。

三、我国现行民诉法关于证明妨害之态度

与德国、日本及我国台湾地区民诉立法就证明妨害设有个别性规定或一般通则性规定不同的是，我国现行民诉法仅将不负举证责任之当事人妨碍对方当事人的举证活动纳入妨害民事诉讼之范畴进行规范，并未确立真正意义上的证明妨害制度。我国现行民诉法第102条规定："诉讼参与人或其他人有下列行为之一的，人民法院可以根据情节轻重予以罚款、拘留：（一）伪造、毁灭重要证据，妨碍人民法院审理案件的；（二）以暴力、威胁、贿买办法阻止证人作证的……"依该项条文之文义可知，在我国民事诉讼中，不负举证责任之当事人妨害对方当事人之举证活动仅将遭受罚款、拘留等公法上的制裁，并不会被课以证明上的不利益。笔者认为，此种制度安排显然不符合诉讼法理。这是因为，不负举证责任之当事人伪造、毁灭重要证据，阻止证人作证的目的在于使举证人之证据提出陷于不能之状态而从中谋取事实认定上的不正当利益，故只有经由证明妨害制度之适用，法院始能达到调整当事人之间证明利益归属之目的，从而有效地抑制妨碍证明行为的发生。因此，将来修正民诉法时，实宜增设证明妨害制度。因证明妨害制度之适用在一定程度上将会左右诉讼之结果，对当事人具有重大的利害关系，故在适用时应作谨慎之解释。从诉讼理论上讲，证明妨害所涉之问题应包括这几个方面：（1）证明妨害制度的正当性基础或根据何在；（2）在适用证明妨害制度时应具备哪些要件；（3）证明妨害之法律效果或对实施证明妨碍行为的人课以制裁的内容应当如何界定。在德国、日本及我国台

湾地区民事诉讼中，证明妨害制度在适用上极具争议性，故对于上述几个问题的分析与解答不仅需要以其立法层面之规范为基础，而且须重视判例及学说所持之见解。

第二节　证明妨害制度之历史沿革

一、法源①

作为规范供事实证明之用的证据由于诉讼的对方当事人的原因而灭失时所引起的法律效果的诉讼法上的制度，证明妨害制度之起源可以追溯到古代罗马法中的下述法律条文。

L. 20C. de probationibus（4，19）

"如果 Eutychia 在隐匿了买卖她的证明之后，提起要求从奴隶身份中获得解放之诉讼，此种情况下，因举证责任由作为原告的她本人承担，故即便文书的窃取这一事实已经明了，对其亦并无益处。相反，若对方当事人针对其提出确认其之奴隶身份的诉讼，提出能证明买卖她的证据并非必要，原告能证明买卖证明为被告窃取这一事实即为已足"。

L. 2 §. 1D. de jure fsci（49，19）

"与国库产生纷争时，供阅览的文书处于能够被提出的状态，文书持有人却不将其提出，若其他的证据方法不能有助于发现事实真相，并且文书持有人认为文书提出将导致自己败诉故将该文书隐匿，此种情形下，文书持有人在该诉讼中应该败诉"。

从上述两个条文的内容来看，前者规定的是，在领主针对奴隶提起奴隶身份回复诉讼之场合，被主张奴隶身份的人掠夺了奴

---

① 参见［日］林昭一：《战前期ドィッ法における证明妨害论の生成と展开》（一），载《民商法杂志》（第 126 卷）2002 年第 3 期。

隶买卖契约书这一事实若已得到证明，即使原告没有提出其他的证据方法，被告的奴隶身份亦能得到确认。后者所规定的是，在国库与私人之间的诉讼中，负文书提出义务的私人不服从文书提出命令时，若代替证据不存在并且该私人明知文书的提出将会给自己带来败诉之后果而将其隐匿，该私人在诉讼中将会败诉。由于前者所涉乃与奴隶法相关的古代罗马法特有的事例，后者亦是以国库作为一方当事人的特殊事例为前提，故其在适用上的通用性不无疑问。尽管如此，以这些程序准则为基础而产生的规制方法，在实务惯习上被承袭，经由罗马法的继受，亦被德国普通法时代的诉讼法所采用。

与此相应，法院将一方当事人违反实体法上的证据保存义务的行为作为证明妨害的问题予以处理并支持对方当事人提出损害赔偿请求之通行做法在古代罗马法中亦能找到其起源。在罗马法中，被告掠夺原告所持有之文书或使其灭失时，若成立市民法上的侵权行为之窃盗诉权，原告的文书提出诉权是被承认的。因为文书提出诉权的行使是以完好状态的文书之提出为目的，故在文书提出请求诉讼中，被告若不遵从法院发布的文书提出命令，或者因可归责于其之事由将文书灭失，被告将会被法院作出有责的完全损害赔偿之判决。在这种情况下，被告将对于原告因该文书之提出而可能得到的利益负有损害赔偿义务。当然，原告因该文书的提出将可以获得何种利益，也即被告对原告应予补偿的利益之范围则由要求损害赔偿的原告负举证责任。关于损害赔偿的具体利益的算定方法，根据导致文书灭失者的归责程度之不同而有所差异。具体讲来，被告在基于故意而不提出文书或者使文书灭失的场合，允许原告对诉讼标的之价值进行宣誓，基此而被算定的利益由被告负赔偿责任。若被告乃是基于"无限接近故意的过失"而灭失文书，与故意灭失文书时所受之制裁相同，允许原告就诉讼标的之估价进行宣誓，并在此基础上算定赔偿额。而在基于过失灭失文书之场合，则不允许原告对诉讼标的之价值进行宣誓，而是由法院对其进行证据评价。

二、德国普通法时期

以罗马法上的法源为基础，在 19 世纪德国普通法时代的诉讼中，法院乃是采用下列方法对证明妨害进行规制。即在举证人的对方当事人故意灭失文书的场合，举证人若采用别的证据方法证明"该文书曾经存在"与"该文书的内容"，则法院基于该文书的存在与被提出的状态之拟制，能够推认该文书所能证明之要证事实存在。若文书的内容不明了，并且基于其他的证据方法对要证事实予以证明也不可能时，由于"对方当事人的故意而致使文书灭失"这一事实的证明将被许可代替基于文书对要证事实的证明。此外，拟制证明的对象不限于举证人关于文书内容的主张，也及于该文书所能证明的事实的真实性。直至 CPO 制定前，此种支持对文书灭失行为采取上述诉讼法上的规制方法之见解，在学说上一直占据支配的地位。

1. 各州的高等法院之裁判例

从各州高等法院的裁判例来看，针对文书灭失所采取的规制方法并不完全相同，除有裁判例因袭通说的见解承认可以拟制文书的内容或者要证事实的真实性外，也有裁判例认为宣誓应作为文书灭失的效果而适用。更有进者，有裁判例认为，在由于被告的过失而使得原告重要的证据方法灭失的场合，基于该证据方法之性质与其所能达到的证明效果之考虑，并不一定就产生免除举证人举证责任的效果，有时不过是不要求举证人进行严格的证明活动。由此观之，在各州裁判例中，关于证明妨害之主观要件，并不必然限定为故意，在证明妨害的效果上，承认法院行使自由裁量权确定具体的规制方法。另外，也有裁判例承认，文书以外的证据方法若有灭失也可适用关于文书的证明妨害规范予以规制，如有裁判例认为，改造作为证据方法的建筑物，对于举证人申请法院采行勘验与鉴定之证据调查即构成了妨害。

2. 帝国高等商事法院（ROGH）之裁判例

ROGH 关于证明妨害的裁判例，基本上乃是以损害赔偿（违反实体法上的义务而生之效果）作为在诉讼程序上对妨害证明之人予以规制之基础。典型的裁判例有：

（1）关于样品买卖之裁判例。ROGH 于 1873 年就样品买卖中，因买主未妥善保管样品致使在其后的诉讼中，卖主证明买卖契约的标的物与样品符合困难这一事实所作之裁判例认为，本来，契约的一方当事人，有义务证明其已履行契约所定之义务，故原则上作为债务人的卖主，应对交付标的物符合样品这一事实负举证责任。但是，买主对于不提示样品具有可归责性时，买主应对交付的标的物不符合样品的事实负举证责任。这是因为，买主无论如何也不能基于可归责于己之事由而使卖主对其之证明不可能。样品买卖中，基于双方的利益，买主负有慎重地保存所交付的样品之义务，因买主对不提示样品具有可归责性，故买主于证明相反事实之前，必须推定交付之标的物符合样品品质。ROGH 进一步认为，于契约关系存在的场合，契约的一方当事人关于契约的成立以及契约内容的证明上的利益若为契约的对方当事人剥夺，必须承认对该利益进行赔偿的契约法上的规范存在，基于此，作为有责地违反证据保存义务之效果，应肯定举证责任的转换有适用的余地。因而，应将举证责任的转换理解为契约一方当事人对于对方当事人的利益予以赔偿的一种形态，也即其乃对财产关系进行实体法上的调整的一种手段。

（2）关于标的物品质瑕疵之裁判例。ROGH 于 1874 年所作之裁判例就商人之间的买卖契约中买主违反商品检查义务与对卖主的报告义务，对举证责任产生何种影响作了阐释。在本件诉讼中，卖主请求买主交付价金，买主以卖主交付的商品存在品质瑕疵为理由请求减少价金数额。双方当事人就所交付的商品是否符合契约的约定产生争执。本案中，已查明的事实是，买主无异议地受领了卖主交付的商品且将其消费大半。ROGH 就该事情对商品品质是否合乎契约约定之举证责任所产生的影响作了如下的阐释。ROGH 认为，卖主固然首先须证明自己已按契约的约定交付商品这一事实，但由于买主对所交付的商品无异议地受领且将其予以消费致使卖主对上述事实之证明不可能或者存在显著困难，此种情形下，对上述事实的举证责任分配之原则应予以变更。因为，根据德国普通商法第 347 条第 1 款之规定，商品由卖主送付于买主的场合，买主负有商品检查义务与对卖主的瑕疵通知义务，并且根据同法第 348 条第 1 款之规定，买主在提出异议之情形下应对商品负保存义务。本件诉讼中，买主违反了这两个方面的义务，从而导致卖主对商品符合契约约定之品质这一事实之证明可能性丧失，为此，买主应对商品不符合契约约定之品质这一事实负担举证责任。

（3）关于铁路运输损害赔偿之裁判例（1873 年）。货物的所有人以铁路运输中，货物由于可归责于铁路公司的原因所导致的火灾而损失大半为理由针对铁路公司提起损害赔偿诉讼，诉讼中，装货时货物的数量与品质成为双方当事人主要的争点。ROGH 认为，本件诉讼中，铁路公司这一方以运送契约为基础，对商品因火灾而烧失之前后状态予以具体地说明之义务并不存在，货物自身亦不具有作为证据方法之性质，因欠缺裁判例（1）所明示的关于证明妨害适用之前提要件，故作为契约一方当事人对对方当事人进行损害赔偿手段的举证责任之转换由于欠缺正当化之依据因而不能予以承认。

从 ROGH 的上述裁判例中，我们可以看出，ROGH 乃是将举证责任的转换作为举证人证明上的利益受到侵害后的赔偿手段予以确立的，举证人证明上的不利益乃因与举证人存在契约法上关系的对方当事人有责地违反契约法上的证据保存义务而产生（如裁判例（1）、（2）所示），相反，于举证人与对方当事人之间不存在此种契约关系的场合，则并不产生举证责任转换的效果（如裁判例（3）所示）。作为商人之间的契约法上的规范，ROGH 的裁判例中所形成的原则一直为帝国法院（RG）的裁判例所承袭。①

三、帝国法院（RG）时期

RG 关于证明妨害的裁判例对联邦最高法院（BGH）判例的形成产生过重大的影响，其亦着眼于灭失证据的当事人在契约上有无实体法上的证据作成保存义务去检视证明妨害问题。

1. 作为事案基础的契约关系存在的事例

（1）1887 年裁判例。商人间买卖的卖主对买主提起请求买卖价金之诉讼，买主主张商品不具备契约约定的品质，为此请求减少买卖价金。本件诉讼中，买主虽然对商品之品质存在瑕疵向卖主提出异议但仍受领了商品的交付，商品品质是否合乎契约约定成为双方当事人之争点。RG 以下述理由为基础认定被告应对商品性状之瑕疵承担举证责任。如德国普通商法第 348 条第 2 款规定之立法理由所示，商行为中，商主体所为之行为须合乎诚实信用原则。故在买卖中，买主应负有在适当的期间内向卖主提出异议并对商品不进行任何处分的义务。基于该义务之履行，卖主即能够证明商品的品质。由于被告有责地违反此种义务，致使在诉讼中法院不能适法地进行事实认定。有责地妨害本来负举证责任的对方当事人证明活动的人，不能援用对方当事人对此事实负担举证责任作为自己的防御。毋宁认为，应将对方当事人所主张的对妨害人不利的事实视为真实。但是，该原则仅以作上述处理

————————

① 参见［日］林昭一：《戦前期ドィッ法における証明妨害論の生成と展開》（二），载《民商法雑志》（第 126 卷）2002 年第 4 期。

并非不当已经明了为限始能有效地发挥其机能。在本件诉讼中，RG 让因怠于保存证据方法而对对方当事人的证明利益造成侵害的买主负担举证责任。此种举证责任转换的效果一如 ROGH 裁判例（1）、（3）所明示的那样，具有代替因损害赔偿而产生的在事后调整当事人之间财产上的利益之作用。判示事项所揭之一般法原理在于：在一方当事人妨碍对方当事人实现实体法所规定的手段上的权利的场合，为使实体法所预定的举证责任之分配得到实质贯彻，应将举证责任之转换作为不利于该妨害权利实现的当事人的规制手段予以对待。

（2）1905 年裁判例。作为被告的国家铁路公司，希望将在铁路事故中受伤的作为原告的被害人送往事故现场附近的精神病院去治疗，因为该精神病院有一独立的普通病院，尽管其已关闭。原告对此予以拒绝。事后，原告被送往别的医院接受治疗，其工作能力之回复由此迟延。原告要求被告赔偿与其因迟延回复工作能力而丧失的收入相当的定期金。本件诉讼中，尽管原告若能即时被送往独立病院接收治疗预计将会相对较快地痊愈，但原告拒绝接收此种治疗，为此将产生何种法律效果乃争点所在。原审法院认为，虽然原告拒绝治疗行为在德国民法典第 254 条第 2 款的意义上具有可归责性，但被告由于不能证明原告若被送往独立病院接受即时的治疗将要比现在的健康状况要好这一事实，故被告应承担对原告的损害赔偿责任。RG 虽亦认为原告拒绝治疗行为具有可归责性，但同时认为，原审所考虑的其在独立病院接受治疗的效用并非问题所在，被告知道该独立病院具备作为医院的基本的机能，原告对此亦知情。这一事实若能被证明即为已足。在此基础上，RG 认为，能作出理性判断的人，特别是在伤病将对工作能力产生显著的损害之时，尽管只有微弱程度的预计成功的盖然性，从医疗的角度出发，其亦希望接受治疗。RG 以此作为实质上的理由认为原告应对其所主张的在独立病院不能受到充分的治疗这一事实承担举证责任。原告的拒绝治疗行为，即使与有责的证明妨害行为同视亦具有正当性。最后，RG 作如下判示：举证责任转换的效果不以当事人违反契约上的义务而致使举证人证明不可能或产生显著的困难这一场合为限，在契约关系以外的场合，对方当事人若违反诚实信用原则实施了从一般的法意识上讲应予以非难的行为即认为妨害了举证人的证明，产生举证责任转换的效果亦应被认为是妥当的。不过，判示所提及的违反诚实信用原则，从一般的法意识作判断应予以非难的行为具体内涵为何，判示之射程是否及于全无契约关系的侵权行为与侵犯类如德国民法典第 810 条所定的法定债权之行为并不明确。但是，至少判旨提及了德国民法典第 254 条第 2 款所定之损害减轻义务，因此，判示中的行为，应认为包含与违反契约上的附随义务（在本件诉讼中，乃指事故被害人协助治疗行为）相当的行为。不管怎样，RG 从一般解释论上明确提到，上述场合，有责的证明妨害一旦被认定，可将举证责任转换为由妨害人承担。如上所述，根据裁判例（1）、（2），RG 确立了这一法理，即基于契约关系或者契约上的附随义务，当事人负有保存证据，不对举证人的证明进行妨害的义务，若其有责地违反此等义务，对妨害人不利的举证责任将转换给其承担（RG 原则）。

2. 作为事案基础的契约关系不存在的事例

（1）1911 年裁判例。因与汽船发生碰撞而沉没的帆船的乘务员的遗属，将汽船的船长作为被告，以侵权行为为由向法院提起定期金赔偿诉讼（参照德国民法典第 844 条第 2 款）。RG 一方面认为，汽船的船长没有在甲板上配置专司看守之要员乃事故发生的原因从而认定汽船的船长对沉船事故具有可归责性；另一方面又肯认汽船船长所主张的已经沉没的帆船违反关于河流航行的规则航行这一事实从而支持了原告的一部分请求。关于沉没的帆船之乘务员不存在归责事由之事实应由原告负主张及举证责任，原告未尽举证责任，因此作出支持原告请求的一部分之判决。在本件诉讼中，作为证据方法能证明帆船乘务员于此次碰撞事故中不具有可归责性之帆船由于已经沉没，于此是否产生证明妨害问题值得关注。RG 认为，本件诉讼中，汽船船长的行为不符合裁判例（2）所示的"违背诚实信用原则，从一般的法意识进行判断应予以非难"这一要件，因此，作为"RG 原则"适用前提的债务关系虽于裁判例（1）、（2）之诉讼中存在，但在本件诉讼中，证据保存义务所赖以存在的契约上的或契约外的债权债务关系并不存在，故基于"RG 原则"而产生的举证责任之转换在本件诉讼中不能予以适用。

（2）1921 年的裁判例。原告主张诉外人已故 K 的自书遗嘱中记载有对其遗赠的内容，该遗嘱被 K 的继承人诉外人已故 A 灭失。之后，已故 A 伪造了一份新的遗嘱，为此，原告主张新遗嘱无效，要求作为被告的已故 A 的继承人在与遗赠相当的范围内支付 A 的遗产。在本件诉讼中，根据由于已故 A 的故意而导致 K 的自书遗嘱文书的灭失这一事实，是否可以视为原告所主张的 K 的自书遗嘱中记载有对原告的遗赠这一事实为真实成为双方当事人的争点所在。与前述裁判例中的事实不同的是，本件诉讼中，灭失自书遗嘱的人，并非诉讼中的当事人，德国民事诉讼法第 444 条是否有适用的余地便成为问题。原审中，法院不仅基于已故 A 故意灭失文书这一事实，并且基于证人证言所证明的事实而认定原告所主张的遗嘱中有对其遗赠的内容这一事实视为已得到证明。法院同时认为即便满足德国民事诉讼法第 444 条的要件，也应首先根据德国民诉法第 286 条由法院依自由心证进行事实认定。RG 支持原审的判断，认为已故 A 即便不作为德国民诉法第 444 条的当事人看待，法院基于第 286 条将其故意灭失文书这一事实作为证据资料使用并不产生任何障碍。在该裁判例中，RG 在肯定由第三人灭失文书亦能适用德国民诉法第 444 条之同时，认为即使满足同条的适用条件，法院亦能基于灭失的文书以外的证据认定事实。进而言之，法院对于文书灭失这一事实，应在自由心证主义之框架内作自由地评价。

（3）1930 年裁判例。医疗过失诉讼中，作为被告的医师于事故发生后不久有责地没有实施 X 光照射这一事实与原告的脚硬直化这一后遗症之间是否存在因果关系为双方当事人争执的焦点。RG 认为，法官从不实施 X 光照射这一事实关系出发，有权对可归责地引起事案解明不能的一方当事人作出对其不利的证据评价。故法官应从该事实出发对作为被告的医生进行不利的证据评价。原审法院对此怠于注意而仅基于鉴定结果否定因果关系的存在并不正当，故撤销原审判决。在本件诉讼中，RG 并未基于作为事案基础的实体关系规范地导引出举证责任转换的效果。而仅在自由心证的范围内对于鉴定的结果以及证据不作成的事实作了证据上的评价。①

从上述 RG 对于一方当事人有责地实施证明妨害的行为进行处置的裁判例中可以看出，因作为判决基础的事实关系与法律关系不同，解决问题的途径或方式亦不一样。RG 对证明妨害的问题基本上采取与 ROHG 相同的处理方式，所确立的"RG 原则"乃是将ROHG 时代商人间的契约法上的规范予以一般化而形成的结果。其

---

① RG 对证明妨害采证据评价的裁判例还有 1915 年及 1926 年的裁判例。前者涉及的问题是，一方当事人因未免除证人的默秘义务，使得证人行使法律上所定证人证言拒绝权，此对举证责任具有何种影响这一问题。RG 所作判决认为，仅为当事人行使法律上所承认的权利之场合，"RG 原则"并无适用之余地。因此，从与德国民事诉讼法第 286 条之间的关系上考察，反对法院讯问证人的态度由于亦构成辩论的一部分，该事实作为辩论的全意旨对于法院形成事实之确信起一定的作用。后者涉及当事人对医师的默秘义务不免除这一事实对举证责任具有何种影响的问题。RG 认为，基于德国民诉法第 286 条，拒绝免除医师的默秘义务这一事实与拒绝医生对其进行血液检查的事实以及其他事情一起能够作为法院确信形成之基础。参见［日］林昭一：《战前期ドィッ法における证明妨害论の生成と展开》（二），载《民商法杂志》（第126 卷）2002 年第 4 期。

在适用上乃以妨害人违反证据作成、保存义务等契约上的义务为前提要件，这些义务或基于实体法的解释推导而来，或基于诚实信用原则作为契约法上的附随义务而存在。因此，"RG 原则"并不适用于作为双方当事人权利义务关系基础的契约关系全不存在的场合或者损害赔偿请求诉讼中事实关系不能解明之场合。在后一场合，法院乃是基于对证明妨害的事实作证据上评价，在自由心证主义的范围内解决证明妨害问题。总而言之，作为证明妨害效果的举证责任之转换，从普鲁士商法便可窥见其萌芽，经由 ROHG 之展开而为 RG 所承袭，其目的在于经由一贯的法的继续的创造以谋求调整当事人之间实体法上的财产利害关系。

与判例法上所采取的对证明妨害的规制方法不同，德国实定法上采取的是对妨害证明的人施加诉讼法上的秩序罚这一规制方法。CPO 第 409 条（德国民诉法第 444 条）规定：一方当事人，意图妨害对方当事人利用文书，将文书灭失或致其使用不可能时，对方当事人关于文书的性质和内容的主张，视为已经得到证明。从中可以看出，CPO 关于证明妨害行为之规制在对象上仅限于故意灭失文书的行为。此外，在证明妨害之效果上，采取的乃是由法院依自由心证进行证据评价的原则，如果证明妨害存在时，法院并非无条件地拟制举证人关于文书的性质和内容的主张为真实，真实与否，法院有较大的自由裁量权。CPO 制定的思想基础植根于德国普通法时代的拒绝程序惩罚说，其学说以 Schmid 为代表。Schmid 认为，程序拒绝的概念有广狭两义，狭义上的程序拒绝乃指当事人以作为或不作为的方式违反法律所规定的或者法官所赋予的义务，广义上的程序拒绝除此以外还包括当事人在法律规定或法官指定的期间内不及时提出攻击防御方法这一行为。在狭义上的程序拒绝之场合，法院须针对不同的行为类型而对违反程序义务的人处以不同的惩罚。在适用时，其应满足以下条件：第一，法律对当事人诉讼上的作为或不作为定有失权期间；第二，当事人应为而不为或不应为而为；第三，经过了规定的期间。基于上述考虑，Schmid 进一步认为，只要将当事人灭失或隐匿文书的行为视为程序拒绝，作为惩罚，允许法院将由文书应证明的事实认为真实存在之做法即属于正当。由此可以看出，作为规范证明妨害的典型立法例 CPO 第 409 条（德国民诉法第 444 条）乃以对程序拒绝的人课以惩罚为规制目的。作为惩罚的内容，不过为回复灭失或损坏的文书证据的固有的形式证据力，超过这一利益的内容则并未为同法所明定。

综上可以看出，如何调整因一方当事人灭失证据而给对方当事人造成的不利益这一证明妨害之核心问题在历史沿革上从普通法时代开始就有两种不同的规制方法混杂在一起，一种乃以诉讼法上的秩序罚为目的之规制方法，其经由法典编纂体现在 CPO 第 409 条（德国民诉法第 444 条）；另一种乃以对实体法上的利益违反行为进行利益调整为目的之规制方法，其一直为直至德国联邦法院时期的判例所维系。

四、联邦法院（BGH）时期

德国帝国法院时期之判例关于证明妨害所确定的基本原则以及证明妨害适用于所有的证据方法之态度一直为联邦法院所承继。德国联邦最高法院所作之以下判例较具代表性：[①]

1. BGH 1952 年 6 月 11 日判决

在样品买卖（Kauf nach Probe）的诉讼中，原告 X（卖主）要求被告 Y（买主）给付所购蜡（用于打磨床）之价金。在案件审理中，货物是否符合 X 买卖契约缔结前向 Y 交付的样品之品

---

① 参见［日］小林秀之：《民事诉讼における诉讼资料・证据资料の收集——主要事实・间接事实の区别と文书提出命令・证据保全を中心として》（三），载《法学协会杂志》（第 97 卷）1980 年第 8 期。

质成为当事人双方之争点。原审判 X 胜诉，Y 不服提起上告。联邦最高法院认为，在 Y 违反证据保存义务致使作为重要证据方法的样品不能提出时，应由 Y 就所交付之货物不符合样品品质之事实负举证责任，Y 既然对此不能证明，应当认为 X 所交付的货物符合样品之品质。

2. BGH 1955 年 4 月 16 日判决

医师 Y 在给患者 X 做手术时，将止血栓置于 X 之伤口处而忘记取出。Y 在给 X 做第二次手术时虽将其取出却未予保存而丢弃。X 对 Y 提起损害赔偿诉讼。在本案中，止血栓的性状、大小等对于判断 Y 于手术时是否存有过失具有重要作用。联邦最高法院在上告审中认为，Y 虽丢弃已取出的止血栓，但至少应对其之种类、大小、性状予以记录，基于 Y 的有责地不作为致使事实不能解明的不利后果不能由 X 承担，相反，这一不利之后果应由 Y 来承担。故 Y 应对其无过失承担举证责任。

3. BGH 1960 年 1 月 12 日判决

交通事故诉讼中，有两个目击证人在场目睹了 Y 驾车撞伤 X。被害人 X 要求 Y 提供目击证人的姓名、住所，Y 拒绝了 X 的要求。原审判决 X 胜诉，Y 不服提出上告。联邦最高法院驳回了上告请求，认为：根据德国民诉法第 286 条，法院形成心证的基础不仅为证据调查之结果，言词辩论的全部意旨也应予以考虑。因此，法院对于当事人拒绝回答与告知，无正当事由不提出证据方法可依自由心证进行评价。例如，在勘验，当事人无正当理由拒绝提出勘验标的物时，即使其提出勘验标的物无法律上的义务，法院也可依自由心证对该当事人作不利之评价，其根据为诉讼法上的诚实信用原则，此亦乃学说、判例一致之见解。该项法则对于当事人拒绝提出勘验标的物之情形固能适用，对于不负举证责任之当事人拒绝提供仅其知晓的事故证人之姓名、住所亦应有适用之余地。因此，原审法院对于无正当理由拒绝提供事故证人的姓名、住所的不负举证责任的当事人作对其不利之评价并不违背法律。

4. BGH 1962 年 11 月 6 日判决、

患者 X 主张牙医 Y 于诊疗时损伤其腭要求损害赔偿。在本件诉讼中，重要的证据乃 Y 保存的 X 光照片，该证据因为 Y 的诊疗室进行扩张改造而遗失。在上告审中，联邦最高法院认为，尽管由于 X 光照片不符合文书之定义，其之提交也欠缺民法上的交付请求权，而使得德国民诉法第 422、427 条对其不能直接适用，但是德国民诉法第 427、444 条所表达的思想具有一般性意义。也即在一方当事人恶意妨害对方当事人利用证据方法或使其有困难之场合时，法院能依自由心证推论对方当事人的主张为正确，一方当事人基于过失妨害对方当事人利用重要的证据方法时亦应作同样的处理。撇开物权法上的交付请求权不谈，即便从诉讼法上的观点看，X 光照片由于丢失而不能作为勘验标的物予以利用亦有实施证据评价上的重要意义。联邦最高法院最后认可了 X 的主张。

第三节　证明妨害制度之正当性基础

从德国、日本民诉法的规定来看，关于证明妨害在实定法上的依据乃德国民诉法第 444 条、日本民诉法第 324 条，这两者均是关于文书的证据妨害之规范，但文书以外的证据方法亦应有证明妨害法理之适用，此虽为德国、日本学说与实务一致之态度，①

---

①　德国联邦最高法院关于证明妨害之判例中有不少是涉及文书以外的证据方法的，如仅当事人一方知晓事故中的目击证人之姓名、住址，拒绝向法院提供关于该证人的详细信息之事案（BGH NJW1960，821）；当事人拒绝解除纳税顾问守密义务之事案（BGH LMNr. 2）；当事人拒绝同意银行及财政部门情报回复请求之事案（BAG NJW1975，408）；被告主张原告所提交的鉴定书之内容违反原告之真实情况，为此要求原告重新接受鉴定，原告拒绝医疗鉴定人之检查的事案。vgl. Jauernig, Zivilprozeβrecht, s. 198, 25. Aufl, 1998. アーレンス：《民事訴訟法の体系における証明妨害について》，[日] 松本博之译，载《民商法杂志》（第 87 卷）1982 年第 1 期。

但其基础何在则存在不同看法。一种观点认为，民诉法关于文书之证明妨害规范可类推适用于其他证据方法；另一种观点则认为证明妨害乃为一般意义上存在之法理，民诉法关于文书之证明妨害仅为此法理在实定法上的体现。采类推适用之见解显然不能圆满解释这一问题，即民诉法关于文书之证明妨害规范在适用时仅以故意为条件，对于过失之证明妨害无适用的余地，而审判实务上关于过失之证明妨害之裁判不乏其例。① 不过，若持第二种见解，则需要回答的问题是，证明妨害之一般性法理基础或正当性之根据究竟何在，也即为什么能够从不负举证责任之当事人妨害证据使用这一行为出发得出对其不利的证据评价之结论。我国台湾地区"民诉法"虽于 2000 年修正时新增了关于证明妨害之一般性规则，从而至少说明证明妨害适用于所有的证据方法有其实定法上的根据，但证明妨害之法理基础何在仍需要从学理上作出说明。具体讲来，关于证明妨害之法理根据主要有以下几种学说。

一、损害赔偿义务说

此说以妨害证明之当事人违反实体法上的证据保存义务为条件，认为在妨害证明之有责行为发生时，举证人将因之受到其自己所主张的事实陷入证明不可能的损害。对此损害，妨害证明的当事人应负回复原状之义务，此义务履行之方式即为妨害人对举

---

① 德国联邦最高法院关于过失证明妨害之判例有：A（电报事情），负举证责任之当事人主张合同之承诺乃适时到达，而能证明该主张的电报却为对方当事人所扔弃；B（X 光片事件），能够证明原告关于医生诊断存在过失的主张的 X 光片于医院改造时为其职员当作毫无价值之废片扔掉了，尽管医生对其进行了妥善的保管。C（棉球事件），医生进行第一次手术时将止血用之棉球遗留在病人之伤口处，该棉球在随后进行的第二次手术中被同一医生取出并扔掉。参见［日］小林秀之：《民事诉讼における诉讼资料・证据资料の收集——主要事实・间接事实の区别と文书提出命令・证据保全を中心として》（三），载《法学协会杂志》（第 97 卷）1980 年第 8 期。

证人所主张的事实之相反事实之存在负举证责任。损害赔偿义务说一直为德国普通法时期和帝国法院时期的实务所采纳，德国联邦最高法院之判例基本上亦采纳这一学说所持之见解。德国联邦最高法院认为，如果因为被告的证明妨害行为而使原告蒙受损失，这种损失即为原告对其所主张的事实进行证明变得不可能，为此，被告应对原告主张的事实之不存在承担举证责任。不过损害赔偿义务说一直遭到学者的批评，德国学者布洛迈尔认为，损害赔偿之原状回复是以负举证责任的当事人之证明在实际上成功为前提的，但证明实际上成功与否实乃取决于法院的证据评价，损害赔偿义务并不能及于被告的举证责任。如果作出正确的考察，原状回复则意味着如果没有妨害行为原告就可能取得证明上的成功，也即原告仅再次得到证明可能性的盖然性程度（der Grade an Wahrscheinlichkeit der Beweisbarkeit）。但是，此种确定应仅意味着证据评价自身，举证人并不能获得超出此种评价之利益。因此，借助于损害赔偿之恢复原状来找寻证明妨害之法理基础的想法显然是不能得到支持的。

二、期待可能性说

此说为德国学者布洛迈尔所倡导，他认为举证责任之分配乃以证明之期待可能性为前提。例如，在债务人接近证据故仅其能被期待提出证据之场合，实体法即规定了举证责任之转换，从德国民法典第 282 条、第 285 条即可推导出这一原则的存在。当事人违反实体法上的证据保存义务而实施证明妨害行为时，即使得负举证责任之当事人对其所主张的事实之证明期待变得不可能，故应将举证责任转换给实施了妨害证明行为的人，此与法定的举证责任转换具有同一效果。但期待可能性说对证明妨害之法理亦有难以圆满解释之处。德国学者格哈德（Gerhardt）批评指出，举证责任是抽象的法律规制，为此不能仅依凭由个别事案的状况推导出的期待可能性就举证责任进行分配。格哈德同时批判认为，将违反实体法上的义务与举证责任的转换这一诉讼法上的效果结合在一起缺乏内在的说服力。布洛迈尔既然拒绝采取损害赔偿之方式对证明妨害进行规制，其即应一以贯之地拒绝将诉讼上的证明状况与违反实体法上的义务结合在一起对证明妨害进行考察。实体法只针对实体法上义务之违反规定了相应的损害赔偿责任，而损害赔偿责任即意味着回复原状的义务，但举证责任的转换并不能被认为是回复原状，故期待可能性说与损害赔偿义务说存在相同之缺陷，也即均将回复原状作为架接违反实体法的义务与举证责任转换这一诉讼法上效果之桥梁。①

三、经验法则说

经验法则说为德国学者罗森堡（Rosenberg）所倡导。该说认为，证明妨害涉及一经验法则之适用，即若某一证据所展示的内容并非不利于不负举证责任之当事人，则其应不至于实施毁损、灭失该证据等妨害证明之行为。妨害人破坏法院的证据调查，即显示其恐惧这一不利结果之呈现。德国学者穆兹拉克（Musielak）也认为，依据经验法则，若某证物对于不负举证责任之当事人将来可能发生之诉讼具有利益时，该当事人自将谨慎地保存该证物而不致妨碍举证人对该证据之利用。基此经验法则之运用，法院即可在证明妨害行为存在时认定举证人所主张的事实为真实。但经验法则说在解释证明妨害之正当性时也有其自身难以克服的弱点，即其仅可用于解释不负举证责任之当事人故意实施证明妨害行为这一情形，而对于过失证明妨害之类型则很难作出圆满的解

---

① アーレンス：《民事訴訟法の体系における証明妨害について》，［日］松本博之译，载《民商法杂志》（第87卷）1982年第1期。

释。况且当事人之所以实施证明妨害行为，其动机可能多种多样，未必均以证据对其不利作为实施妨害证明行为之动机。①

四、诉讼协力义务违反说

诉讼协力义务违反说为德国学者史迪内（Stürner）与彼得斯（Peters）所倡导。史迪内认为，在诉讼资料的收集过程中，不负举证责任之当事人对于事实之解明负有一般性的协力义务与促进义务。该义务可以从民事诉讼法中推导出来，也即基于宪法上的要求及法治国之考虑，类推适用民诉法第 138 条第 1 款及第 2款、第 445 条以下、第 423 条、第 372 条之一、第 656 条之一即可以推导出，当事人对于事实之确定应负有一般性的协力义务，不负举证责任之当事人在诉讼前或诉讼中实施妨害证明之行为即为对该项义务之违背，法院据此可依自由心证对其实施一定的制裁。彼得斯亦认为，德国民诉法第 138 条所规定的当事人真实义务与完全义务可以类推适用于所有的事实调查之场合。不负举证责任之当事人故意或过失毁灭证据或拒绝将其提出即属于民事诉讼法所未明定的违反协力义务之类型，对此法院可以在自由心证之范围内对违反义务的人作出于其不利的事实评价。诉讼协力义务违反说之缺陷在于过分强调德国民诉法第 138 条所确定的当事人之真实义务，因为不当地扩大真实义务适用范围之结果将使得举证责任分配之基本理念及制度设计遭受根本性的弱化，进而会使得辩论主义之根基遭受瓦解。事实上，辩论主义与当事人的真实义务之间具有内在的紧张关系，在包括证明妨害在内的具体制度之适用时，必须平衡考量两者之间内在的利益冲突，诉讼协力义务违反说过分强调真实义务而舍弃辩论主义之要求，最终将会

---

① 参见姜世明：《证明妨碍制度之研究——民事诉讼法第 282 条之一之发展评估》，载《万国法律》2001 年第 2 期。

导致事实确定之支配权从当事人移转于法院，反映实体法上私法自治之诉讼上的精神亦会荡然无存。为此，应当认为，辩论主义与当事人之真实义务无论哪一方面均不能舍弃，彼此之间的紧张关系仍应维持，在此框架内，显然不能承认不负举证责任的当事人负有一般性的诉讼协力义务。①

五、诚信原则违反说

诚信原则违反说由德国学者赫尔维希（Hellwig）、格哈德等提出。赫尔维希认为，在比较古老的文献当中即存在这样的原则，即任何人均不能从自己恶意的举动中获得利益，不负举证责任的当事人意图使举证人之证据提出不可能时，根据民法典第242条的规定其应遭受制裁。根据占据支配地位的见解，诚实信用原则适用于包括诉讼法在内的整个法律体系是妥当的，以此作为解决问题的出发点可以就证明妨害得出有说服力的结论。也即违反义务引起证明困境（Beweisnot）的不负举证责任之当事人，从该证明困境中获得利益即应认为乃是违反了诚实信用原则。格哈德则是利用矛盾举动禁止的观点来解释证明妨害行为乃是对诚信原则的违反，并试图以其为基点去弥合证明妨害中对实体法义务的违反与诉讼上的制裁相结合时的隙缝。格哈德认为，不负举证责任的当事人违反义务自身并不值得非难，其对证明困境的利用始应遭受不利之制裁，即在诉讼中应遭受制裁的行为在诉讼本身也应当存在。这种见解与赫尔维希的观点存在很大的不同，尽管两者均以诚信原则作为证明妨害之正当性依据。应当认为，格哈德的见解从理论上讲更符合民事诉讼的体系。不负举证责任的当事人利用对方当事人负举证责任这一事实与妨害证据使用的先

---

① アーレンス：《民事訴訟法の体系における証明妨害について》，〔日〕松本博之译，载《民商法杂志》（第87卷）1982年第1期。

行行为相结合即构成了对诚信原则之违反。在此种场合下，从对举证责任的利用可以窥见不负举证责任之当事人对义务的违反。德国民诉法第 423 条关于当事人在诉讼中引用某一文书时即负有将其提出义务之规定实际上即蕴涵了矛盾举动禁止之思想。[①] 尽管诚信原则违反说对于解释证明妨害之正当性基础亦有其不甚完美之处，如诚信原则在民事诉讼中适用的范围究竟应当如何界定？是否因此而使不具可归责性的行为亦被纳入证明妨害之范围予以规范？[②] 但由于相对其他学说而言，其最能合理地解释证明妨害之法理基础，故其渐成德国、日本之通说。[③] 我国台湾地区于 2000 年修正其"民诉法"时增订了第 282 条之一（即关于证明妨害的一般性规定），其更是明确以诚信原则作为依据。其立法理由认为，当事人以不正当手段妨碍他造之举证活动者，例如故意将证据灭失、隐匿或有其他致碍难适用之情事，显然违反诚信原则；为防杜当事人利用此等不正当手段，以取得有利之诉讼结果，并顾及当事人间之公平，爰增订本条，于第一项规定，当事人有妨碍他造举证之行为者，法院得审酌情形认定他造关于该证据之主张或依该证据应证之事实为真实；即法院得审酌当事人妨碍他造举证之态样及所妨碍证据之重要性等情形，依自由心证认定他造关于该证据之主张或依该证据应证之事实为真实，以示制裁。[④]

---

① アーレンス：《民事訴訟法の体系における証明妨害について》，［日］松本博之译，载《民商法杂志》（第 87 卷）1982 年第 1 期。

② 参见姜世明：《证明妨碍制度之研究——民事诉讼法第 282 条之一之发展评估》，载《万国法律》2001 年第 2 期。

③ 日本学者认为，诚信原则违反说能够依据事案之特殊性弹力地融通地解决证明妨害问题，以其为根据甚为妥当。参见［日］小林秀之、原强：《民事诉讼法》（第 3 版），弘文堂 2005 年版，第 169 页。

④ 参见骆永家：《证明妨碍》，载《月旦法学教室》2001 年第 2 期。

第四节　证明妨害之构成要件

构成证明妨害须同时具备以下三个方面的要件：其一，不负举证责任之当事人（也即妨害人）就该证据方法负有提出义务，由于违反此项义务致使对方当事人不能利用此项证据；其二，不负举证责任之当事人（也即妨害人）所实施的妨害证明之行为具有可归责性；其三，不负举证责任的当事人（也即妨害人）所实施的妨害证明之行为与证明不可能的状态之间存在因果关系。以下分而述之。

一、妨害人违反证据方法提出义务

就证明妨害之根据采诉讼协力义务违反说的学者如彼得斯特别强调不负举证责任当事人之一般解明义务，故而认为对妨害证明之人实施制裁无须以其违反证据方法提出义务为前提。不过前面已指出，在辩论主义民事诉讼的框架内，当事人并不负有一般意义上的事案解明义务。因此探讨这一问题并非如彼得斯所认为的那样几乎不具有任何价值。德国联邦最高法院于1958年所作之判例认为，不负举证责任的当事人虽然没有接受身体检查的义务，但是必须承担拒绝接受身体检查的结果。该判例一方面否定了不负举证责任的当事人相关义务之存在；另一方面又从此种未违反义务的行为中直接推导出消极效果的存在，显见其有矛盾之处。但德国学者穆兹拉克基于自己所持的经验法则说认为联邦最高法院的上述见解并不矛盾，公然放弃将证据提出义务之存在作为证明妨害之构成要件。其理由是，根据生活经验上的法则，不负举证责任之当事人在现在或者将来的诉讼中必定会保存或提出于其有利的证据方法。因此，妨害对方举证之当事人就此项证据方法是否负提出义务对于证明妨害之构成并不重要。

　　德国学者阿伦茨（Arenz）则认为，适用证明妨害之法理对不负举证责任之当事人施加制裁必须以其违反证据提出义务或协力义务为要件，尽管该项义务在构成要件之要求上有时会得到一定的缓和。阿伦茨同时认为，根据德国民诉法第 444 条之规定，在书证之场合，对于隐匿或灭失文书的制裁，原则上乃以不负举证责任之当事人依据实体法之规定对举证人负有返还文书义务或提出义务为前提条件。阿伦茨进一步认为，在例外情形下，民诉法第 444 条所明定的证明妨害制度之适用并不以此项义务之存在为要件，如文书不在妨害人的手中而在第三人的手中，第三人对此文书虽不负有提出义务却有将其提出之意愿即属于此种情形。又依德国民诉法第 423 条之规定，不负举证责任之当事人自身在诉讼中引用文书时，基于该先行行为，文书提出义务即被创制出来，其不提出该文书，即有可能被处以制裁。这种解释方法应当准用于德国民诉法第 445 条第 3 款关于文书真否的证明之规定，也即不负举证责任之当事人拒绝协助核对笔迹确认文书是否真正成立时将被处以一定的制裁。根据德国民诉法第 446 条的规定，法院可基于举证人之申请，作出证据裁定命令对方当事人以当事人讯问之方式接受法院之证据调查，在对方当事人不服从时，法院可以将待证事实视为已得到证明，与书证的场合相比其虽未如后者所明言，但其事实上也是以对方当事人的受讯问义务之存在为要件。法院根据民诉法第 446 条对不负举证责任的当事人进行制裁之前，必须调查是否存在排除制裁的拒绝理由。此种规制方法亦是以对方当事人的受讯问义务的存在为前提。凡此种种，足以印证对实施证明妨害之人进行制裁皆须以其负有证据提出义务或协力义务为要件。阿伦茨最后总结认为，不将违反证据方法提出义务作为证明妨害制度适用之条件所犯的错误在于，此种制裁本身是必要的，先行的义务则并非必要。这种错误在逻辑上讲一如迈出第一步之前，第二步已经踏出。如穆兹拉克等所揭示的经验法则之存在及内容由法院考虑即可，根本不需要特地提及，因此基于此而为之推论，乃是建立在错误的前提之上。不过，在阿伦茨看来，若不负举证责任之当事人恶意实施了妨害证明的行为，则纵然妨害人对此证据方法无提出义务，法院亦可对其施以制裁，此乃将违反证据方法提出义务作为证明妨害构成要件之例外。①

德国实务上自帝国法院时期即将不负举证责任的当事人违反实体法上的证据作成、保管义务作为证明妨害之构成要件。证据作成、保管义务或基于法律的直接规定或缘于当事人双方所订立之契约的约定，或以植根于诚信原则的契约上的附随义务为其基础，不过，在德国的实务上并不承认，依据诚信原则能推导出不负举证责任之当事人负有超出实体法及程序法所规定的协力义务的一般协力义务。

我国台湾地区学者亦认为，实体法或程序法明确规定不负举证责任之当事人负有证据协力义务时，将对此一义务之违反作为证明妨害之构成要件乃属当然之事。若实体法或程序法未作出此种规定时，如能依契约或习惯或根据诚信原则推导出不负举证责任之当事人就事案之澄清负有协力义务时，则也应当与前者作同一解释。相反，若据此不能推导出协力义务存在时，则是否仍构成证明妨害，便有疑问。因为如果承认不以协力义务之违反为要件的证明妨害，则无异于是要求不负举证责任之当事人负有一般性的提出对其有利或不利的证据方法之义务。如此一来，将使得举证责任分配之基本法则横遭架空，对不负举证责任之当事人而言，此项要求实已超出其可期待之范围，于其实属过苛。此于过失证明妨害之情形，尤为显明。因此，是否存在不违反协力义务

---

① アーレンス：《民事訴訟法の体系における証明妨害について》，〔日〕松本博之译，载《民商法杂志》（第 87 卷）1982 年第 1 期。

之证明妨害应区分妨害人乃是基于故意还是过失实施了妨害证明的行为并据此作出不同之解释。就故意证明妨害之类型而言，基本上可以将违反诚信原则作为考量之基础承认证明妨害之存在，而就过失之证明妨害而言，则应采取保留之实用态度，也即对于过失证明妨害之类型，应承认只有在不负举证责任之当事人负有诉讼协力义务时，始有证明妨害之适用。①

二、妨害人于妨害行为具有可归责性

对实施证明妨害行为的人进行制裁或对其课以不利益，仅在妨害人对其行为具有可归责性时即被认为是正当的，这一点乃德国、日本学说一致之见解。有争议的是，可归责性是仅以妨害人故意为限还是包括妨害人具有过失这种类型。从德国民诉法第444条、日本民诉法第224条第2款、我国台湾地区"民诉法"第282条之一关于证明妨害的规定来看，证明妨害制度之适用似乎仅以妨害人故意妨害证明为限，不过，这仅为依文义解释所得出的结论。在德国帝国法院时期所作之裁判中，法官通常采取有责的证明妨害即应遭受制裁之见解，因而仅仅为过失的证明妨害亦足当之。此外，在德国联邦法院的判例中，构成证明妨害虽原则上以恶意的妨害行为之存在为必要，但有时仅过失亦足当之。德国学者利兹勒（Riezler）与赫尔维希均强调仅恶意妨害行为始有证明妨害之适用。利兹勒认为，将证明妨害扩张适用于不过为过失的妨害行为即使运用德国民诉法第444条进行解释亦是存在疑问的。学者施奈德（Schneider）则认为，构成证明妨害不以归

---

① 参见姜世明：《证明妨碍制度之研究——民事诉讼法第282条之一之发展评估》，载《万国法律》2001年第2期。

责事由的存在为必要。① 然而，德国学说上一般认为证明妨害行为之可归责性，在解释上应认为包含故意与过失两种形态。阿伦茨认为，基于过失而实施的证明妨害行为，与基于故意所实施的证明妨害行为同样会引起举证人证明不能之困境，不负举证责任之当事人利用该困境即乃违反了诚信原则，因此，仅将恶意（arglist）妨害证明之行为视为必要的见解即过于狭隘。②

在日本，证明妨害之可归责性包括故意与过失两种类型乃通说。③ 我国台湾地区有学者认为，其"民诉法"第282条之一从条文形式上予以考察虽仅以故意的证明妨害类型为规范之对象，而不及于过失的证明妨害这一类型，但这一论断并不能贯彻此项条文之立法诸目的（包括诚信原则之遵守及公平原则之要求等）。此外，从德国的实务经验上看，故意的证明妨害之实用性并不高，因为较难证明妨害人乃是基于故意实施证明妨害行为。因此，第282条之一所定之证明妨害的实用性基础并不坚实。结合上述两点理由，其认为，"民诉法"第282条之一就过失形态之证明妨害未予规范似可解释为"民诉法"之规范漏洞，应经由类推解释将其扩张适用于过失的证明妨害这一类型。④ 我国台湾地

---

① 德国于1977年修正其民诉法时，修正委员会在其报告中提议将第286条修正为关于证明妨害的一般规定，其内容是：如果一方当事人不能举证，系因对方当事人隐匿、剥夺或致不堪使用所致，应由法院依自由心证确定事实主张是否真实；如果对方当事人可归责地违反了证据方法提出义务，则法院可依证明责任转换对此予以处置。从此项规定中可知，草案乃主张区分妨害人为实施证明妨害行为是否具有可归责性而予以不同之处理，也即依草案之规定，可归责性并不是证明妨害之构成要件。不过，该草案并未获通过而成明文之立法。参见姜世明：《证明妨碍制度之研究——民事诉讼法第282条之一之发展评估》，载《万国法律》2001年第2期。

② アーレンス：《民事诉讼法の体系における证明妨害について》，[日] 松本博之译，载《民商法杂志》（第87卷）1982年第1期。

③ 参见 [日] 中野贞一郎、松浦馨、铃木正裕：《新民事诉讼法讲义》（第2版），有斐阁2004年版，第357页。

④ 参见姜世明：《证明妨碍制度之研究——民事诉讼法第282条之一之发展评估》，载《万国法律》2001年第2期。

区另有学者也主张对于过失之证明妨害应类推适用其"民诉法"第 282 条之一的规定，认为当事人故意妨害他造举证之行为，可视为乃违反诉讼协力义务而侵害他造之证明权的行为，当事人在过失实施证明妨害行为时亦然。易言之，当事人在诉讼中既负有证据协力义务，其就对方当事人可以使用之证据方法，不予保存或予以灭失、隐匿而致对方当事人不能或碍难使用，不论当事人之行为系出于故意或过失，其所造成的对方当事人未能利用该证据方法借以迅速发现真实之状态，并无差异。此种证明不能之利益不能由具可归责性之当事人享有，否则将难以维护当事人之间的公平。故为使诚信原则得以贯彻，对于当事人所实施的过失证明妨害行为，应类推适用"民诉法"第 282 条之一的规定。①

证明妨害之可归责性所指涉之内容，不仅涉及证据方法之灭失、毁损等妨害行为本身，并且更涉及妨害人对此一证据方法所具有的证明功能之排除的认识。德国联邦最高法院就前述的"棉球事案"所作之判例指出，作为被告的医生必须认识到，作为原告的病人将来会要求其赔偿棉球遗留于伤口所致之损害，同时亦必须考虑到，棉球的种类与大小对于认定其是否具有过失将起重要作用。② 德国联邦最高法院于 1971 年所作的一则判例中同样强调构成证明妨害不仅要求妨害人对于毁损证据具有可归责性，并且要求妨害人能够或应当认识到该证据方法对于案件事实的证明具有重要性。若某一证明方法尽管为妨害人基于故意或过失而灭失，但妨害人在该证据方法所具有的证明功能之认识上并不具有可归责性时，则法院即不能将其作为证明妨害予以处理。③ 德国学者所持之见解实乃与德国联邦最高法院的态度一致，亦强调证

---

① 参见许士宦：《证明妨碍》，载《月旦法学杂志》2001 年第 9 期。
② Musielak, Grundkurs ZPO, s. 265, 5. Aufl, 2000.
③ Jauernig, Zivilprozeßrecht, s. 198, 25. Aufl, 1998.

明妨害行为应具有双重可归责性。也即妨害人不仅对诉讼协力义务之违反具有可归责性,并且其至少应当认识到被灭失的证据在将来可能发生的诉讼中会发挥极其重要的作用。① 因此,不负举证责任之当事人于诉讼开始之前毁损勘验标的物,但若没有认识到或并非必须认识到其对案件事实具有证明重要性,此行为即不构成证明妨害。②

我国台湾地区学者亦持此一见解,认为无论是故意证明妨害还是过失证明妨害,都要求妨害人具有双重故意或过失。其一,妨害人就证据方法之不作成或毁灭有故意或过失;其二,妨害人对该证据方法在将来之诉讼有被利用之可能有所认识,或应认识而未认识。③ 具体来讲,故意不仅指妨害人意图毁弃证据方法或以其他手段致使举证人对其不能利用,并且包括妨害人知悉其所实施之行为将会造成举证人举证不能或举证受到阻碍,也即妨害人知晓该证据方法之证明功能将被排除。例如,当事人拒绝法官进入其不动产内进行勘验,被告为妨害原告对其血缘之确定,无正当理由而拒绝接受抽血检验等。④ 过失之证明妨害,应亦具备如故意般之双重要件。也即妨害人就证据方法之不作成或毁灭,以及其在将来之诉讼中可被作为证据利用而具备证明功能,均应能认知而疏于注意或认识。在下列情况下,皆应认为妨害人具有过失:其一,妨害人虽意图使证据方法不能被使用,但对该证据方法之灭失、毁损或碍难适用在将来诉讼之意义却疏未认识;其二,妨害人虽明知该证据方法对将来诉讼之意义,却过失地将其

---

① アーレンス:《民事訴訟法の体系における証明妨害について》,[日] 松本博之译,载《民商法杂志》(第87卷) 1982年第1期。

② Schlken, Zivilprozeβrecht, s. 289, 3. Aufl, 2000.

③ 参见骆永家:《证明妨碍》,载《月旦法学教室》2001年第2期。

④ 参见姜世明:《证明妨碍制度之研究——民事诉讼法第282条之一之发展评估》,载《万国法律》2001年第2期。

毁损或致使其碍难适用；其三，过失毁损、灭失证据方法，并且对该证据方法于将来诉讼之意义亦疏未认识。①

三、妨害证明之行为与证明不可能的状态之间存在因果关系

成立证明妨害除须具备上述两个要件外，尚须以不负举证责任的当事人所实施的妨害证明之行为与证明不可能的状态之间存在因果关系为条件，其具体包含两层意思：第一，不负举证责任的当事人实施了妨害证明之行为。该行为或为作为或为不作为，前者如当事人故意毁损、隐匿文书等，后者如知晓证人之姓名、地址而拒绝向法院提供，拒绝解除证人的守密义务，拒绝接受医生的检查等。当事人之行为只要在客观上妨害了对方当事人之举证即构成证明妨害行为，至于其之实施是在诉讼系属之前还是在诉讼系属之后则在所不问。符合证明妨害行为要件之作为或不作为发生在诉讼之前者，例如医生于诉讼前将病历毁损、废弃，或医生于治疗时未就在医学上具有重要价值之病情信息予以发现与确保，以致事后就医生的医疗行为与病人的健康损害之间是否具有因果关系难以厘清。于诉讼中实施证明妨害行为者，例如当事人在诉讼中将病历毁损或携子女旅居外国以逃避血缘鉴定等。区分妨害行为乃是在诉讼之前实施还是在诉讼之后实施的意义在于，妨害行为实施的时间对于当事人可归责性的评价有一定的影响，尤其对于在诉讼前所实施的过失证明妨害行为，应当认为只有在行为人于通常情形下应认识该证据方法在将来诉讼中可能被对方当事人利用时才能构成证明妨害。第二，不负举证责任的当事人所实施的妨害证明之行为造成了举证人证明不可能之状态。所谓证明不可能，包括使举证人证据提出不能与使举证人之证据

---

① 参见许士宦：《证明妨碍》，载《月旦法学杂志》2001 年第 9 期。

提出甚为困难两种类型。前者系指证据已经终局性地没有提出之可能，例如文件已被销毁；后者系指负举证责任之当事人因对方当事人之妨害行为致使其须费较没有妨害行为时更多之心力始能提供证据，例如，不负举证责任之当事人坚持不向法院说明其所知悉的证人之姓名、地址，致使举证人就此进行调查存在相当大的困难。[①]

第五节　违反不为证明妨害义务之法律效果

违反不为证明妨害义务之法律效果，又称证明妨害之法律效果，乃涉及这一问题，即妨害人在实施了妨害证明的行为后，对其应处以何种制裁，此为德国、日本审判实务与学说上关于证明妨害最具争议性的问题。德国从帝国法院直至联邦最高法院的判例就证明妨害之法律效果虽基本上采取举证责任转换之见解，但亦有少数判例支持自由证据评价之见解，二者并没有明确的线索可供遵循。这两种影响较大的见解乃是依据不同的法理基础得出各自的结论的。根据前面的论述可知，采举证责任转换之见解者通常乃以损害赔偿义务说与期待可能性说为依据，认为不负举证责任之当事人可归责地造成举证人证明不能时，其对举证人之证明期待即是一种损害，应就此负损害赔偿义务，举证责任转换至有该妨害人承担即为其履行损害赔偿义务的方式，同时这也是对妨害人妨害证明行为的适切制裁。采证据自由评价之见解者通常乃以经验法则说为依据，认为从一般的生活经验出发，可以得出妨害人不会灭失于己有利的证据，从而可以暂且认为负举证责任的当事人之主张为真实，在此范围内由不负举证责任之当事人承

---

① 参见姜世明：《证明妨碍制度之研究——民事诉讼法第282条之一之发展评估》，载《万国法律》2001年第2期。

担不利之后果。毋庸讳言，是采举证责任转换还是采证据自由评价作为证明妨害的法律效果对不负举证责任的当事人所产生的影响实际上存在着较大的差异。依前者，不负举证责任之当事人在以后的诉讼阶段须对对方当事人所主张的事实之相反事实以本证证明；依后者，不负举证责任之当事人在以后的诉讼阶段提出反证，动摇法官业已形成的确信即为已足。

　　由于证明妨害行为具有各种形态，故一律将举证责任转换至妨害人承担即无法弹性而妥当地处理各种妨害行为，使得妨害人基于轻过失而为之证明妨害行为与基于故意而为之证明妨害之间没有进行区分，在处理方法上不仅过于僵硬且容易导致不公平。因此，德国学者阿伦茨认为，举证责任转换之法律效果应仅适用于故意证明妨害这一类型，于过失之证明妨害则不能适用。因为故意证明妨害乃妨害人意图使举证人陷入证明不能之境地，转换举证责任对妨害人进行制裁显然更具有正当性。① 值得注意的是，德国联邦最高法院于 1978 年就医生违反文件资讯保管义务造成作为原告的病人使用证据困难一事所作的判决并没有采取一以贯之的举证责任转换之见解，而是改采将直至举证责任转换之证明减轻（也即区分不同情形，逐步减轻举证责任，直至实行举证责任转换）作为证明妨害之法律效果之见解，这一在适用上弹性十足的见解在德国此后的实务中占据着重要的位置。②

　　与德国实务上所采取的态度不同的是，对于证明妨害之法律效果，德国学说上占据支配地位的见解仍是证据自由评价说。依此说，当妨害证明的行为存在时，法院虽然能够认定举证人之事实主张为真实，但如果妨害人申请法院进行证据调查，法院仍应

---

　　① アーレンス：《民事诉讼法の体系における证明妨害について》，［日］松本博之译，载《民商法杂志》（第 87 卷）1982 年第 1 期。

　　② 参见姜世明：《证明妨碍制度之研究——民事诉讼法第 282 条之一之发展评估》，载《万国法律》2001 年第 2 期。

依一般原则进行证据调查。法院依证据调查之结果以及言词辩论的全部意旨，根据自由心证若确信举证人之事实主张不真实，亦应认定其为不真实。[①] 不过，由于证明妨害行为之存在，致使可作为法院调查对象之证据方法之范围较没有妨害行为存在时狭窄，故而致使法官形成心证之基础相对薄弱，倘此际不降低关于证明主题之证明度，则法院就该待证事实之真伪即难以形成心证，此对于举证人所主张事实之认定亦将造成不当之影响，致使当事人双方之间的衡平不能得到维持。[②] 为此，德国学者鲍姆杰尔铁尔（Baumgärtel）主张证明度之分层理论，认为法院就证明妨害行为自由进行证据评价，难免赋予法院必要之裁量空间，以利其就不同个案作适当选择。但为使法官之选择具有可预测性，应设定若干标准。此等标准之认定可以从妨害人可归责性的程度出发。具体而言，就故意之证明妨碍类型而言，基本上法院可将负举证责任之当事人所主张的事实认定为真实。也即妨害人所实施的故意证明妨害行为可作为拟制举证人之事实主张为真实之凭证；就轻过失之证明妨害类型而言，法院以优越盖然性之证明度即可认定举证人所主张的待证事实为真实；于重大过失之证明妨害类型，法院以低度盖然性即可认定举证人所主张的待证事实为真实。鲍姆杰尔铁尔同时指出，除上述原则外，仍可能存在其他例外情形，于此等情形，法院即便将证明度降低到低度盖然性对于举证人仍属不公平时，即有将举证责任进行转换之必要。例如，在医生违反文书保管义务之场合，因该等文书之制作、保存、提出均为医生所控制，而非病人所能影响，故应将举证责任转换作为证明妨害法律效果之必要。[③] 依鲍姆杰尔铁尔之观点，

---

① Jauernig, Zivilprozeβrecht, s. 198, 25. Aufl, 1998.

② 参见许士宦：《证明妨碍》，载《月旦法学杂志》2001 年第 9 期。

③ 参见姜世明：《证明妨碍制度之研究——民事诉讼法第 282 条之一之发展评估》，载《万国法律》2001 年第 2 期。

其实际上乃是持德国实务上所采取的直至举证责任转换之证明减轻这一见解。

日本通说认为，证明妨害之法律效果由法院在自由心证的范围内考虑即为已足，亦即日本通说乃是采取证据自由评价说，日本学者本间义信、渡边武文等少数学者则持举证责任转换说。[①]日本学者伊藤真认为，从与当事人证明活动相关的事实出发，推导出举证责任转换的法律效果甚为困难。毋宁认为，一般而言，由于证明妨害行为的存在使得法院的证据调查变得不可能，所以法院即便基于负举证责任的当事人之立证不能形成关于作为证明主题的事实之确信时，也能以较低的心证度认定该事实。因而，应考虑将证明度的减轻作为证明妨害的法律效果。其同时认为，与举证责任转换不同的是，证明主题即便为间接事实与辅助事实，亦能产生证明度减轻的效果。[②]日本学者上田彻一郎则认为，当事人实施证明妨害行为将产生何种法律效果应区分妨害人乃基于故意还是过失作不同的认定，在故意及重大过失证明妨害之类型，应将举证责任转换作为证明妨害之效果，在轻过失证明妨害类型，从保障当事人之间的公平之以及调整的灵活、妥当性出发，应委诸法院自由对证明妨害行为进行证据评价。[③]日本学者小林秀之、原强则认为，对妨害证明之人处以何种制裁，应从妨害行为的形态、意图、被毁损的证据对该诉讼的重要性、代替证据的有无等各方面的因素加以综合考虑，而不应采取单一之

---

① 参见［日］中野贞一郎、松浦馨、铃木正裕：《新民事诉讼法讲义》（第2版），有斐阁2004年版，第357页。

② 参见［日］伊藤真：《民事诉讼法》（第3版），有斐阁2004年版，第326页。

③ 参见［日］上田彻一郎：《民事诉讼法》（第4版），法学书院2004年版，第367页。

见解。[①]

日本实务上关于证明妨害的裁判例并不多，在已有的裁判例中，法院关于证明妨害的法律效果所持见解亦各不相同。东京崎岖法院于平成2年（1990年）7月24日所作的判决认为，债务人依日本民法第486条之规定，于清偿债务后有权请求债权人交付受领证书，在该事件中，债权人怠于向债务人交付清偿受领书，构成证明妨害。债权人应就债务没有清偿之事实承担举证责任。不难看出，该裁判例乃是将举证责任转换作为证明妨害的效果。日本最高法院就平成4年（1992年）10月29日之事件所作之判决不承认证明妨害具有举证责任转换之法律效果，认为证明妨害仅可作为法院事实推定上的依据。[②] 日本东京高等法院于平成3年（1991年）1月30日就请求支付保险金事件所作之判决认为，本件诉讼中，保险费是否已于保险事故发生前支付，双方当事人发生争执，作为原告的保险公司在其所发行的保险费受领书中并没有记载受领的时、日，此种情形下，应认为保险公司具有故意或重大过失，构成证明妨害。作为其效果，法院应考虑要证事实的内容，其他证据确保的难易性，被妨害的证据的内容、形态、重要性等，选择决定：（1）推定举证人的事实主张为真实；（2）根据证明妨害的程度，决定是否拟制举证人的事实主张为真实；（3）减轻举证人对事实主张的证明度；（4）转换举证责任，即由妨害人就举证人所主张的事实之相反事实的存在承担举证责任。[③]

---

① 参见［日］小林秀之、原强：《民事诉讼法》（第3版），弘文堂2005年版，第169页。

② 参见［日］伊藤真：《民事诉讼法》（第3版），有斐阁2004年版，第327页。

③ 参见［日］门口正人编集代表：《民事证据法大系》第1卷，青林书院2007年版，第235页。

　　我国台湾地区实务上几无关于证明妨害之裁判例，学者在论及证明妨害的法律效果时，通常从其"民诉法"之规定出发，认为"民诉法"第 282 条之一既然规定于当证明妨害存在时，"法院得审酌情形认他造关于该证据之主张或依该证据应证之事实为真实"，显见立法采取的是证据自由评价之见解。依此见解，待证事实之举证责任分配并未因此证明妨害事实之存在而被改变。也即原应负举证责任之当事人，在待证事实真伪不明时仍应承担裁判上的不利益。学者在同意其立法所持的证据自由评价见解之同时，认为从立法目的之达成这一角度考虑，在证明妨害之场合，应降低举证人对待证事实之证明度。在证明度的具体设计上，我国台湾地区学者与德国学者鲍姆杰尔铁尔所持的证明度分层之见解基本一致，认为应考虑证明妨害之可归责性程度而区别对待，对于故意或重大过失的证明妨害，就待证事实仅要求较低之证明度，对于轻过失的证明妨害，则要求举证人提出的证据至少能使法官就待证事实形成优越盖然性之心证始可认其已尽举证责任。在上述情形下，纵然将证明度降至低程度盖然性，仍不能正确评价当事人之证明活动者，则应考虑举证责任之转换。①

　　作为调整民事诉讼中当事人证明利益或不利益的方法或制度，证明妨害制度虽几为大陆法系各国或地区民诉立法所承认，但其在适用上极具争议性，无论是证明妨害制度之正当性依据还是关于其之构成要件与法律效果，学说、判例均难达成一致之见解。笔者认为，日后我国修正民诉法增设证明妨害制度时，实宜将诚信原则违反说作为证明妨害制度的法理基础。这不仅是因为诚信原则违反说相比于其他学说更能够圆满地解释证明妨害之正当性依据，更重要的是因为以此说为基础所作的关于证明妨害制度的具体布设能够以较为开放的体系因应不同形态的妨害证明行

---

① 参见许士宦：《证明妨碍》，载《月旦法学杂志》2001 年第 9 期。

为并对之作出妥当的处理。具体而言，将来我国民诉法关于证明妨害之制度设计应遵循以下三个方面的原则：第一，证明妨害制度在适用上不以文书证据为限，而应适用于所有的证据方法。第二，证明妨害制度在适用上不以故意妨害为限，于过失妨害亦应有适用的余地，在证明妨害行为之构成要件上，应强调妨害人的双重可归责性。也即只有在妨害人对于妨害行为的实施具有故意或过失的同时，认识到或应当认识到被妨害使用的证据对于将来诉讼的重要性时才能构成证明妨害。第三，在证明妨害之法律效果上，应综合考虑妨害行为人的可归责程度，被妨害利用的证据在诉讼中的重要性，其他替代证据的有无等因素，采取直至举证责任转换之证明减轻的见解。

结　　语

　　证据协力义务乃不负举证责任之当事人及第三人为协助法院进行证据调查所尽的公法上义务，其设定之目的在于保证法院能基于证据调查之结果而作出适正的裁判。证据协力义务因证据方法之不同而异其内容，具体包括证人义务、鉴定义务、当事人受讯问义务、文书提出义务以及勘验协力义务等形态。从域外民诉立法的规定来看，证据协力义务虽然基本上为一般性义务，但具有正当事由时，当事人或第三人仍然可以拒绝履行。违反证据协力义务所受之制裁因义务主体为当事人还是第三人而有所不同。当事人若违反证据协力义务，法院将拟制举证人关于证据的主张或证据所证明之事实的主张为真实，第三人违反证据协力义务时，将被法院处以罚款、拘留等间接强制措施。我国现行民诉法关于证据协力义务之设定基本上停留在行为规范层面，缺乏效果性规范并且在适用范围上几无限制，显非妥适。为充实当事人证据收集手段以弥补当事人举证能力之不足并求证据协力义务人之正当利益能得到保护，借鉴域外立法通例，改造我国现行法上的证据协力义务规范洵属必要。基于前面的分析，关于证据协力义务规范的完善，可以得出以下两点结论性意见。

　　其一，证据协力义务固乃为保证裁判真实，维系诉讼制度之良性运作而设，但也不能因证据协力义务之履行而使得不负举证责任的当事人及当事人以外之第三人遭受难以忍受之不利益，无论是证人义务、鉴定义务等人证协力义务还是文书提出义务、勘验标的物提交义务等物证协力义务，均应有一定范围之限制，该范围应考虑对人伦价值之尊重与秘匿利益之保护，并区分当事人与第三人利益受保护程度之不同而设定，我国现行法上的泛证据协力义务应彻底予以摒弃。

其二，为因应证据协力义务之公法义务性质，并使其能够得到有效履行，我国民诉立法应明定证据协力义务人违反证据协力义务所须遭受之制裁。此种公法上的制裁应区分当事人与第三人并应考虑举证人是否参与了证据之作成，是否了解证据之具体内容等因素而作不同之设计。就当事人而言，于传统型纷争，对违反证据协力义务之当事人课以证据上的不利益应止于由法院拟制举证人关于证据本身之主张为真实这一层面，而在公害纠纷等证据构造性偏在于一方当事人的现代型纷争，对证据协力义务违反人课以证据上的不利益时可扩张至由法院审酌情形拟制该证据所证明之要件事实为真实这一层面，借以谋求当事人武器平等原则之真正实现并期待其能发挥制裁之实效。就第三人而言，因其并非纷争主体，与裁判结果亦无直接利害关系，故在其违反证据协力义务时，民诉立法可规定由法院命其负担因不履行证据协力义务所产生之诉讼费用，并可对其处以罚款、拘留等间接强制措施以进行制裁。

附论 关于证据协力义务规范的立法建议条文

鉴于本书之写作目的并求正面回应本书正论部分所得之结论,笔者试拟直接关涉证据协力义务内容的立法建议条文如下,希冀对将来之修法有一定的参考价值。

现行民事诉讼法条文

第 65 条 人民法院有权向有关单位和个人调查取证,有关单位和个人不得拒绝。

人民法院对有关单位和个人提出的证明文书,应当辨别真伪,审查确定其效力。

第 70 条 凡是知道案件情况的单位和个人,都有义务出庭作证。有关单位的负责人应当支持证人作证。证人确有困难不能出庭的,经人民法院许可,可以提交书面证言。

不能正确表达意志的人,不能作证。

立法建议条文

第 65 条 人民法院有权要求证据持有人提供证据,证据持有人不得拒绝,但有下列情形之一时除外:

(一)证据内容涉及国家秘密、当事人或第三人之隐私或商业秘密的;

(二)证据是专为自己使用而作成的;

(三)证据涉及证言拒绝权事项的。

当事人无正当理由拒绝提供证据,人民法院可以认对方当事人关于该证据的主张或依该证据所应证明的事实为真实。

当事人以妨碍对方当事人使用证据为目的而毁损该证据或致其不堪使用时，人民法院可以认对方当事人关于该证据的主张或依该证据所应证明的事实为真实。

第三人无正当理由拒不提供证据，人民法院可以对其处以1万元以下之罚款。

第70条　除法律另有规定外，任何人于他人之诉讼有作为证人之义务。

证人受人民法院合法通知，无正当理由拒不到庭陈述证言，人民法院可以对其处以1万元以下之罚款或15日以下之拘留并可要求其承担因拒绝而生之诉讼费用；于必要时，人民法院可以拘传。

证人有下列情形之一时，可以拒绝陈述证言：

（一）证人为当事人之配偶、直系血亲或三代以内的旁系血亲、二代以内的旁系姻亲或过去曾有此等关系；

（二）证人陈述证言，将使证人或有第（一）项所定关系之人遭受直接财产上的损害；

（三）证人陈述证言，将使证人或有第（一）项所定关系之人遭受刑事追诉；

（四）证人陈述证言，将使其泄漏职务上应当遵守之秘密；

（五）证人陈述证言，将泄漏其技术上或职业上的秘密。

现行民事诉讼法条文

第71条　人民法院对当事人的陈述，应当结合本案的其他证据，审查确定能否作为认定事实的根据。

当事人拒绝陈述的，不影响人民法院根据证据认定案件事实。

第72条　人民法院对专门性问题认为需要鉴定的，应当交由法定鉴定部门鉴定；没有法定鉴定部门的，由人民法院指定的鉴定部门鉴定。

　　鉴定部门及其指定的鉴定人有权了解进行鉴定所需要的案件材料，必要时可以询问当事人、证人。

　　鉴定部门和鉴定人应当提出书面鉴定结论，在鉴定书上签名或者盖章。鉴定人鉴定的，应当由鉴定人所在单位加盖印章，证明鉴定人身份。

　　立法建议条文

　　第71条　　人民法院根据申请或依职权，于认为有必要时可以要求当事人本人陈述。

　　当事人无正当理由拒绝陈述时，人民法院可以审酌情形认对方当事人所主张的有关陈述事项为真实。当事人无正当理由拒不到庭的，亦同。

　　第72条　　具有鉴定所需之特别学识经验的人，于他人之诉讼，有作为鉴定人义务。

　　鉴定人的选任及其人数，由人民法院决定，人民法院可以要求当事人推选适合作为鉴定人的人。

　　鉴定人具备证人拒绝陈述证言的同样原因时，有权拒绝进行鉴定，人民法院也可以其他理由而免除鉴定人的鉴定义务。

　　鉴定人有权了解进行鉴定所需要的案件材料，必要时可以询问当事人、证人。

　　鉴定人应当提出书面鉴定结论，鉴定书如果需要作进一步的说明，鉴定人应当到场说明。鉴定人无正当理由拒绝履行鉴定义务的，准用第70条第2款关于对证人处罚之规定，但人民法院对鉴定人不得拘传。

参 考 文 献

（限书中援引的部分）

一、中文文献

（一）著作类

1. 陈玮直：《民事证据法研究》，自刊 1970 年版。

2. 曹伟修：《最新民事诉讼法释论》，台湾金山图书出版公司 1978 年版。

3. 姚瑞光：《民事诉讼法论》，台湾大中国图书出版公司 1981 年版。

4. 黄栋培：《民事诉讼法释论》，台湾五南图书出版公司 1982 年版。

5. 石志泉：《民事诉讼法释义》，台湾三民书局 1982 年版。

6. 骆永家：《民事举证责任论》，台湾商务印书馆 1984 年版。

7. 庄柏林：《民事诉讼法概要》，台湾三民书局 1986 年版。

8. 骆永家：《民事法研究》（Ⅱ），台湾商务印书馆 1990 年版。

9. 杨建华主编：《海峡两岸民事程序法》，台湾月旦出版社股份有限公司 1997 年版。

10. 雷万来：《民事证据法论》，台湾瑞兴图书股份有限公司 1997 年版。

11. 周叔厚：《证据法论》，台湾三民书局 2000 年版。

12. 陈计男：《民事诉讼法论》（上），台湾三民书局 2002年版。

13. 陈计男：《民事诉讼法论》（下），台湾三民书局 2002年版。

14. 王甲乙、杨建华、郑健才：《民事诉讼法新论》，台湾三民书局 2002 年版。

15. 江伟主编：《民事诉讼法》（第 2 版），高等教育出版社2004 年版。

16. 樊崇义主编：《证据法学》（第 3 版），法律出版社 2004年版。

17. 姜世明：《新民事证据法论》，台湾学林文化事业有限公司 2004 年版。

18. 黄国昌：《民事诉讼理论新开展》，台湾元照出版有限公司 2005 年版。

19. 陈荣宗、林庆苗：《民事诉讼法》（中），台湾三民书局2006 年版。

20. ［日］兼子一、竹下守夫：《民事诉讼法》，白绿铉译，法律出版社 1995 年版。

21. ［日］中村英郎：《新民事诉讼法讲义》，陈刚、林剑锋、郭美松译，法律出版社 2001 年版。

22. 谢怀栻译：《德意志联邦共和国民事诉讼法》，中国法制出版社 2001 年版。

23. ［德］奥特马·尧厄尼希：《民事诉讼法》，周翠译，法律出版社 2003 年版。

24. ［日］松冈义正：《民事证据论》，张知本译，中国政法大学出版社 2004 年版。

25. ［德］汉斯-约阿希姆·穆泽拉克：《德国民事诉讼法基础教程》，周翠译，中国政法大学出版社 2005 年版。

26. ［德］罗森贝克、施瓦布、戈特瓦尔德：《德国民事诉讼法》（下），李大雪译，中国法制出版社 2007 年版。

（二）论文类

27. 骆永家：《辩论主义与处分权主义》，载《台大法学论丛》1972 年第 2 期。

28. 邱联恭：《当事人本人供述之功能》，载民事诉讼法研究基金会编：《民事诉讼法之研讨》（三），台湾三民书局 1990 年版。

29. 骆永家：《新种证据之证据调查》，载《月旦法学杂志》2000 年第 11 期。

30. 陈文曲：《民事诉讼当事人陈述独立证据价值之否定》，载《学海》2000 年第 5 期。

31. 骆永家：《证明妨碍》，载《月旦法学教室》2001 年第 2 期。

32. 姜世明：《证明妨碍制度之研究——民事诉讼法第 282 条之一之发展评估》，载《万国法律》2001 年第 2 期。

33. 许士宦：《证明妨碍》，载《月旦法学杂志》2001 年第 9 期。

34. 姜世明：《文书提出义务之研究》（上），载《万国法律》2001 年第 6 期。

35. 姜世明：《当事人讯问制度》（上），载《万国法律》2002 年第 4 期。

36. 姜世明：《当事人讯问制度》（下），载《万国法律》2002 年第 5 期。

37. 许士宦：《文书之开示与秘匿》，载《台大法学论丛》第 32 卷，2002 年第 4 期。

38. 黄国昌：《比较民事诉讼法下的当事人图像——审理基

本原则、证据收集权及证明度切入》，载《政大法学评论》2003
年第 12 期。

39. 姜世明：《2002 年德国民事诉讼法改革——总则与第一
审部分》，载《月旦法学教室》创刊号。

40. 熊跃敏：《日本民事诉讼的文书提出命令制度及其对我
国的启示》，载《诉讼法论丛》第 7 卷，法律出版社 2002 年版。

41. 齐树洁、王晖晖：《当事人陈述制度若干问题新探》，载
《河南省政法管理干部学院学报》2002 年第 2 期。

42. 王福华：《当事人陈述的制度化处理》，载《当代法学》
2004 年第 2 期。

43. 张卫平：《证明妨害及对策探讨》，载《证据学论坛》第
7 卷，中国检察出版社 2004 年版。

44. 汤唯建、许尚豪：《建立举证妨碍制度，完善证据立
法》，载《证据学论坛》第 8 卷，中国检察出版社 2004 年版。

45. 刘玉中：《文书提出命令作为证据收集制度运用之落
实》，载《玄奘法律学报》2005 年第 4 期。

46. 黎蜀宁：《文书提出义务比较研究》，载田平安主编：
《比较民事诉讼论丛》2005 年第 1 卷。

47. 毕玉谦：《试论当事人的陈述作为证据方式及对现行法
的修改》，载《法律适用》2006 年第 1—2 期。

48. 王亚新、陈杭平：《论作为证据的当事人陈述》，载《政
法论坛》2006 年第 6 期。

49. 李芳：《论我国民事诉讼中的证明妨碍》，载《甘肃政法
成人教育学院学报》2006 年第 1 期。

50. 陈文曲：《当事人陈述证据价值之思考——以〈最高人
民法院关于民事诉讼证据的若干规定〉为视角》，载《中南大学
学报（社会科学版)》2007 年第 4 期。

51. 奚玮、余茂玉：《论民事诉讼中的证明妨碍》，载《河北

法学》2007 年第 5 期。

二、日文文献

（一）著作类

1. 雉本朗造：《民事诉讼法の诸问题》，有斐阁 1955 年版。

2. 中岛弘道：《举证责任の研究》，有斐阁 1957 年版。

3. 兼子一：《民事诉讼法》，弘文堂 1972 年版。

4. 斋藤秀夫、小室直人：《民事诉讼法の基础》，青林书院 1975 年版。

5. 小岛武司：《要论民事诉讼法》，中央大学出版部 1977 年版。

6. 小山昇：《民事诉讼法》，青林书院 1979 年版。

7. 三ケ月章：《民事诉讼法》，有斐阁 1979 年版。

8. 吉村德重、竹下守夫、谷口安平：《讲义民事诉讼法》，青林书院 1982 年版。

9. 斋藤秀夫：《注解民事诉讼法》（1），第一法规出版株式会社 1982 年版。

10. 斋藤秀夫：《注解民事诉讼法》（4），第一法规出版株式会社 1983 年版。

11. 斋藤秀夫：《注解民事诉讼法》（5），第一法规出版株式会社 1983 年版。

12. 住吉博、樱井孝一：《民事诉讼法》，日本评论社 1985 年版。

13. 兼子一等：《条解民事诉讼法》，弘文堂 1986 年版。

14. 中野贞一郎编：《科学裁判と鉴定》，日本评论社 1988 年版。

15. 木川统一郎：《民事诉讼法重要问题讲义》（下），成文堂 1993 年版。

16. 新堂幸司、铃木正裕、竹下守夫：《注释民事诉讼法》（3），有斐阁 1993 年版。

17. 松本博之：《民事自白法》，弘文堂 1994 年版。

18. 新堂幸司、铃木正裕、竹下守夫：《注解民事诉讼法》（6），有斐阁 1995 年版。

19. 三ケ月章编：《各国民事诉讼法参照条文》，信山社 1995 年版。

20. 春日伟之郎：《民事证据法论集》，有斐阁 1995 年版。

21. 小林秀之：《新证据法》，弘文堂 1998 年版。

22. 林屋礼二等：《民事诉讼法入门》，有斐阁 1999 年版。

23. 松尾浩也：《刑事诉讼法》（下），弘文堂 1999 年版。

24. 大江忠：《要件事实民事诉讼法》（下），第一法规出版株式会社 2000 年版。

25. 小林秀之、安富洁：《クロスオーバー民事诉讼法・刑事诉讼法》，法学书院 2001 年版。

26. 藤原弘道：《民事裁判と证明》，有信堂 2001 年版。

27. 石川明：《民事诉讼法》，青林书院 2002 年版。

28. 石川明：《はじめて学ぶ新民事诉讼法》（第 3 版），三岭书房 2002 年版。

29. 梅本吉彦：《民事诉讼法》，信山社 2003 年版。

30. 小林秀之：《新证据法》（第 2 版），弘文堂 2003 年版。

31. 小室直人等：《新民事诉讼法》（Ⅱ），日本评论社 2003 年版。

32. 上田徹一郎：《民事诉讼法》（第 4 版），法学书院 2004 年版。

33. 高桥宏志：《重点讲义民事诉讼法》（下），有斐阁 2004

年版。

34. 染野义信等：《口语民事诉讼法》，自由国民社 2004 年版。

35. 中野贞一郎、松浦馨、铃木正裕：《新民事诉讼法讲义》（第 2 版），有斐阁 2004 年版。

36. 伊藤真：《民事诉讼法》（第 3 版），有斐阁 2004 年版。

37. 伊藤真：《实验对象讲座民事诉讼法》，弘文堂 2005 年版。

38. 青山善充、菅野和夫：《判例六法》，有斐阁 2005 年版。

39. 伊藤滋夫、难波孝一：《要件事实の基础理论》，青林书院 2005 年版。

40. 新堂幸司：《新民事诉讼法》（第 3 版补正版），弘文堂 2005 年版。

41. 松本博之、上野泰男：《民事诉讼法》（第 4 版），弘文堂 2005 年版。

42. 小林秀之、原强：《民事诉讼法》（第 3 版），弘文堂 2005 年版。

43. 小林秀之：《ヶースで学ぶ民事诉讼法》，日本评论社 2005 年版。

44. 三木浩一、山本和彦：《ロースクール民事诉讼法》，有斐阁 2005 年版。

45. 小岛武司、小林学：《基本讲义民事诉讼法》，信山社 2006 年版。

46. 门口正人编集代表：《民事证据法大系》（第 1 卷），青林书院 2007 年版。

47. 门口正人编集代表：《民事证据法大系》（第 2 卷），青林书院 2004 年版。

48. 门口正人编集代表：《民事证据法大系》（第 3 卷），青林书院 2006 年版。

49. 门口正人编集代表：《民事证据法大系》（第 4 卷），青林书院 2005 年版。

50. 门口正人编集代表：《民事证据法大系》（第 5 卷），青林书院 2005 年版。

（二）论文类

51. 小林秀之：《民事诉讼にぉける诉讼资料・证据资料の收集——主要事实・间接事实の区别と文书提出命令・证据保全を中心として》（一），载《法学协会杂志》（第 97 卷）1980 年第 5 期。

52. 小林秀之：《民事诉讼にぉける诉讼资料・证据资料の收集——主要事实・间接事实の区别と文书提出命令・证据保全を中心として》（二），载《法学协会杂志》（第 97 卷）1980 年第 7 期。

53. 小林秀之：《民事诉讼における诉讼资料・证据资料の收集——主要事实・间接事实の区别と文书提出命令・证据保全を中心として》（三），载《法学协会杂志》（第 97 卷）1980 年第 8 期。

54. 小林秀之：《民事诉讼にぉける诉讼资料・证据资料の收集——主要事实・间接事实の区别と文书提出命令・证据保全を中心として》（四），载《法学协会杂志》（第 97 卷）1980 年第 11 期。

55. アーレンス：《民事诉讼法の体系における证明妨害について》，松本博之译，载《民商法杂志》（第 87 卷）1982 年第 1 期。

56. 野村秀敏：《证言の证据能力と证据力》，载《民商法杂志》（第 98 卷）1988 年第 5 期。

57. 小林秀之：《证据の收集》，载《法学セミナー》1992年第 7 期。

58. 竹下守夫：《新民事诉讼法と证据收集制度》，载《法学教室》1997 年第 2 期。

59. 伊藤真：《文书提出义务と自己使用文书の意义》，载《法学协会杂志》1997 年第 12 期。

60. 酒井一：《科学裁判における鉴定》，载《ジュリスト》1999 年增刊。

61. 伊藤滋夫：《经验则の机能》，载《ジュリスト》1999年增刊。

62. 小野寺规夫：《21 世纪にぉける证据调べの课题——裁判官の心证のとり方と真实发现》（上），载《判例タィムス》，No. 1019（2000 年 3 月）。

63. 木川统一郎、清水宏：《鉴定人に证人寻问の规定が准用されるのは何か》，载《白川和雄先生古稀纪念论集》，信山社 1999 年版。

64. 小野寺规夫：《21 世纪にぉける证据调べの课题——裁判官の心证のとり方と真实发现》（下），载《判例タィムス》，No. 1021（2000 年 4 月）。

65. 田村真弓：《民事诉讼における鉴定について》，载《同志社法学》（第 53 卷）2001 年第 4 期。

66. 深山卓也等：《民事诉讼法の一部改正する法律の概要》（上），载《ジュリスト》第 1209 期（2001 年 10 月）。

67. 高桥宏志：《证据调べについて》（七），载《法学教室》2001 年第 4 期。

68. 高桥宏志：《证据调べについて》（八），载《法学教室》2001 年第 5 期。

69. 高桥宏志：《证据调べについて》（九），载《法学教室》

2001 年第 7 期。

70. 高桥宏志：《证据调べについて》（十），载《法学教室》2001 年第 9 期。

71. 伊藤真：《证明，证明度ぉょび证明责任》，载《法学教室》2001 年第 11 期。

72. 高桥宏志：《证据调べについて》（十一），载《法学教室》2001 年第 12 期。

73. 高桥宏志：《证据调べについて》（十二），载《法学教室》2002 年第 1 期。

74. 高桥宏志：《书证の申出——文书特定程序》，载吉村德重先生古稀纪念论文集《辩论と证据调べの理论と实践》，法律文化社 2002 年版。

75. 长谷部由起子：《信用组合の贷出禀议书と文书提出命令》，载《民商法杂志》（第 126 卷）2002 年第 1 期。

76. 畑瑞穗：《摸索的证明·事案解明义务论》，载铃木正裕先生古稀祝贺纪念文集《民事诉讼法の史的展开》，有斐阁 2002 年版。

77. 出口雅久：《民事诉讼にぉける第一审强化策—ドィッ联邦司法省民事诉讼法改正草案を素材として》，载吉村德重先生古稀纪念论文集刊行委员会编：《辩论と证据调べ理论と实践》，法律文化社 2002 年版。

78. 小林秀之：《证据收集手续の扩充と新民诉原理》，载《判例ティムス》，No. 1083（2002 年 4 月）。

79. 林昭一：《战前期ドィッ法における证明妨害论の生成と展开》（一），载《民商法杂志》（第 126 卷）2002 年第 3 期。

80. 林昭一：《战前期ドィッ法における证明妨害论の生成と展开》（二），载《民商法杂志》（第 126 卷）2002 年第 4 期。

81. 加藤新太郎：《民事诉讼にぉける证明度》，载《判例タイムス》，No. 1086（2002 年 6 月）。

82. 上野泰男：《证据收集手续の扩充》，载《ジュリスト》，No. 1252（2003 年 9 月）。

83. 长谷部由起子：《专门委员、鉴定》，载《ジュリスト》，No. 1252（2003 年 9 月）。

84. 渡边昭典：《破产公司の调查委员会の调查报告书の文书提出义务》，载《民商法杂志》（第 132 卷）2005 年第 6 期。

85. 上野泰男：《新民事诉讼法における文书提出义务の一局面》，载三木浩一、山本和彦：《ロースクール民事诉讼法》，有斐阁 2005 年版。

86. 三木浩一：《文书提出命令の申立ておよび审理程序》，载三木浩一、山本和彦：《ロースクール民事诉讼法》，有斐阁 2005 年版。

87. 永井博史：《当事者寻问および当事者听取における自白の成否》，载《法科大学院论集》2006 年第 2 期。

88. 山本和彦：《证据法の新たな动向》，载《ジュリスト》第 1317 期（2006 年 8 月）。

89. 杉山悦子：《文书提出命令に关する判例理论の展开と展望》，载《ジュリスト》，No. 1317（2006 年 8 月）。

三、德文文献

1. Wieczorek, Zivilprozeβordnung und Nebengesetze, 2 Aufl, 1976.

2. Thomas/Putzo, Zivilprozeβordnung, 1986.

3. Stein/donas/Bork, ZPO, 21. Aufl, 1996.

4. Buchegger, Praktisches Zivilprozeβrecht I, Streitiges Verfahren, 5. Aufl, 1997.

5. Zeiss，Zivilprozeβrecht，9. Aufl，1997.

6. Jauernig，Zivilprozeβrecht，25. Aufl，1998.

7. Baur/Grunsky，Zivilprozeβrecht，10. Aufl，2000.

8. Musielak，Grundkurs ZPO，5. Aufl，2000.

9. Schilken，Zivilprozeβrecht，3. Aufl，2000.

10. Gehrlein，Zivilprozessrecht nach der ZPO-Reform 2002，2001.

11. Rosenberg/Schwab/Gottwald，Zivilprozessrecht，16. Aufl，2004.